전공자의
첫
C 언어
프로그래밍

본 교재는 과학기술정보통신부 및 정보통신기획평가원에서 지원하는 『소프트웨어중심대학』 사업의 결과물입니다.

전공자의 첫 C 언어 프로그래밍

서동만 전수빈 지음

INFINITYBOOKS
인피니티북스

머리말

소프트웨어 또는 컴퓨터 전공자에게 코딩은 선택이 아닌 필수이다. 하지만 전공자라고 해서 코딩이 쉽고 재밌을까? 처음부터 쉬운 것도 찾기 힘들겠지만, 당연히 코딩도 처음 접하는 사람들에게는 다가가기 어렵고 쉽지 않을 것이다. 최근 들어 우리는 코딩을 처음 배우는 사람들에게 Python과 같은 비교적 쉬운 언어를 소개하곤 한다. 하지만 전공자는 단순히 코딩을 배워야 하는 비전공자와는 다르다. 전공자들은 컴퓨터의 하드웨어 그리고 이를 제어하는 시스템 소프트웨어와 여러 응용 소프트웨어들을 이해하고 잘 다룰 수 있어야 한다. 이런 과정을 위해서는 C 언어보다 더 좋은 언어는 없다고 생각한다.

전공자들의 친구가 되어 언제나 도움을 줄 수 있는 단 하나의 C 바이블, 이 책의 목적은 두 가지이다. 첫 번째, C 언어를 처음 접하는 전공자들에게는 C 언어와 친구가 되는 방법, 즉 C 언어와 빠르게 가까워지고 C 언어에 익숙해지는 방법을 알려 준다. 두 번째, 전문가가 되어가는 독자들에게는 잊고 있던 지식을 한 번에 찾아볼 수 있고, 놓칠 수 있는 지식을 참고할 수 있는 평생의 파트너로 남는 것을 목표로 한다.

모든 언어의 기본, C 언어는 언어 대부분의 기본이 된다. 이것만 잘 배운다면 다른 컴퓨터 언어는 쉽게 다가가고 배울 수 있다. 이 책과 함께 한다면 C 언어는 어렵지 않다. 이 책을 하나하나 읽어가며 모든 과정을 완료한다면 여러분은 프로그래밍 언어로 향하는 문을 쉽게 열 수 있을 것이다.

어려운 언어, C 언어는 어렵다는 편견을 깨야 한다. 편견만 없어진다면 이것만큼 쉽고, 빠르고, 직관적인 언어는 존재하지 않는다. 저자는 그동안 많은 기초 교육을 하면서 좀 더 자세하고 직관적으로 다가갈 수 있는 책이 필요했다. 선생님이 없어도 마치 선생님처럼 하나하나 알려줄 수 있는 책, 과외하듯 하나씩 이해하면서 넘어갈 수 있는 책을 만들기 위해 노력하였다.

본 저자는 C를 배우는 학생들과 함께 책을 보고 배우며 추가로 설명이 필요한 부분들을 채워 넣었다. 이 책은 독자들에게 최대한 빈틈없이 알아갈 수 있도록 그리고 문제를 해결해나갈 수 있도록 자세한 설명을 목표로 한다.

저자 일동

강의 계획

한 학기를 15주로 가정하여 다음과 같이 진행할 수 있다. 수업의 진행 상황에 따라 일부 내용을 수정하여도 된다.

주차	Chapter	주제
1주차	1	C 언어와 프로그래밍
2주차	2	데이터와 데이터 타입
3주차	3	입출력과 연산자
4주차	4	제어문1 (조건문)
5주차	5	제어문2 (반복문)
6주차	6	배열
7주차	7	포인터
8주차	중간고사	
9주차	8	함수
10주차	9	변수와 메모리
11주차	10	문자와 문자열
12주차	11	고급 자료형과 전처리 활용
13주차	12	함수의 활용
14주차	13	파일처리
15주차	기말고사	

차례

01 C 언어와 프로그래밍

1.1 프로그래밍

프로그래밍 또는 컴퓨터 프로그래밍이란 하나 이상의 관련된 알고리즘을 특정한 프로그래밍 언어를 이용해 구체적인 컴퓨터 프로그램으로 구현하는 것을 의미한다. 여기에서 프로그램이란 우리가 컴퓨터 혹은 스마트폰 등과 같은 기기에서 사용하는 앱(App. 또는 Application)등과 같은 소프트웨어를 말한다.

- 위키피디아 참조(https://ko.wikipedia.org/wiki/컴퓨터_프로그래밍)

알고리즘이란 특정 문제를 해결하기 위한 방법을 추상적 혹은 논리적으로 표현한 것으로 쉽게 문제 해결 방법의 논리적인 구조라고 할 수 있다. 이러한 알고리즘은 우리가 일상생활에서 사용하는 자연어(한국어, 영어, 일어, 중국어 등)를 이용하여 표현하기도 하며, 순서도 또는 슈도코드(유사 코드)를 이용하여 표현하기도 한다.

대부분의 프로그래밍 과정은 프로그램이 해결하고자 하는 문제에 대한 분석에서부터 시작한다. 문제에 대한 분석을 완료하면, 해당 문제를 해결하기 위한 알고리즘을 설계한다. 사실 프로그래밍 과정에서 가장 중요한 부분을 한 가지 선택하라고 한다면 바로 이 알고리즘을 설계하는 과정이라고 할 수 있다. 앞서 설명한 바와 같이 알고리즘은 다양한 방식으로 표현할 수 있다. 잘 정의된 알고리즘을 잘 표현하면, 실제 코딩의 과정은 그리 어려운 과정이 아니라고 할 수 있다. 프로그래밍과 코딩은 유사한 의미로 혼용되어 사용하지만, 코딩은 순수하게 프로그램의 코드를 작성하는 과정으로 볼 수 있으며, 프로그래밍은 문제 분석, 프로그램 설계, 코딩, 디버깅, 유지 보수의 전 과정을 포함하고 있다고 볼 수 있다.

보통 프로그래밍을 학습한다고 할 때, 많은 사람들이 가장 처음 시작하는 것은 코딩이다. 프로그램의 코드를 작성하고 동작시키는 과정을 이해하고, 프로그램의 작성 방법을 학습한다. 당연하게도 프로그래밍에서 코딩, 즉 프로그램을 작성하는 것은 중요한 부분이라고 할 수 있지만, 실제 프로그램을 개발하는 프로그래밍에서는 알고리즘의 설계 또는 프로그램의 설계 과정이 가장 중요하다. 주어진 문제에 대한 적절한 해결 방법을 만들고, 이를 알고리즘으로 잘 표현되어 있다면, 코딩은 알고리즘을 보고 주어진 순서와 설계에 따라 글자를 입력하는 절차에 가깝다.

프로그래밍의 과정 중에서 프로그램의 오류를 해결하는 것을 디버깅이라고 한다. 디버깅 과정은 간단한 프로그램의 오류를 수정하는 것뿐만 아니라, 논리적인 알고리즘의 오류를 수정하는 것을 포함한다. 만약 알고리즘 설계 단계에서 문제 해결 방법이 잘못 되었을 경우, 디버깅 과정에서 엄청난 노력과 시간을 낭비하게 된다. 따라서, 알고리즘 설계 단계에 많은 노력을 기울이는 것이 프로그래밍 전 과정을 효율적으로 진행할 수 있는 밑거름이다.

프로그래밍을 처음 배우고자 하는 많은 사람들이 프로그래밍의 전 과정에 대해 관심을 기울이기 보다는 코딩 과정에 관심을 기울이는 경우를 흔히 볼 수 있다. 프로그래밍 언어의 문법적인 특징이나 작성 방법을 열심히 학습하지만, 정작 프로그래밍 과정에서 가장 중요한 알고리즘 설계에 대한 부분을 간과하는 경우가 많이 있다.

본 교재에서는 주어진 문제를 분석하고 해결하는 과정을 학습하여 보다 나은 알고리즘을 설계하는 것을 중점으로 설명할 것이다. 물론, 실제 프로그램을 작성하기 위한 필수적인 절차인 코딩 역시 중요한 부분으로 다루게 될 것이다.

1.2 프로그래밍 언어

프로그래밍 언어란 프로그램을 작성하는 데 사용하는 언어를 말한다. 사람의 경우 각각의 국가 또는 민족에 따라 고유한 언어를 사용하듯이, 프로그램을 작성하기 위해서는 특정 프로그래밍 언어를 선택하여 사용한다. 사실 컴퓨터는 우리가 사용하는 언어를 전혀 이해하지 못한다. 현재까지 컴퓨터가 직접적으로 이해할 수 있는 것은 On/Off 또는 참/거짓으로 표현할 수 있는 1과 0의 2진수뿐이다. 컴퓨터가 직접적으로 이해 할 수 있도록 0과 1로 구성한 언어를 우리는 기계어라고 한다. 기계어는 각각의 프로세서마다 고유한 특징을 가지고 있기 때문에(마치 사람들이 태어난 곳에 따라 다른 언어를 사용하듯이), 다양한 종류의 기계어가 존재한다. 따라서, 사람이 이러한 기계어를 이해하고 프로그램을 작성하는 것은 쉽지 않은 일이다.

사람이 사용하는 언어인 자연어와 컴퓨터가 사용하는 기계어 사이의 차이점이 너무나 명확하다. 사람이 사용하는 자연어를 자동으로 번역해서 기계어로 변환할 수 있다면 누구나 쉽게 프로그램을 작성할 수 있겠지만, 아직까지는 완벽하게 번역이 가능하지 않다. 특히 사람이 사용하는 자연어는 엄격한 문법을 지키지도 않고, 수많은 비유와 은유를 사용하기에 동일한 문장이 전혀 다른 의미로 해석될 여지가 많기에 프로그램을 작성하는 데 사용하기에는 많은 문제점이 있다. 물론, 최근 딥러닝 기술의 발전에 따라 컴퓨터 또는 각종 스마트 기기가 사람의 언어인 자연어를 조금씩 이해할 수 있게 되었지만, 아직은 영유아 수준에 머물러 있다.

사람이 사용하는 자연어와 유사하면서도 컴퓨터가 이해할 수 있는 기계어로 번역하기 쉬운 형태의 언어가 프로그래밍을 하기에 용이하다. 이때 기계어로의 쉬운 변환을 중심으로 만들어진 프로그래밍 언어가 어셈블리어이다. 이 어셈블리어는 각 프로세서마다 가지고 있는 기계어 코드를 특정 단어와 1:1 대응하도록 만든 언어이다. 1:1로 기계어와 어셈블리어를 대응하여 만든 언어이기 때문에 니모닉(mnemonics) 기호라고 하기도 한다. 프로그래밍 언어 중 기계어와 가장 가까운 언어이기 때문에 낮은 등급의 언어로 분류하여 저급언어(low-level programming language)라고 한다.

저급언어에 반하여 조금 더 사람이 사용하는 자연어에 가까운 프로그래밍 언어를 고급언어(high-level programming language)라고 한다. 자연어만큼은 아니지만 상대적으로 사람이 이해하기 쉽게 만들어진 프로그래밍 언어인 고급언어는 상대적으로 높은 가독성과 쉬운 코딩 환경을 제공한다. 우리가 일상적으로 프로그래밍 언어라고 하는 대부분의 것들은 이 고급언어에 속한다. 우리가 학습할 C 언어를 비롯하여 C++와 자바, 파이썬, 포트란 등이 대표적이다. 이러한 프로그래밍 언어로 작성된 프로그램을 소스 코드(source code) 또는 소스 파일(source file)이라고 한다. 작성한 소스 코드는 번역 과정을 거쳐 기계어나 어셈블리어 혹은 바이트 코드와 같은 중간 표현 방식으로 번역하여 프로그램을 실행할 수 있도록 한다. 보통 이러한 과정을 컴파일(compile)이라고 하고, 컴파일을 수행하는 프로그램을 컴파일러(compiler)라고 한다. 물론, 컴파일러를 사용하지 않고 인터프리터(interpreter)를 이용하여 번역 과정을 거치는 프로그래밍 언어도 있다. 파이썬이 대표적인 인터프리터를 사용하는 언어이다. 컴파일러는 전체 소스 코드를 한번에 번역하는 과정을 거치고, 완성된 코드를 실행하는 반면에, 인터프리터는 작성된 소스 코드를 한 줄 한 줄 번역하며 바로 수행하는 차이점이 있다. C 언어는 컴파일러를 사용하는 대표적인 언어이다. C 언어로 작성한 소스 코드 파일을 컴파일하면 목적 코드(object code)가 생성되며, 이 목적 코드를 이용하여 실행파일을 생성한다. 실행 파일을 생성하는 과정을 링크(link)라고 하며, 이때 사용하는 프로그램을 링커(linker)라고 한다. 링커의 역할은 다수의 목적코드와 라이브러리를 연결하여 실행 가능한 형태의 파일을 생성하는 것이다. 생성된 실행 가능한 파일은 일반적으로 실행 파일 또는 바이너리 코드(binary code)라고 하는데, 기계어가 2진수로 구성되어 있기 때문에 이를 뜻하는 바이너리라는 단어를 사용한다.

- 위키 어셈블리어 참조(https://ko.wikipedia.org/wiki/어셈블리어)
- 위키 저급 프로그래밍 언어 참조(https://ko.wikipedia.org/wiki/저급_프로그래밍_언어)
- 위키 고급 프로그래밍 언어 참조(https://ko.wikipedia.org/wiki/고급_프로그래밍_언어)
- 위키 컴파일러 참조(https://ko.wikipedia.org/wiki/컴파일러)

1.3 C 언어

C 언어는 1972년 벨 연구소의 켄 톰슨과 데니스 리치가 새로운 유닉스 운영체제에서 사용할 목적으로 개발한 프로그래밍 언어이다. 유닉스 시스템에서 동작하는 대부분의 프로그램들은 이 C 언어로 작성되었으며, 지금까지 수많은 운영체제의 커널 또한 C 언어로 작성되었다. 현재 우리가 사용하는 프로그래밍 언어 중 상당수가 이 C 언어를 기반으로 개발되기도 하였다. C 언어는 고급언어 중에서 운영체제를 개발할 수 있는 거의 유일한 프로그래밍 언어로 오랜 역사에도 불구하고 지금까지 인기 프로그래밍 언어로 활용되고 있다.

C 언어는 1972년 개발된 이후, 1983년에 ANSI(American National Standards Institute)가 C 표준을 만들었다. 그 이후 1999년에 ISO(International Standard Organization)에서 C99 표준을 제정하고 사용하였으며, 현재는 2011년도에 만들어진 C11 표준안이 쓰이고 있다. 2020년 9월 기준 TIOBE 인덱스(TIOBE programming community index)에 따르면, 전 세계 프로그래밍 언어 인기 순위를 보면 C 언어가 15.95%의 비율로 1위를 달리고 있다. 2위는 13.48%의 자바, 3위는 10.47%의 파이썬, 4위는 7.11%의 C++이다.

- 위키 TIOBE index 참조(https://en.wikipedia.org/wiki/TIOBE_index)
- TIOBE Index for September 2020 참조(https://www.tiobe.com/tiobe-index/)
- 위키피디아 프로그래밍 참조(https://ko.wikipedia.org/wiki/C_(프로그래밍_언어))

1.4 C 프로그래밍 환경

프로그래밍을 공부하기에 앞서 가장 먼저 필요한 것은 프로그래밍 환경을 구축하는 것이다. C 언어뿐만 아니라 다른 프로그래밍 언어를 이용하는 경우에도 마찬가지이다.

C 언어를 이용하여 프로그램을 작성하기 위해서는 다양한 소프트웨어가 필요하다. 앞에서 설명한 바와 같이 프로그래머가 작성한 프로그램을 소스 코드라고 한다. 소스 코드를 작성하기 위해서는 에디터(Editor, 편집기)가 가장 먼저 필요하다. 사실 텍스트를 편집할 수 있다면 어떤 에디터를 사용해도 무방하다. 윈도우 운영체제에 기본 프로그램인 메모장을 이용할 수도 있다. 텍스트를 편집할 수 있는 에디터는 다양하게 존재하며, 프로그래머는 기능과 UI(User Interface, 사용자 인터페이스)에 따라 선호하는 에디터를 선택하여 사용하기도 한다.

에디터를 이용하여 소스 코드를 작성하면, 이를 목적 코드로 변환하기 위한 컴파일러가 필요하다. 컴파일러는 프로그램이 동작하게 될 운영체제 및 하드웨어 환경에 따라 다양하게 선택할 수 있다. 동일한 컴파일러 프로그램이라고 하더라도 프로그램의 실행 환경에 따라 다른 버전이 존재하기도 한다. 이외에도 실행 파일을 만들기 위한 링커와 소스 코드의 오류를 수정하기 위한 디버거 등의 다양한 프로그램들이 필요하다.

에디터와 컴파일러, 링커, 디버거 등의 다양한 프로그램을 취사선택하여 프로그래밍을 진행할 수도 있으나, 이는 처음 프로그래밍을 시작하는 사람들에게는 정말 어려운 일이다. 다행스럽게도 이런 프로그램들을 한데 모아 하나의 프로그램을 제공하는 소프트웨어가 많이 있다. 우리는 이러한 소프트웨어를 IDE(Integrated Development Environment, 통합 개발환경)이라고 한다. 하나의 IDE 프로그램을 설치하는 것만으로도, 프로그래밍이 가능한 환경 구축이 가능하다. 최근에는 프로그램을 설치하지 않고도 클라우드 또는 웹 기반의 다양한 IDE를 사용하는 추세이기도 하다. 클라우드에서 가상화를 기반으로 제공되는 IDE도 웹을 이용하여 서비스하는 경우가 많다. 웹 기반의 IDE와 설치 기반의 IDE는 설치 여부만 다를 뿐 실제 사용하는 방법에는 크게 차이가 없다. 그러나, 처음 프로그래밍을 시작하는 사람에게는 처음 접하는 IDE를 설치하는 과정도 어렵게 느껴질 수 있을 것이다. 앞으로 SW를 전공할 학생들이라면 웹 기반의 IDE와 설치 기반의 IDE를 모두 사용해 보아야 한다. 그럼 이제 웹 기반의 IDE와 설치 기반의 IDE를 순서대로 알아보도록 하자.

웹 기반 개발환경

웹 기반 IDE는 웹 브라우저를 이용하여 인터넷 서비스의 형태로 사용할 수 있다. 별도의 설치과정이나 복잡한 설정 없이 단순 접속만으로도 다양한 기능을 활용하여 프로그래밍을 진행할 수 있다. 웹기반 IDE의 경우 일부 기능이나 절차를 단순화하여 간단하게 사용할 수 있도록 하는 것에서부터, 설치형 IDE와 같이 세부 설정이 가능하면서도 모든 기능을 충실하게 가지고 있는 것에 이르기 까지 다양하게 존재한다. 이제 쉽게 접속하여 사용할 수 있는 웹 기반의 IDE 중 몇 가지를 간단하게 소개하고자 한다.

OnlineGDB: 온라인 GDB

웹기반 통합 개발환경에서는 잘 지원하지 않는 기능 중 하나인 디버깅 기능을 제공하고 있다. 콘솔 입력 기능이 있어 기존의 설치형 IDE 환경과 유사한 경험을 할 수 있다. 가장 많이 사용되는 프로그래밍 언어인 C와 C++, 자바, 파이썬 등 다양한 프로그래밍 언어를 지원한다. 회원가입을 하면 자신의 작업 공간을 제공하며, 온라인 수업을 위한 온라인 코드 채점 시스템을 제공한다. 또한, C/C++ 강좌와 작성한 소스 코드의 소셜미디어 공유 기능, 프로그래밍에 관련된 질문과 답변 기능이 제공된다. 아직 베타 서비스로 오픈한 상태로 점차 그 기능이 추가되고 있다(https://www.onlinegdb.com).

ideone: IDE원

60개 이상의 다양한 프로그래밍 언어를 지원하여 쉽고 간단하게 프로그래밍을 경험할 수 있는 온라인 컴파일러이다(https://ideone.com).

codingground: 코딩그라운드

상당히 많은 종류의 프로그래밍 언어를 지원하는 온라인 IDE로 다중 파일 컴파일과 프로젝트 다운 기능 등을 제공한다. tutorialspoint(튜토리얼 포인트) 사이트의 서브 사이트로 제공되며, 다양한 프로그래밍 언어를 공부할 수 있는 튜토리얼과 연계되어 있고, 튜터링, 관련 동영상 등이 함께 제공된다(https://www.tutorialspoint.com/codingground.htm).

groomide: 구름IDE

국내 서비스로 한글 UI가 제공된다. 터미널을 활용하는 다양한 작업이 가능하며 설치형 IDE와 큰 차이가 없는 활용이 가능하다. 교육용과 일반 사용자용, 기업용 3가지로 구분되어 있다. 기업용 버전의 경우 다양한 프로젝트 관리 도구를 추가로 제공한다. 무료로 제공하는 저장공간과 기능으로도 처음 프로그래밍을 시작하기에 충분하다(https://ide.goorm.io).

codechef: 코드쉐프

다양한 프로그래밍 언어를 지원하며 로그인 시 코드의 저장과 불러오기 기능을 제공한다. 컴퓨터에서 작성한 소스 코드 업로드도 가능하다(https://www.codechef.com).

wandbox: 웬드박스

다양한 종류의 프로그래밍 언어를 지원하면서도 직관적인 UI/UX로 구성되어 있어 접근성이 좋다. 작성한 코드를 링크 형태로 타인과 공유하는 기능이 제공된다(https://wandbox.org).

이외에도 정말 다양한 웹 코딩 환경이 서비스되고 있지만, 지면 관계상 일일이 다 소개하지는 못한다. 그럼 이제 다양한 웹 기반 프로그래밍 환경 중 몇 가지의 사용 방법을 소개한다. 친숙한 웹 기반 서비스로 제공되므로 별도의 학습 없이도 쉽게 따라하며 코딩을 시작할 수 있을 것이라 생각한다.

웹 기반 개발환경에서 프로그래밍 하기

onlineGDB 사용해보기

onlineGDB는 https://www.onlinegdb.com/를 웹 브라우저에 입력하여 접속한다. 국내 환경에서는 접속이 다소 느리지만, 프로그래밍을 하는 데에 지장을 줄 정도는 아니다.

첫 화면은 아래의 사진과 같다. 화면 좌측의 메뉴를 순서대로 살펴보자. 첫 번째는 IDE는 코드를 작성하고 실행해 볼 수 있는 페이지이다. 두 번째는 자신이 만든 프로젝트를 확인할 수 있는 페이지이다. 세 번째 Classroom은 온라인 수업을 통해 프로그래밍 실습 및 과제를 생성하여 학생들에게 제공할 수 있다. 네 번째는 C와 C++ 프로그래밍을 배울 수 있는 페이지이다. 다섯 번째는 QnA기능이다. 학생들이 모르는 코드나 질문사항들을 묻고 답하는 기능이 추가되어 있다.

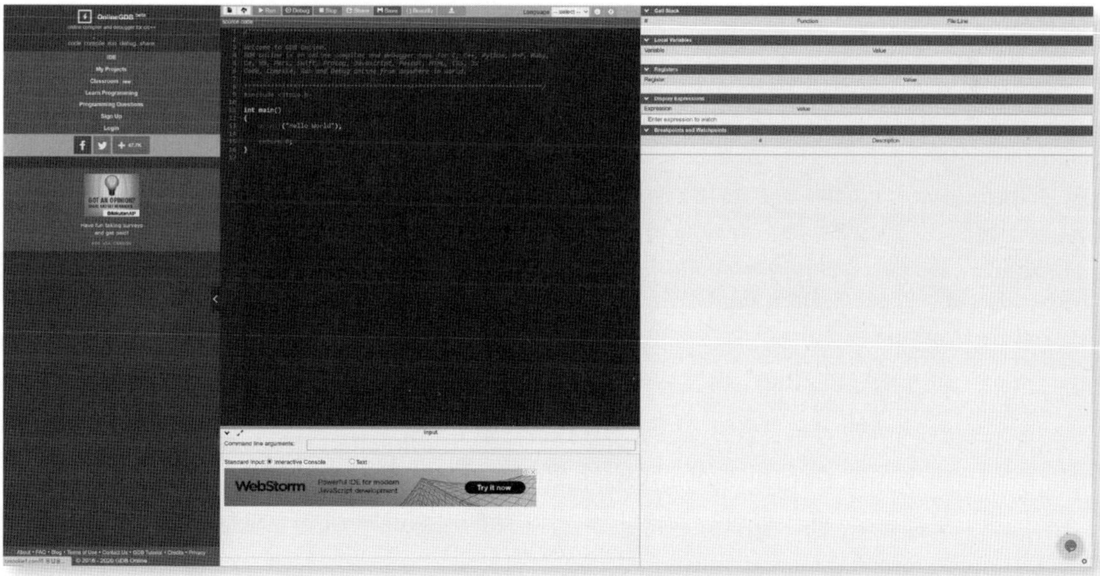

화면 중앙에 위치한 검은 바탕의 화면은 에디터 영역이다. 그 위에는 프로그래밍을 위한 기본적인 기능들이 제공된다. 에디터 화면 상단 우측에 보면 "Language"라고 되어 있는 선택 버튼을 클릭하면, 프로그래밍 언어를 선택할 수 있다. 우리는 C 언어에 대하여 학습하고 있으므로 "C"를 선택하도록 하자. 화면 우측 영역은 주로 디버깅을 수행할 때 보이는 화면으로, 초기 접속 시에는 나타나지 않을 수도 있다.

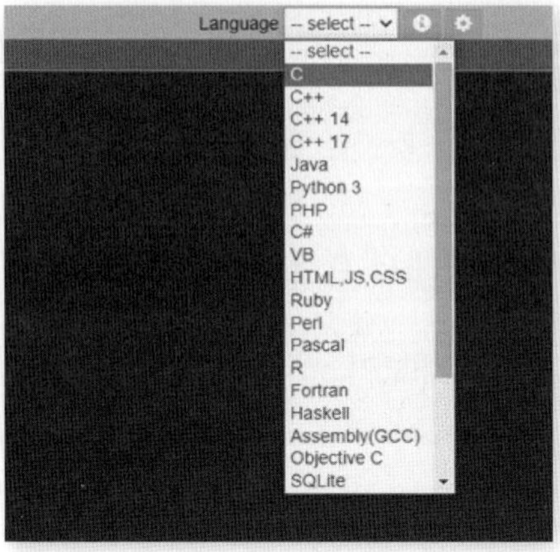

프로그램을 작성한 후, 컴파일하여 프로그램을 실행하려면 상단 메뉴바에서 "Run" 버튼을 누른다. 그러면, 에디터 화면 하단의 화면이 결과 출력화면 또는 에러 출력 화면으로 변경된다. 정상적으로 컴파일이 진행된 경우에는 검은색 출력 결과 화면에 프로그램의 실행 결과가 나타나며, 컴파일 과정에서 에러가 발생한 경우에는 에러 출력 화면에서 에러 메시지를 확인할 수 있다.

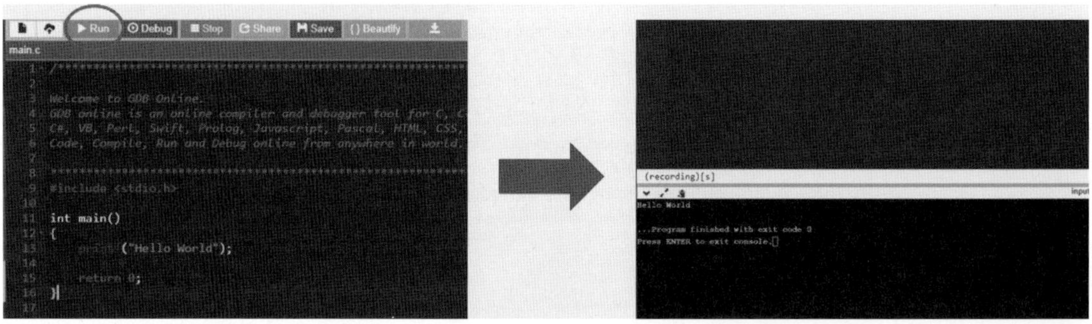

화면 상단의 "Run" 버튼 우측의 "Debug"는 디버거를 실행하는 버튼이다. 프로그래머가 작성한 프로그램의 실행을 단계별로 제어하며, 소스 코드의 논리적인 에러를 찾는데 도움을 준다. 현재 상태에서 각 변수에 저장된 값을 확인하며, 소스 코드의 각 라인 또는 블록, 함수 단위로 실행할 수 있기 때문에 원하는 대로 프로그램이 실행되지 않을 때 유용하게 사용할 수 있다.

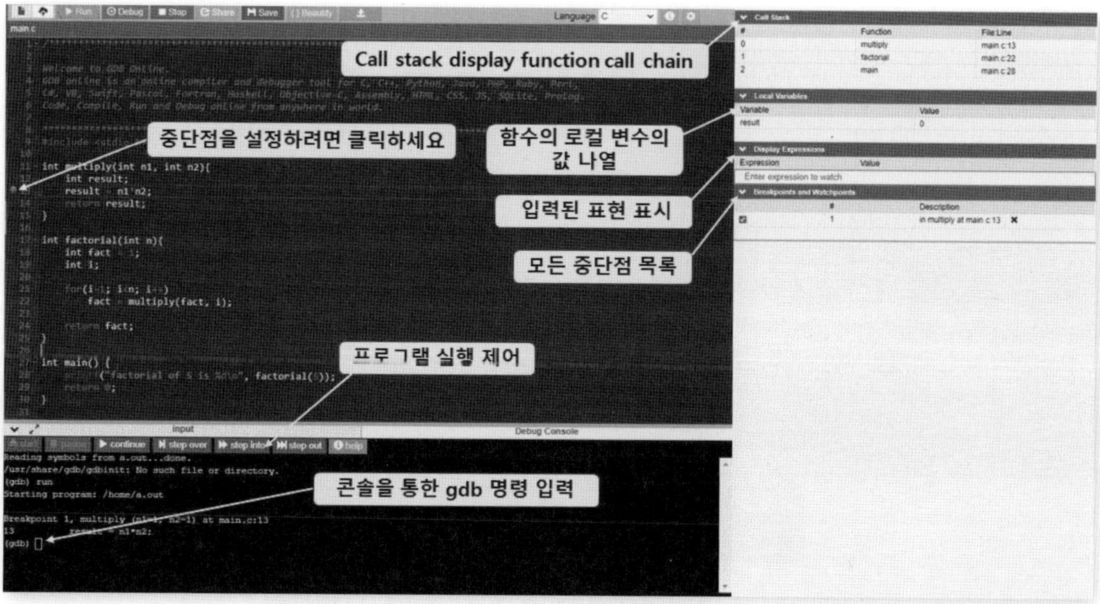

위 그림의 하단 부분이 디버깅 제어 화면이다. 디버깅 화면에서는 기존 GDB(GNU Debugger)와 동일하게 터미널 환경에서 디버거를 동작시킬 수 있으며, 디버깅 화면 상단의 디버거 메뉴를 통하여 제어하는 것도 가능하다. 소스 코드를 편집하는 에디터 화면의 좌측 부분(코드 라인번호 좌측)을 마우스로 클릭하면 중단점(Break point)을 지정할 수 있다. 디버깅을 시작하면 프로그램의 실행은 이 중단점에서 멈추고 이후부터 각 소스 코드의 라인 또는 블록, 함수 단위로 실행을 할 수 있다. 중단점에서 프로그램 실행이 정지되면, 화면 우측에서 각 변수에 저장된 값 등 프로그램 실행에 관련된 정보들을 확인할 수 있다. 디버깅 메뉴에서 "continue" 버튼은 다음의 지정된 중단점까지 프로그램을 다시 시작하는 버튼이다. "step into" 버튼은 한 라인씩 프로그램을 실행하는데 함수인 경우 함수 내부로 진입한다, "step over" 버튼도 한 라인씩 실행하지만, "step into"과 달리 함수 호출 안으로 들어가지 않아 함수 단위로 실행할 수 있도록 한다. "step out" 버튼은 현재 함수가 끝날 때까지 프로그램을 실행한다.

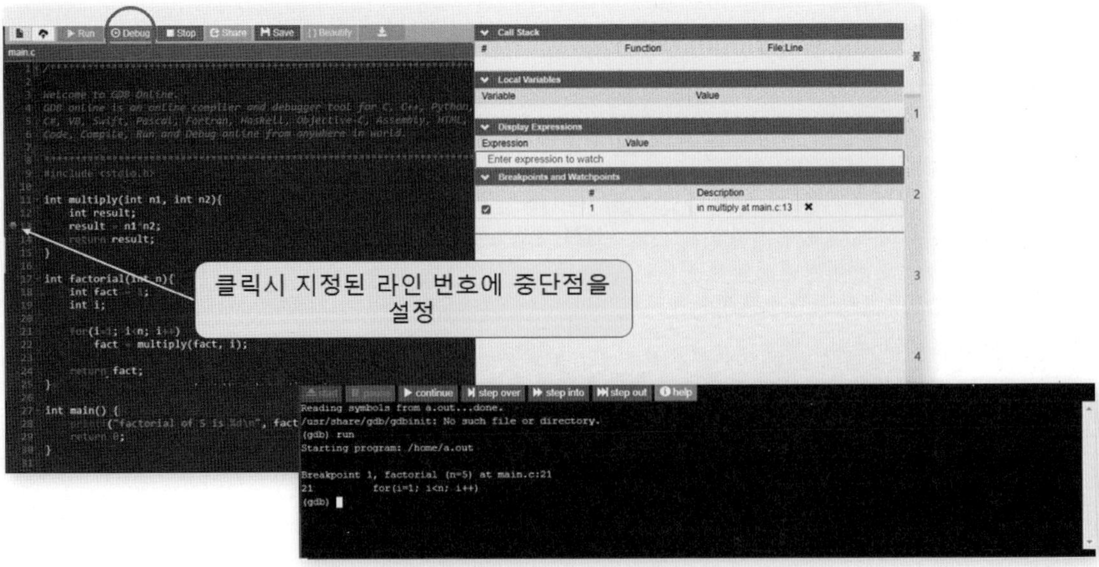

디버깅 모드로 프로그램을 실행하다가 중단점에서 프로그램이 정지되면, 현재 함수의 호출 스택과 지역 변숫값 등을 우측 화면을 통하여 확인할 수 있다. 호출 스택이란 함수가 호출된 순서를 나타낸다. 아래의 그림을 보면 현재 `main()` 함수가 `factorial()` 함수를 호출하고, 다시 `factorial()` 함수는 `multiply()` 함수를 호출했음을 알 수 있다. 아직 함수가 무엇인지 모르는 경우에는 프로그램을 기능별로 작게 나누어 놓은 단위라고 생각하면 된다. 함수는 추후 5장에서 자세하게 다룰 예정이다.

Call Stack

#	Function	File:Line
0	multiply	main.c:13
1	factorial	main.c:22
2	main	main.c:28

아래 그림은 중단점에서 프로그램이 중지되었을 때 각 지역 변수에 저장된 값을 보여주는 화면이다. 각 변수에 저장된 값을 확인하며 현재 작성한 프로그램의 동작 상황을 정확하게 파악할 수 있다. 실제 소스 코드 상에 존재하는 논리적인 오류를 찾아내는 데 가장 중요한 부분이다.

Local Variables

Variable	Value
fact	1
i	2

전체 화면 상단의 메뉴에서 “Stop” 버튼은 현재 실행 중인 프로그램을 종료하고자 할 때 사용한다.

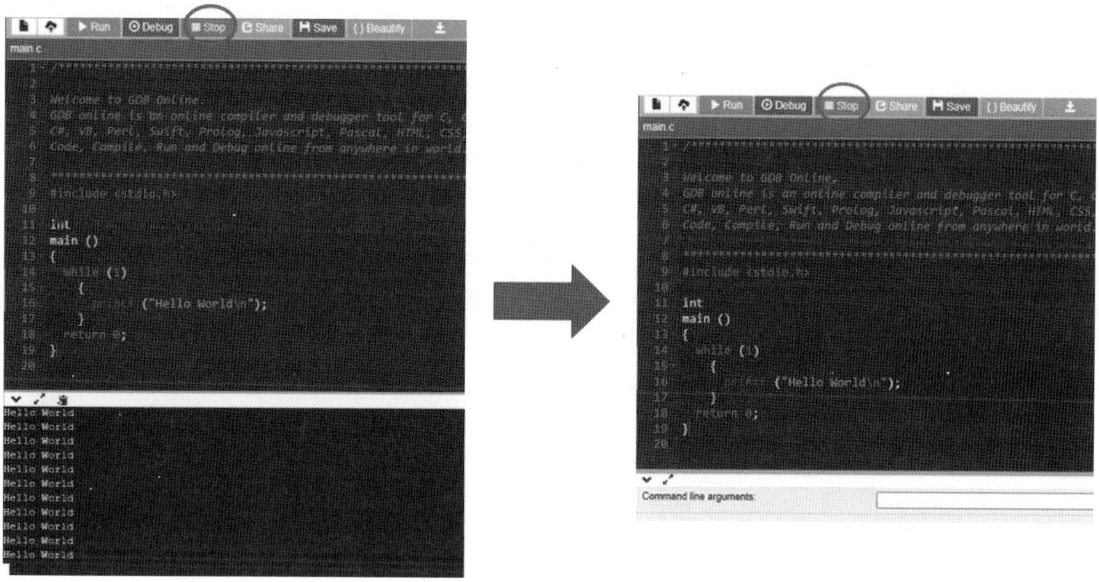

“Share” 버튼은 현재 작성한 소스 코드를 참조할 수 있는 링크를 생성하여 공유할 수 있도록 하는 기능을 제공한다. “Save” 버튼은 현재 작성한 소스 코드를 이 사이트에 새로운 프로젝트로 저장할 수 있도록 하는 기능을 제공한다. “Beautify” 버튼은 현재 작성 중인 소스 코드를 보다 읽기 쉬운 형태로 변환하는 기능을 제공한다. 마지막에 이미지로 제공되는 버튼은 다운로드 버튼이다. 현재 사용하고 있는 컴퓨터에 작성한 소스 코드를 저장하는 기능을 제공한다.

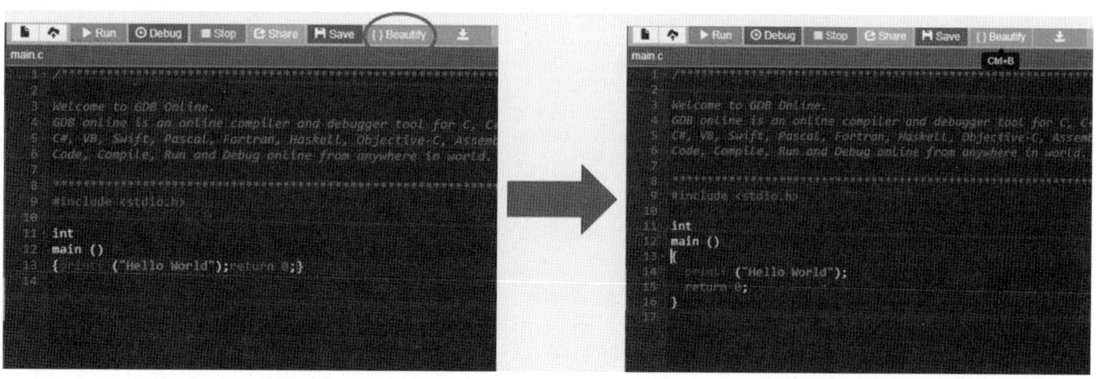

Ideone 사용해보기

Ideone은 http://ideone.com/을 웹브라우저 주소창에 입력하면 접속할 수 있다. 주소를 입력하여 Ideone에 접속하면 아래와 같은 에디터를 볼 수 있다. 에디터 우측과 하단에 이용 방법과 트위터 팔로우 링크, 광고, 피드백 등의 메뉴가 제공되지만, 간단한 코딩을 위해서는 필요하지 않다.

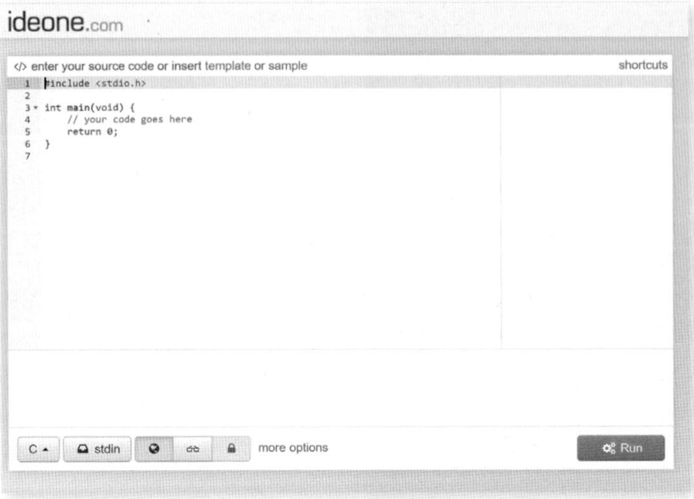

제일 먼저 에디터 화면의 좌측 하단의 첫 번째 선택 버튼을 눌러 프로그래밍 언어를 선택해 보자. 우리는 C 언어를 공부하고 있으므로, "C"를 선택하면 된다. 아래의 그림은 프로그래밍 언어 선택 화면이다.

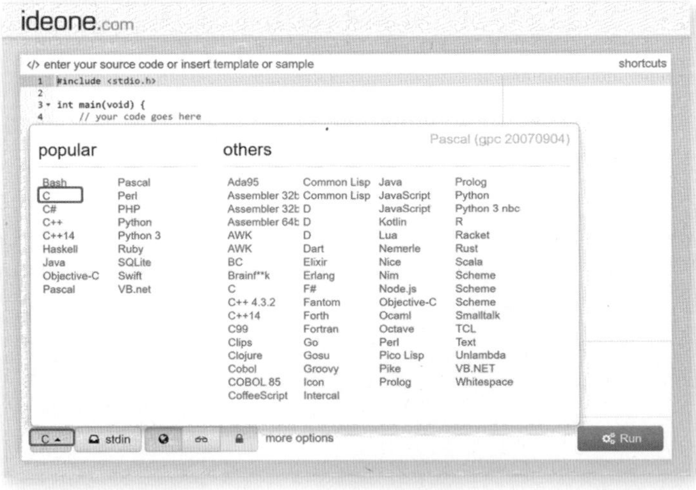

Ideone은 우리가 조금 전에 살펴본 onlineGDB보다 더 간단한 기능을 제공한다. 에디터에 소스 코드를 입력하고 우측 하단의 녹색 "Run" 버튼을 클릭하면, 소스 코드를 컴파일 하고, 프로그램의 실행 결과를 보여주는 화면으로 전환된다. 제일 상단에는 작성한 소스 코드를 보여주고, 그 다음에는 컴파일 메시지를 보여준다. 그 아래에는 표준 입력을 통해 입력 받은 값을 보여준다. 컴파일에 성공하였을 경우에는 그 아래에 표준 출력으로 프로그램의 실행 결과를 보여주지만, 컴파일에 실패하였을 경우에는 컴파일 정보를 보여준다. 여기에서 컴파일 에러 메시지를 확인할 수 있다.

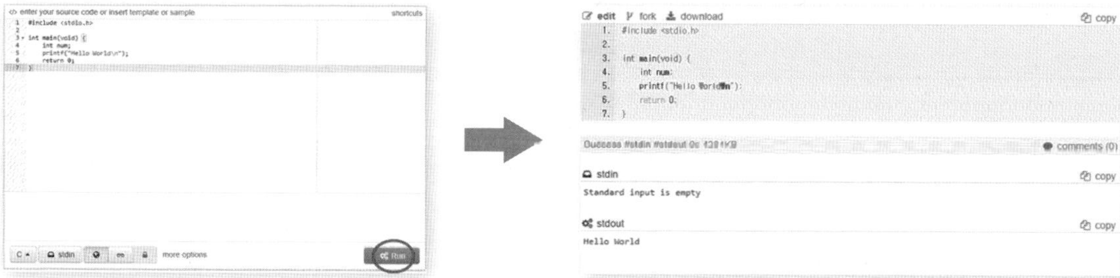

이 화면에서 다시 소스 코드를 수정하고 싶다면, 상단 첫 번째 "edit" 버튼을 이용한다. 다시 에디터 화면으로 돌아가면, 처음의 에디터 화면과는 다른 화면 구성을 볼 수 있다. 데이터 하단에 컴파일 에러 메시지를 보여주어 편리하게 소스 코드를 수정할 수 있도록 도와준다. 또한, 에디터 하단에는 입력과 출력을 선택하여 확인할 수 있는 탭이 제공된다. 작성하는 프로그램에 입력값이 필요한 경우에는 여기에 입력을 해 두면, 프로그램을 실행할 때 이 값을 읽어 들이게 된다. 이후의 프로그램의 컴파일과 실행은 "Run" 버튼이 아닌 "ideone it!" 버튼을 이용하도록 변경되어 있을 것이다. 이 버튼을 누르면 화면이 전환되지 않고 한 화면에서 계속 코딩을 진행할 수 있다.

Ideone은 두 가지 에디터 화면이 제공된다. 처음 실행할 때의 에디터 화면과 컴파일 이후의 에디터 화면이 다르기는 하지만 사용방법에는 큰 차이가 없다. 다만 실행 버튼과 입출력 등의 일부 인터페이스와 버튼의 글자가 다르기는 하지만, 충분히 이해하고 사용할 수 있는 수준이다. 아래는 첫 실행 시 에디터 화면에서 stdin 버튼을 누르고 입력값을 설정하는 화면을 설명하고 있다.

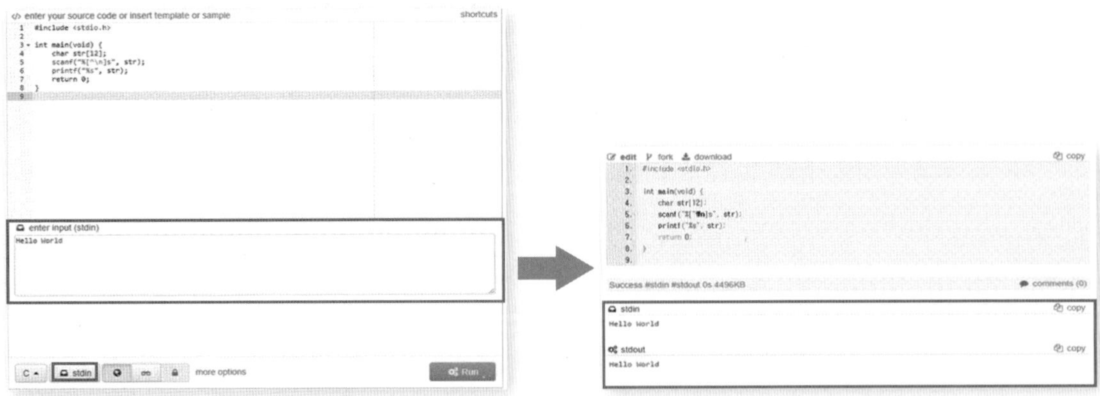

그 외에도 코드 공유와 private 모드 설정, 링크 공유 등의 기능을 제공하고 있다.

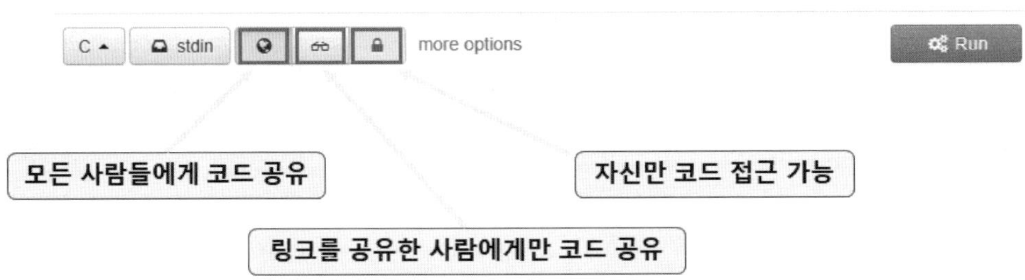

codingground 사용해보기

codingground를 사용하기 위해서는 https://www.tutorialspoint.com/codingground.htm를 웹브라우저 주소창에 입력해 보자. 처음 만나는 화면은 아래와 같다.

이 첫 화면에는 다양한 소프트웨어 개발 환경과 라이브러리, 프로그래밍 언어 등을 살펴 볼 수 있다. 화면의 아래쪽으로 이동하다 보면 “Online Compilers and Interpreters”라는 제목의 영역을 확인할 수 있다. 여기에는 온라인으로 코딩을 할 수 있는 다양한 프로그래밍 언어들이 제공된다. 우리는 C 언어를 학습하고 있으므로 C 언어를 선택해 보자.

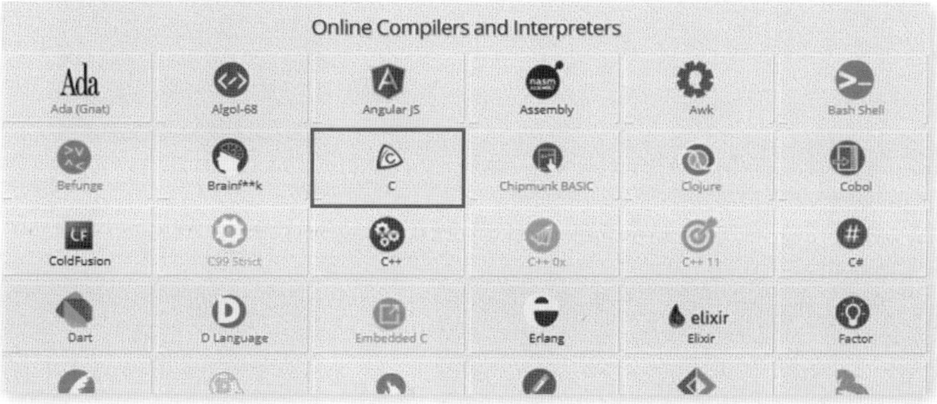

C 언어를 선택하면 아래의 그림과 같은 에디터 화면을 찾을 수 있다. 전체 화면 윗부분에는 메뉴가 있고, 그 아래에 에디터와 출력 화면이 위치한다. 출력화면은 에디터 우측 또는 하단에 있는데, 이는 출력화면 우측 상단의 첫 번째 버튼을 눌러 이동할 수 있다. 그 옆에는 출력 화면을 최대화하는 버튼과, 최소화하는 버튼이 함께 있다. 에디터 상단에는 에디터를 위한 두 개의 버튼과 두 개의 탭이 있다. 코드를 작성하기 위해서는 "main.c"을 클릭한다. 그리고 작성하고자 하는 프로그램의 소스 코드를 입력하면 된다.

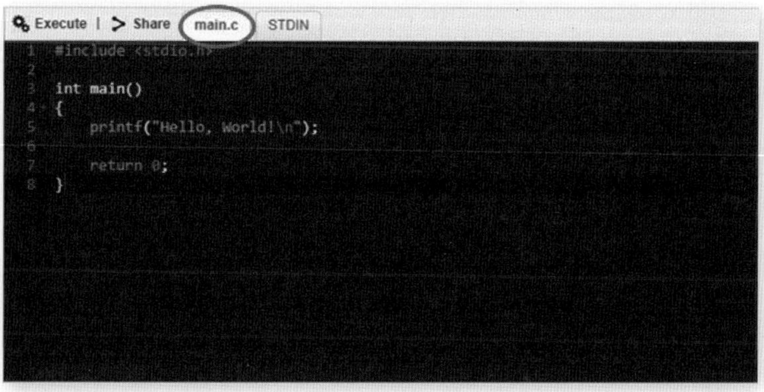

"main.c" 탭 옆에 있는 "STDIN" 탭은 프로그램에 필요한 입력값을 입력하기 위한 것으로 실행 전에 입력해야 하는 값을 편집할 수 있다. 소스 코드 작성이 완료되면 제일 앞에 위치해 있는 "Excute" 버튼을 클릭한다. 이 버튼을 클릭하면 소스 코드를 컴파일하고 프로그램을 실행한다. 실행 결과는 결과화면에 출력된다. 결과화면은 마치 리눅스의 쉘과 상당히 유사하다. 컴파일에 실패했을 경우에는 컴파일 에러 메시지를 출력하고, 컴파일이 성공하면 실행 결과 화면을 볼 수 있다. 이 결과화면에서는 리눅스의 쉘에서 컴파일하고, 실행하는 명령어와 결과를 모두 볼 수 있다.

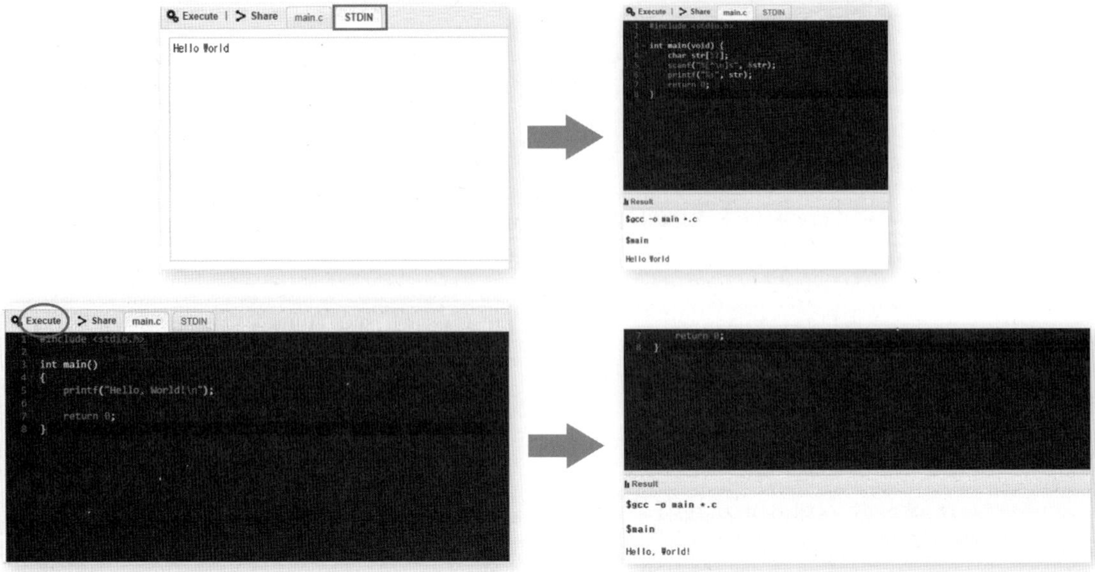

전체 화면 상단에는 프로젝트 이름을 수정하는 메뉴와 프로젝트 관련, 에디터 관련 설정 등의 메뉴가 있다. “Project” 메뉴에서는 프로젝트 생성과 저장, 공유 기능을 제공한다. “Edit” 메뉴에는 소스 코드 편집에 필요한 복사, 붙여넣기 등의 기능을 제공한다. “Setting” 메뉴에는 에디터 테마, 글자 크기, 탭(Tab) 사이즈, 라인 번호 보이기 등을 설정할 수 있다.

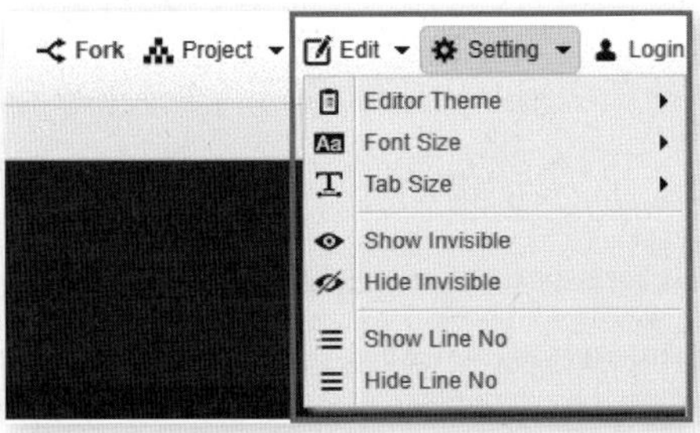

goormide 사용해보기

goormide의 접속 주소는 https://ide.goorm.io/이다. 웹브라우저에 주소를 입력하면, 아래와 같은 화면을 볼 수 있다.

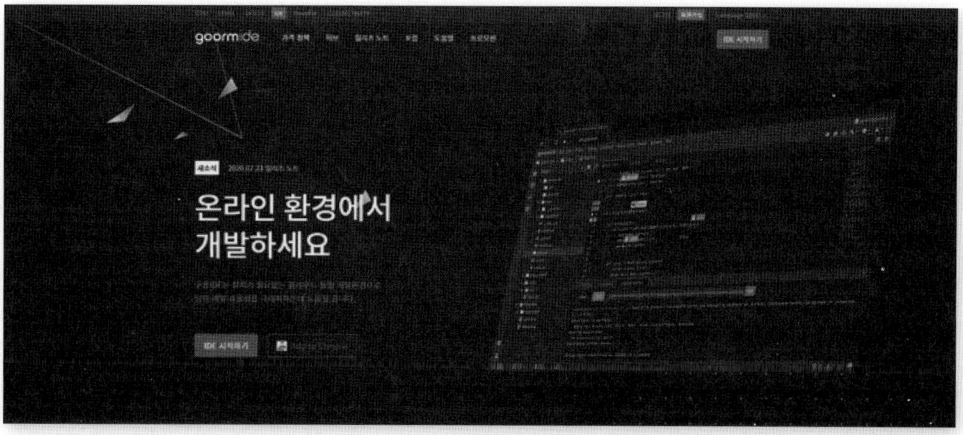

메인 화면에서 IDE 시작하기 버튼을 눌러 groomide를 사용해보자. 회원가입이 필요할 수도 있다.

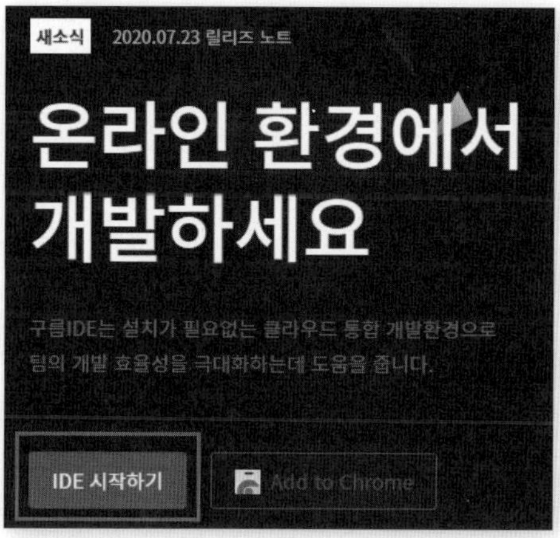

IDE를 시작하면 컨테이너를 새로 생성해야 한다. 컨테이너란 호스트 OS상에 논리적인 구획(컨테이너)을 만들고, 어플리케이션을 작동시키기 위해 필요한 라이브러리나 어플리케이션 등을 하나로 모아, 마치 별도의 서버인 것처럼 사용할 수 있게 만든 것이다. 호스트 OS의 리소스를 논리적으로 분리하고, 여러 개의 컨테이너가 공유하여 사용한다. 컨테이너는 오버헤드가 적기 때문에 가볍고 고속으로 작동하는 것이 특징이다.

새 컨테이너 생성 버튼을 누르면 해당 컨테이너의 정보를 입력하는 화면을 볼 수 있다. 이름과 설명 등의 정보를 입력하자.

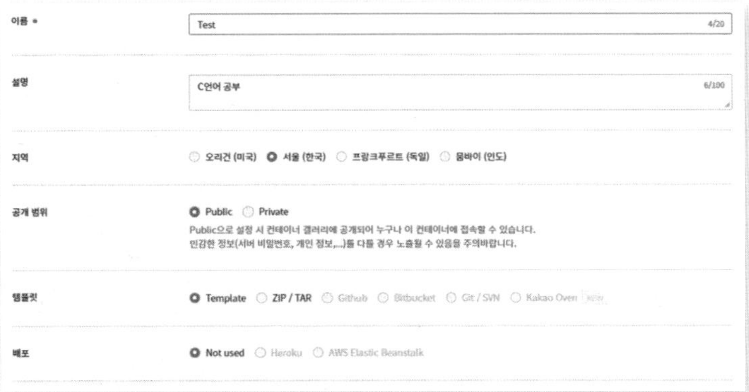

다음으로 사용할 프로그래밍 언어와 운영체제(OS) 환경을 선택해야 한다. 우리는 C 언어를 이용하여 프로그래밍을 진행할 것이므로 C 언어를 선택하면 된다. 운영체제는 Ubuntu 18.04를 선택하도록 하자.

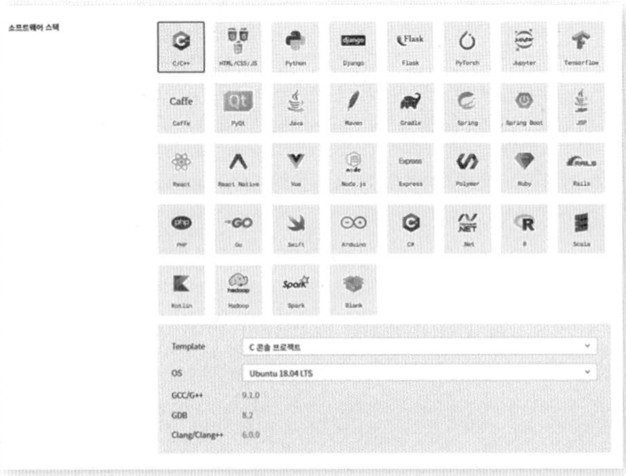

모든 입력을 완료하면 우측 상단의 생성 버튼을 클릭한다.

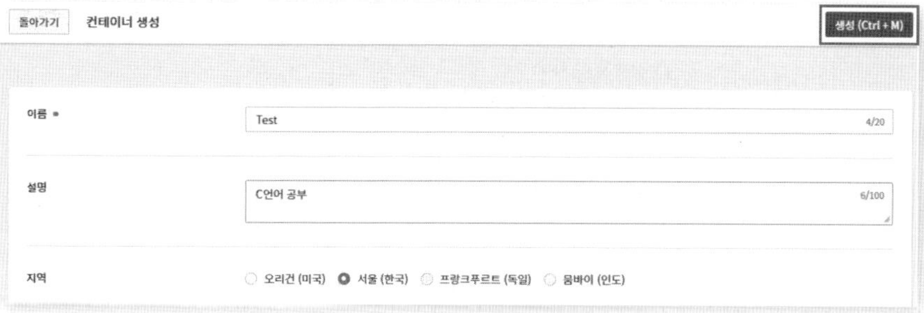

이제 IDE 화면을 만날 수 있다. 소스 코드를 관리할 수 있는 프로젝트 관리 화면과 코드를 입력할 수 있는 에디터, 리눅스 터미널과 리소스 모니터링, 디버그 등을 탭으로 선택할 수 있는 화면으로 구성되어 있다.

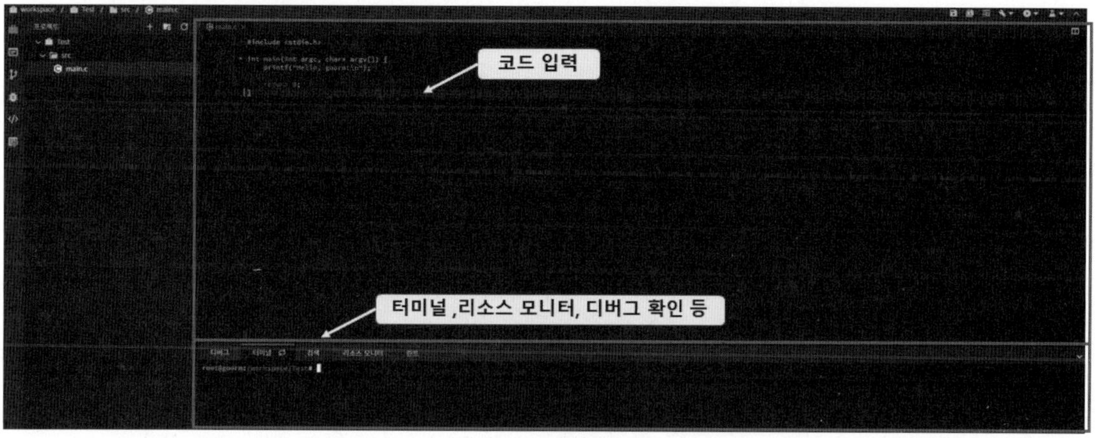

에디터에 작성하고자 하는 프로그램의 소스 코드를 입력하고, 프로젝트 메뉴에서 실행 버튼을 클릭하면 실행이 가능하다.

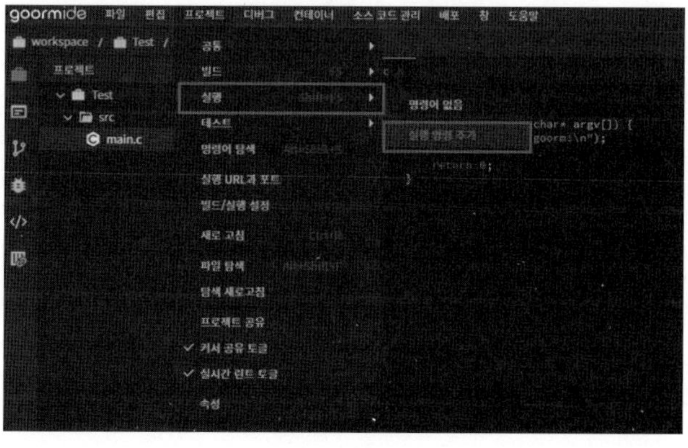

goormide는 PC에 설치하여 사용하는 IDE와 상당히 유사한 형태를 띄고 있으며, 다양한 기능들을 제공한다. 유료 사용자의 경우에는 더 많은 기능을 사용할 수 있다.

codechef 사용해보기

codechef는 https://www.codechef.com/에 접속하여 사용해 볼 수 있다. 처음 만나는 화면은 아래의 그림과 같다.

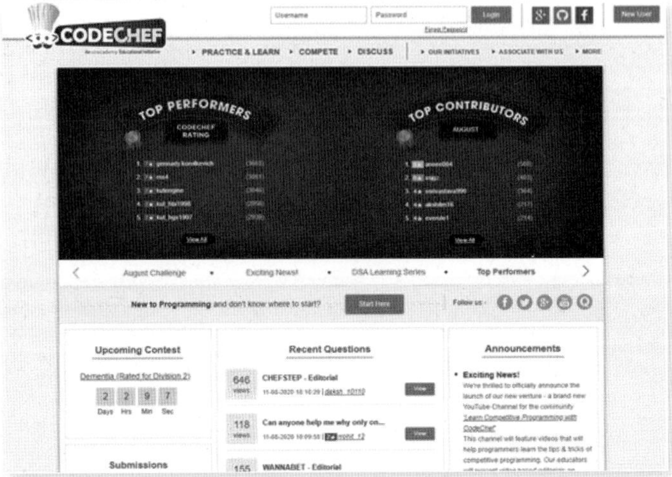

상단 메뉴에서 "PRACTICE & LEARN"을 누르고 "Code, Compile & Run (IDE)"를 선택하면 프로그래밍을 시작할 수 있다.

프로그래밍 언어를 선택할 수 있는 메뉴와 에디터를 쉽게 찾을 수 있다. "C (Gcc 6.3)"을 선택하면 C 언어로 프로그램을 작성할 수 있다.

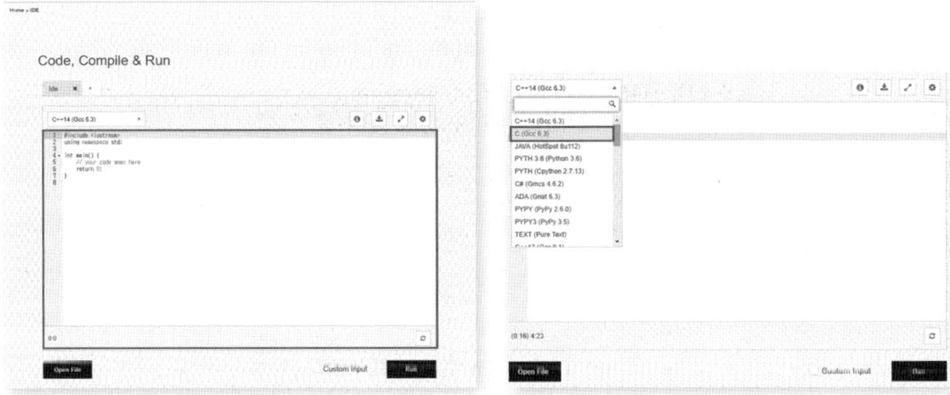

소스 코드를 현재 사용하고 있는 컴퓨터에 저장하는 기능과 저장되어 있는 소스 코드를 불러오는 기능을 모두 제공한다. “Open File” 버튼을 누르면 현재 컴퓨터에 저장되어 있는 소스 코드를 읽어 올 수 있다. “Run” 버튼은 작성한 소스 코드를 컴파일 하고 실행하는 기능을 제공한다.

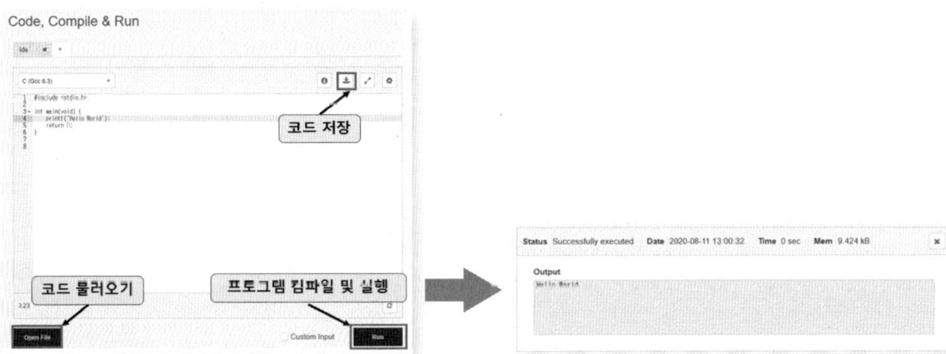

wandbox 사용해보기

wandbox를 사용하기 위해 https://wandbox.org/로 접속하면 아래와 같은 화면을 볼 수 있다.

이 화면의 좌측 상단 메뉴를 통해 원하는 프로그래밍 언어와 컴파일러를 선택할 수 있다.

에디터 화면에서 소스 코드를 편집하고 “Run” 버튼을 누르면 프로그램을 실행할 수 있다. 대부분의 웹 기반 컴파일러 또는 IDE의 실행 방법은 상당히 유사하기 때문에, 한두 가지의 사이트를 사용해 보면 대부분 쉽게 적응할 수 있다.

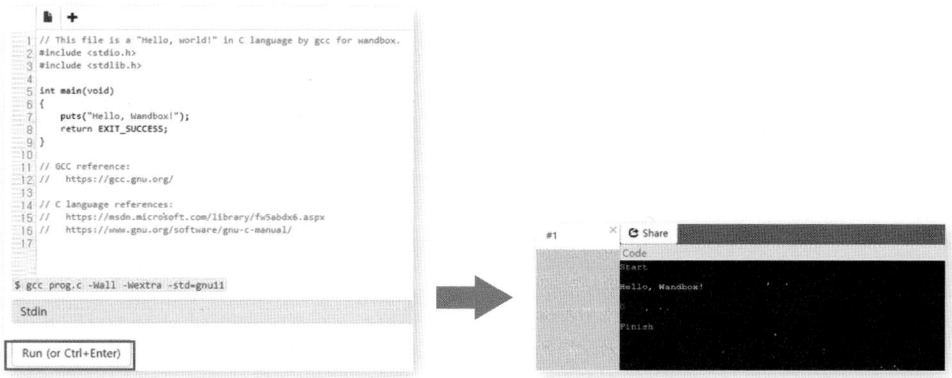

콘솔 기반 개발환경

윈도우 환경

윈도우 환경(Windows PowerShell: MinGW)에서 콘솔 기반으로 C 프로그램을 작성하고 실행하기 위한 프로그램으로 MinGW가 있다. MinGW는 Minimalist GNU for Windows의 약자로 여러 가지 오픈소스 프로그램들을 윈도우 환경에서 동작할 수 있도록 제공하는 프로젝트이다. 윈도우 운영체제로 포팅한 GNU 소프트웨어 개발 도구 모음이자 윈도우 응용 프로그램 개발 환경이다.

- 나무위키 MinGW 참조(https://namu.wiki/w/GCC?from=MinGW#s-2).

MinGW는 http://www.mingw.org/에 접속하여 다운로드 받을 수 있다. Downloads 버튼을 클릭하고, mingw-get-setup.exe를 선택하여 다운로드 해보자.

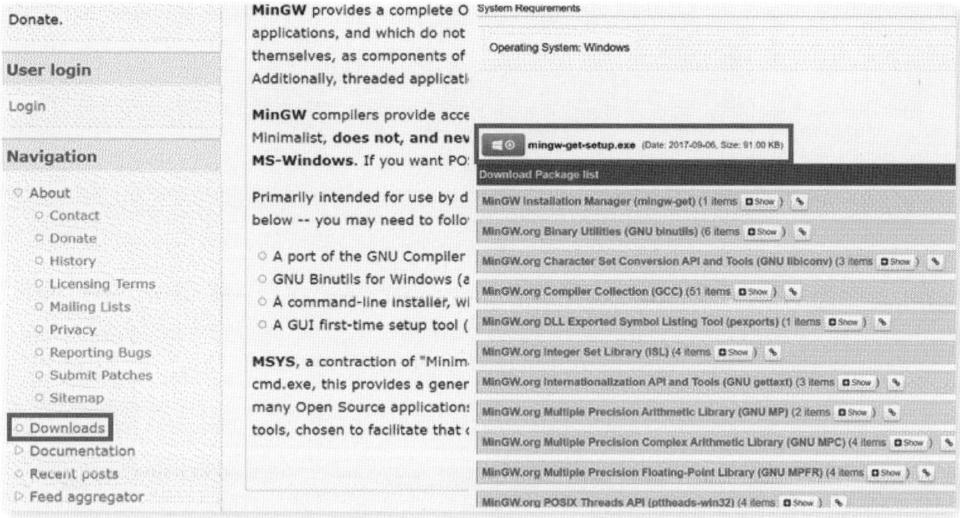

다운로드가 완료되면 설치 파일을 찾아 실행하여, 다음 그림을 보고 순서에 따라 설치 해보자.

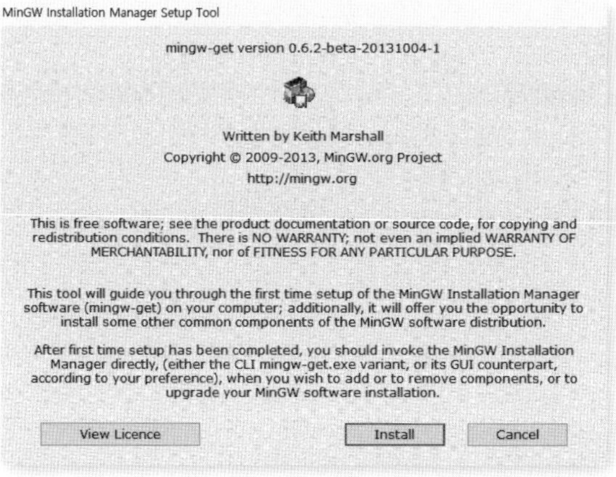

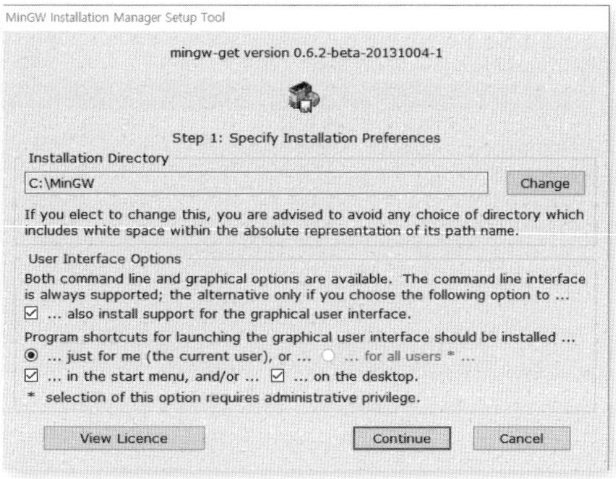

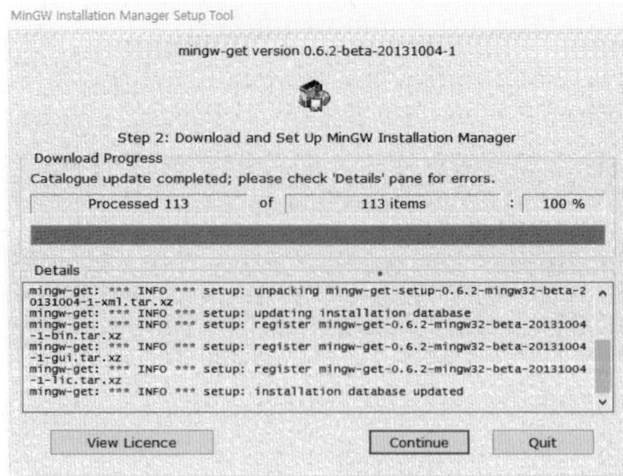

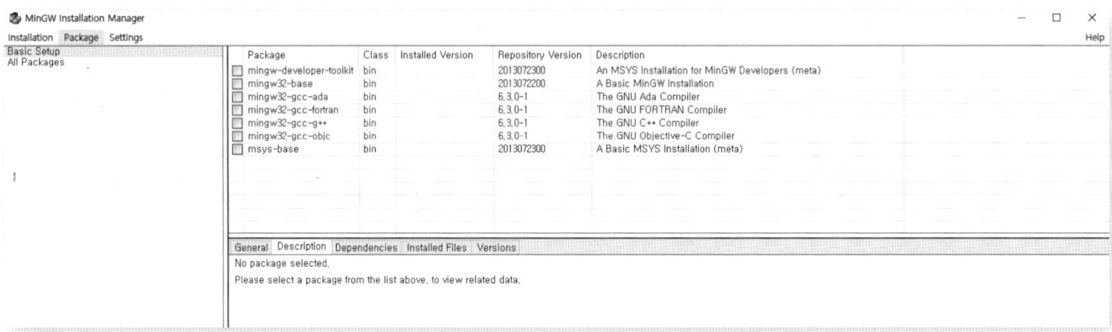

아래 그림과 같은 페이지에서는 우측에 있는 모든 패키지를 선택하여 설치하도록 하자.

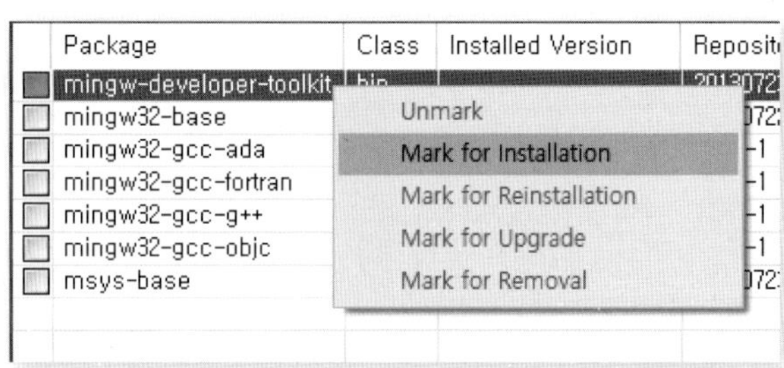

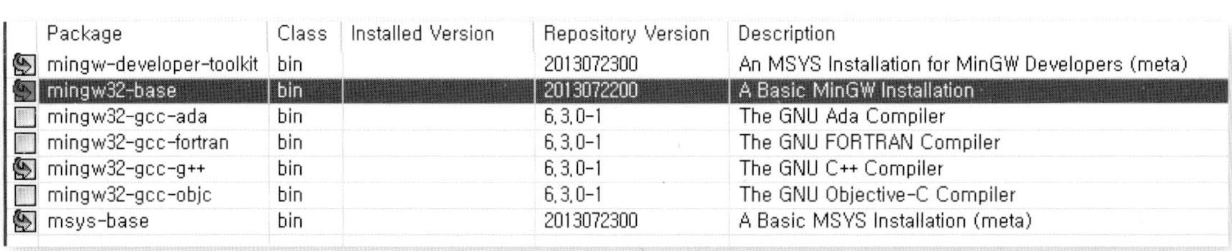

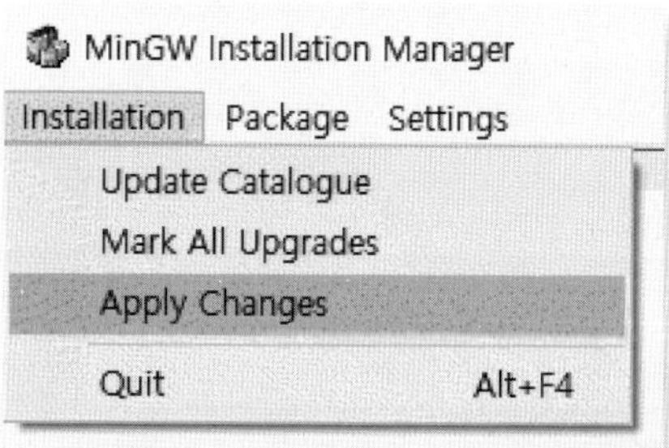

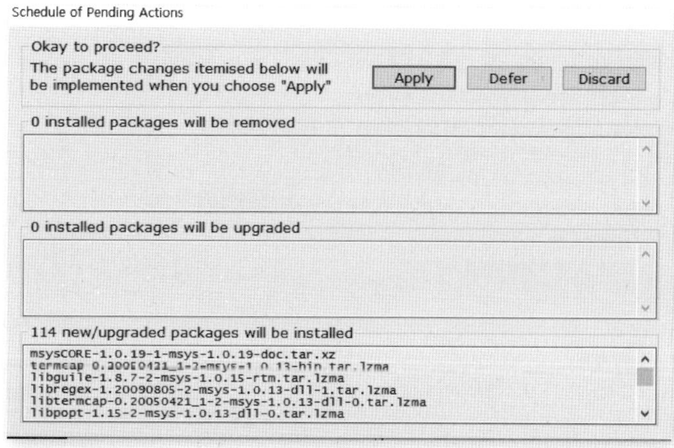

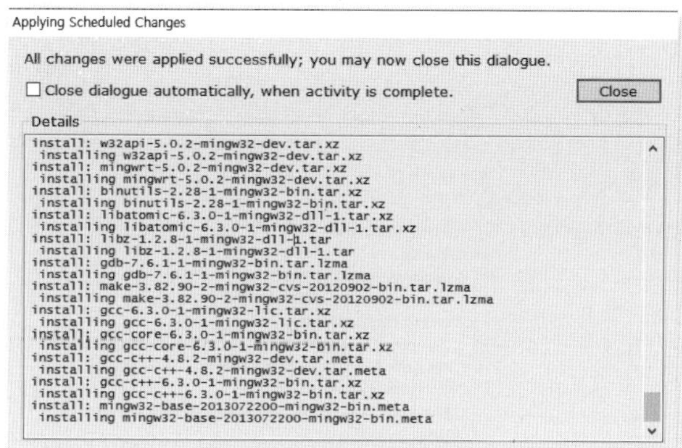

설치를 완료하면 윈도우 시스템 환경 변수 설정이 필요하다. 다음 그림을 참고하여 MinGW를 설치한 경로를 입력한다. 환경 변수 설정을 위해서는 "내 PC" 혹은 "내 컴퓨터"를 마우스 우클릭하여 속성을 누른다. "윈도우키+R" 키를 눌러 실행창을 실행하고 "sysdm.cpl"을 입력하여 환경변수 설정 창을 실행한다. 또는, 시스템 창이 보이면 우측 하단의 "고급 시스템 설정"을 클릭한다. "시스템 속성" 창이 새로 열리면, 하단의 "환경 변수"를 클릭하면 아래와 같은 환경 변수 설정 화면을 볼 수 있다.

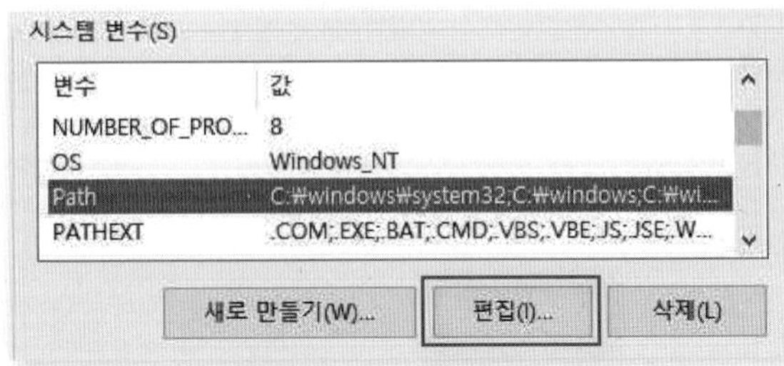

환경 변수 설정이 끝나면 명령 프롬프트 또는 파워쉘을 실행하여 gcc -v 명령으로 설치를 확인한다. 명령 프롬프트는 실행창에 "cmd"를 입력하고, 파워쉘은 "powershell"을 입력하면 된다.

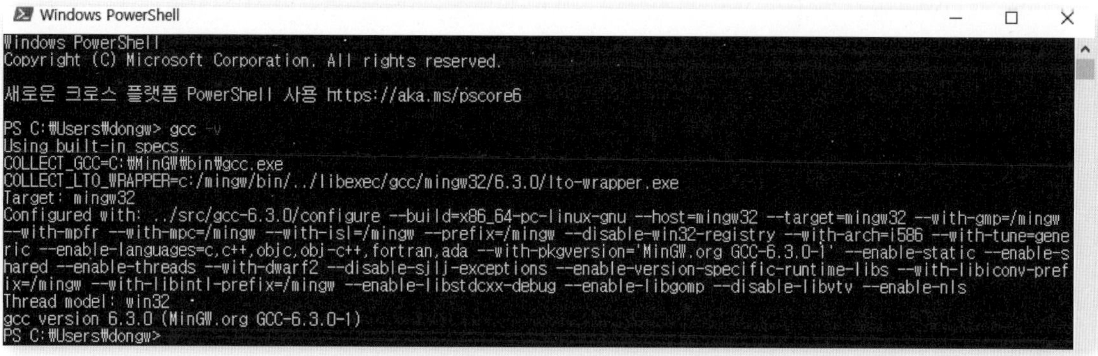

이제 간단한 C 소스 코드를 작성하고, 컴파일해서 프로그램을 실행할 수 있다. 소스 코드는 메모장을 이용해도 되지만, 편리함을 위해 코딩용 에디터를 사용해도 좋다. 사실 어떤 에디터를 사용해도 되지만, 대부분의 프로그래머는 자신이 선호하는 에디터를 사용한다. 컴파일은 "gcc" 뒤에 소스 코드 파일명을 친다. 컴파일 오류가 발생하지 않으면 "a.out"라는 이름의 실행파일이 생성되며, 이 파일이름을 입력하고 엔터를 누르면 프로그램이 실행된다.

리눅스 환경

리눅스 환경에서는 일반적으로 GCC(GNU Compiler Collection)를 컴파일러로 사용한다. 예전에는 GNU C Compiler의 약자로 C 언어 컴파일만 지원하였으나, 점차 Ada, C++, JAVA, Fortran, Objective-C 등의 언어들의 컴파일을 지원하면서 현재 이름으로 바뀌었다. 대부분의 리눅스 배포판에는 기본적으로 GCC가 설치되어 있다. 터미널에서 "gcc"를 입력하면 아래와 같은 화면이 표시된다.

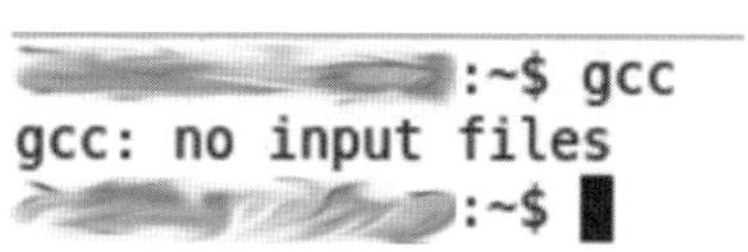

만약 gcc가 설치되어 있지 않다면 아래와 같은 메시지가 화면에 출력된다.

```
:~$ gcc
The program 'gcc' can be found in the following packages:
 * gcc
 * pentium-builder
Try: sudo apt-get install <selected package>
bash: gcc: command not found
:~$ 
```

GCC 설치를 위해서는 터미널에 "sudo apt-get install gcc"를 입력한다. 설치가 완료되면 다시 "gcc"를 입력하여 정상적으로 설치되었는지 확인한다. gcc를 이용하여 컴파일를 하기 위해서는 먼저 C 언어를 이용해 소스 코드를 작성해야 한다. 리눅스 환경에서는 vi 또는 vim을 일반적으로 사용하지만, 리눅스 환경에 익숙하지 않은 사용자라면 vi를 사용하기 쉽지 않다. vi 사용법을 숙지하고 있다면, vi를 사용해보자. "pico"나 "nano"와 같은 에디터를 이용해도 되며, GUI 환경이라면 "gedit"를 이용하자. 에디터를 이용하여 C 언어로 소스 코드를 작성하고 저장한 후에 gcc를 이용하여 컴파일 해보자. helloworld.c 라는 이름으로 소스 코드가 저장되어 있다면, "gcc –o helloworld helloworld.c"를 터미널에 입력하자. 이 명령은 "helloworld.c" 파일을 컴파일하여 "helloworld"라는 이름의 실행 파일을 만들어 준다. 정상적으로 컴파일이 완료되었다면 "./helloworld"를 입력하여 프로그램을 아래와 같이 실행할 수 있다.

```
:~$ ./helloworld
Hello, World!
:~$ 
```

설치형 통합개발환경(IDE)

마이크로소프트 비주얼 스튜디오 (Microsoft Visual Studio)

마이크로소프트에서 제작한 IDE로 윈도우, macOS에 설치가 가능하다. C/C++와 C#, 비주얼 베이직 등 다양한 언어로 프로그래밍이 가능하며, 윈도우 애플리케이션 개발은 물론 웹 개발도 가능하다. 특정 언어를 위한 버전도 제공한다. 학생은 커뮤니티 버전을 무료로 사용할 수 있다.

- 위키피디아 마이크로소프트_비주얼_스튜디오 참조
  (https://ko.wikipedia.org/wiki/마이크로소프트_비주얼_스튜디오)

이클립스 (Eclipse)

다양한 운영체제 또는 플랫폼에서 사용할 수 있는 오픈소스 IDE이다. 자바를 비롯한 다양한 언어를 지원하는 프로그래밍 통합 개발환경을 목적으로 시작하였으나, 현재는 범용 응용 소프트웨어 플랫폼으로 진화하였다. 원래 IBM의 웹스피어 스튜디오 애플리케이션 디벨로퍼(WebSpheare Studio Application Developer)란 이름으로 개발되었으나, 엔진부분을 오픈소스로 공개한 것을 기반으로 지금의 이클립스로 발전해 왔다.

- 위키피디아 이클립스 참조(https://ko.wikipedia.org/wiki/이클립스_(소프트웨어))
- Xcode(출처: 위키피디아)

엑스코드 (Xcode)

애플에서 개발한 OS X의 개발 툴 모음이다. 3.2버전은 맥 OS X 10.6에 포함되어 있으나 자동으로 설치되지는 않는다. 이전 버전의 맥 OS X에서는 3.2를 지원하지 않기 때문에 옛 버전을 Apple Developer Connection에서 무료로 받을 수 있다. 엑스코드는 자유 소프트웨어인 GCC의 수정된 버전(GCC, apple-darwin9-gcc-4.2.1, apple-darwin9-gcc-4.0.1)을 포함하고 있고, 코코아와 카본, 자바에 대한 다양한 프로그래밍 모델을 포함하며 C와 C++, 자바, python, ruby 등 다양한 프로그래밍 언어를 지원한다. 엑스코드는 디버거의 백엔드로 GDB를 사용한다.

- 위키피디아 엑스코드 참조(https://ko.wikipedia.org/wiki/엑스코드)

씨라이온 (CLion)

CLion은 JAVA용 IDE인 IntelliJ IDEA로 널리 알려진 Jetbrains 사에서 개발한 C/C++용 IDE이다. C와 C++, JavaScript, Objective-C, Swift 등을 기본적으로 지원한다. 교육용 라이센스를 제공하므로 학생들은 재학기간 동안 무료로 사용할 수 있다. CLion 설치 페이지에서 설치 시 학생 계정을 입력하면 무료로 사용할 수 있다. 최초 설치 시 컴파일러를 비롯한 툴체인을 설정해야 해서 설치가 조금은 번거롭다. gcc, Clang, MSVC 컴파일러를 연결하여 사용할 수 있다.

- 깃허브 참조(https://github.com/integraldx/HowToSNUCSE/tree/master/개발_환경)

코드::블럭스 (Code::Blocks)

GCC, MSVC를 포함한 다양한 컴파일러를 지원하는 오픈소스 IDE이다. C++를 기반으로 개발되었고, 플러그인 구조를 이용하여 다양한 기능을 사용할 수 있다. 윈도우와 리눅스, 맥 OS X용으로 개발되고 있으며, C 언어는 물론 C++와 포트란을 지원한다. MinGW와 GCC 컴파일러를 포함한 윈도우용 설치파일의 크기는 100MB 내외로 아주 가벼워서 낮은 사양의 컴퓨터에서도 프로그래밍이 용이하다. 리눅스에서는 기존에 설치된 GCC, Clang 등을 자동으로 인식한다. 그러나 대규모 프로젝트 개발을 위해 사용하기에는 부족하다는 평가가 있다.

- 위키피디아 Code::Blocks 참조(https://ko.wikipedia.org/wiki/Code::Blocks)
- 나무위키 Code::Blocks 참조(https://namu.wiki/w/Code::Blocks)

Dev-C++

GNU 라이선스의 C 언어와 C++를 지원하는 오픈소스 IDE이다. MinGW와 함께 제공되며, 델파이로 개발되었으며, 윈도우 환경에서만 사용이 가능하다. 현재는 더 이상 개발을 중단한 상태이다.

- 위키피디아 Dev-C++ 참조(https://ko.wikipedia.org/wiki/Dev-C%2B%2B)

비주얼 스튜디오 코드 (Visual studio code)

비주얼 스튜디오 코드는 마이크로소프트가 마이크로소프트 윈도우, 맥 OS X, 리눅스용으로 개발한 소스 코드 편집기이다. 엄밀하게 말하자면 IDE라고 하기는 어렵고 에디터에 가깝지만, 많은 프로그래머들의 인기가 크게 늘어나고 있다. 흔히 VS코드라고도 한다. 디버깅 지원과 Git 제어, 구문 강조 기능 등이 포함되어 있으며, 사용자가 편집기의 테마와 단축키, 설정 등을 수정할 수 있다. 그리고 플러그인을 통해 편집 기능 추가 및 프로그래밍 언어 지원 등 새로운 확장 기능을 추가할 수 있다.

- 위키피디아 비주얼 스튜디오 코드 참조(https://ko.wikipedia.org/wiki/비주얼_스튜디오_코드)

IDE 설치해보기

Visual Studio 2019 설치하기

- Visual Studio 2019 설치를 위한 사이트 접속 및 다운로드 참조
(https://visualstudio.microsoft.com/ko/vs/)

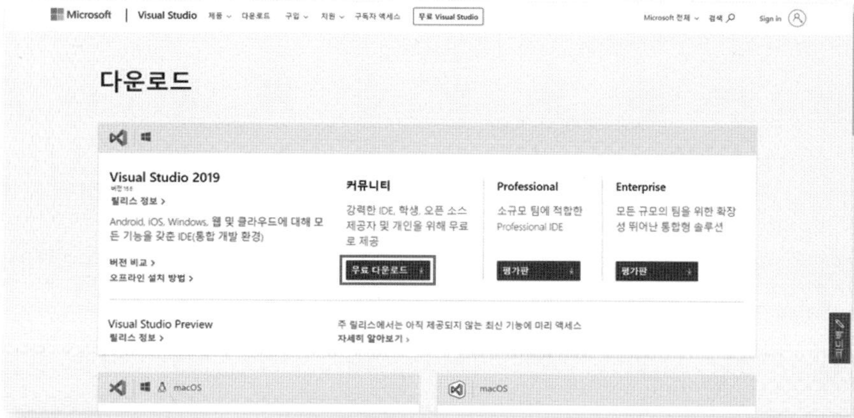

❶ Visual Studio 2019 설치 전 항목을 설정한다.

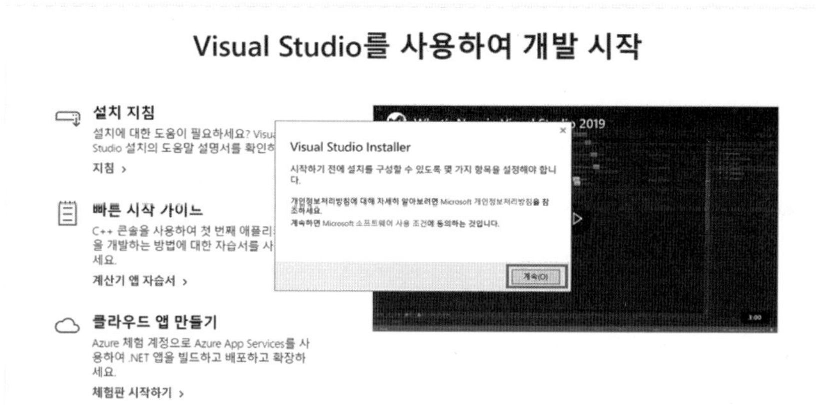

❷ 원하는 세부 설치 사항을 선택 후 설치 버튼을 클릭한다.

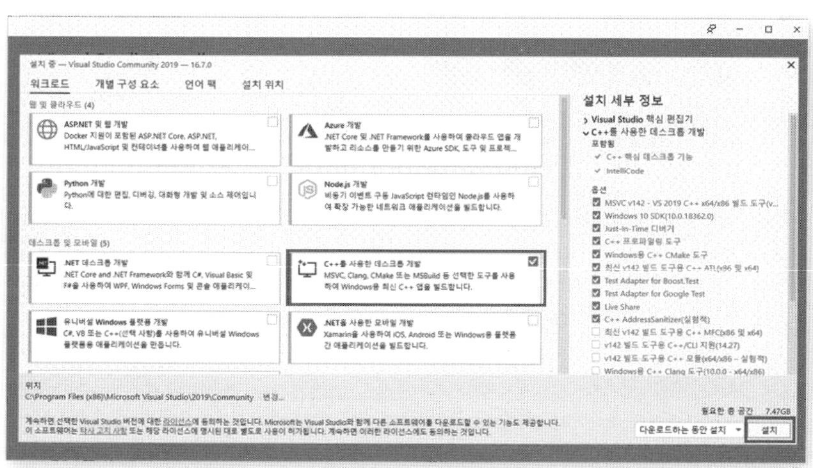

❸ 설치 시작 및 설치 완료 후 컴퓨터를 재시작한다.

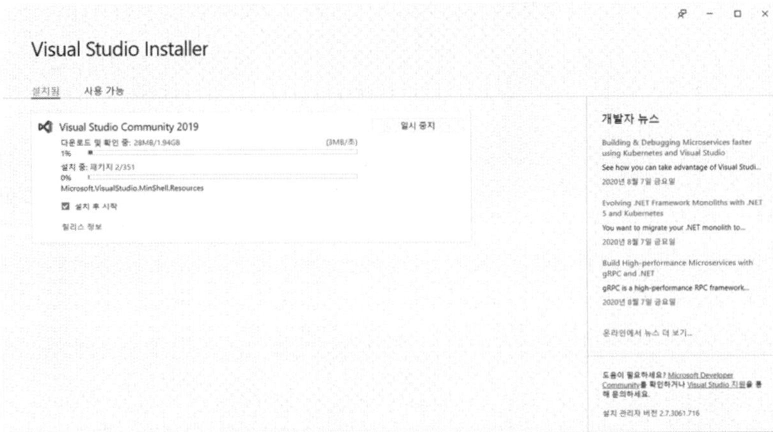

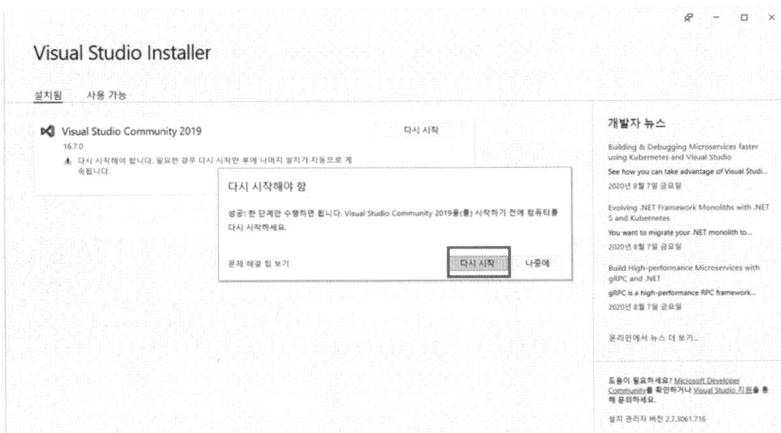

❹ Visual Studio 2019 아이콘을 클릭하여 실행시킨다.

❺ Visual Studio 2019 새 프로젝트 만들기를 클릭한다.

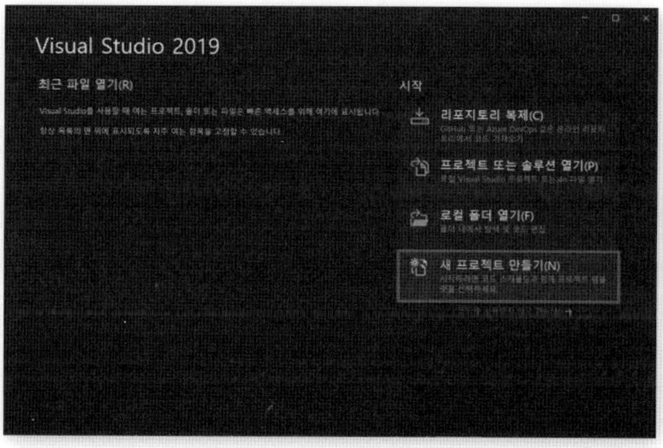

❻ 빈 프로젝트를 클릭하여 프로젝트를 만든다.

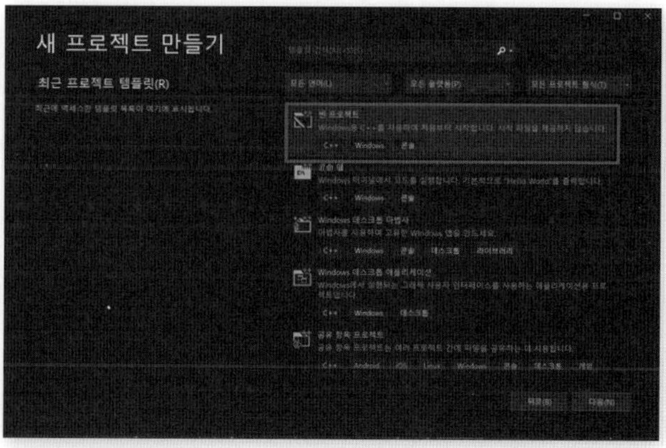

❼ 프로젝트의 이름을 작성하고 프로젝트를 만든다.

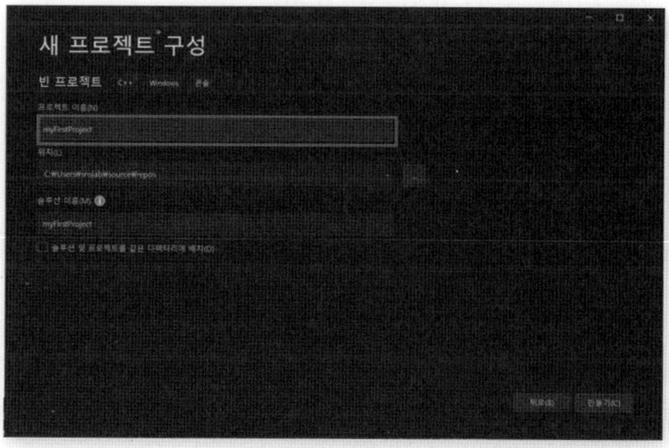

❽ 코드를 작성하기 위해 소스파일(*.c)을 만든다.

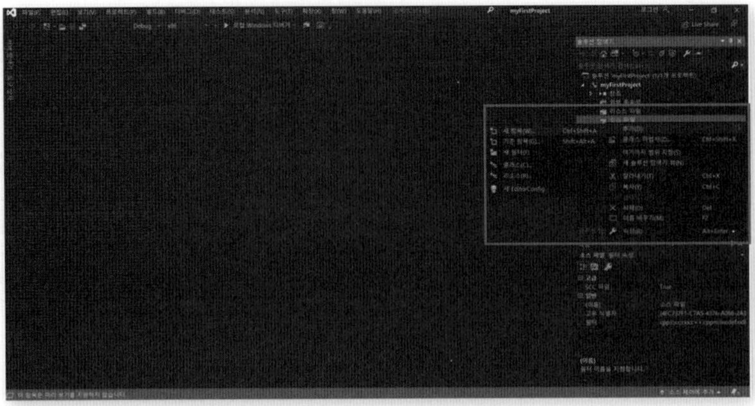

❾ .cpp 파일이 아닌 .c로 파일 확장자명을 바꾸어 준다.

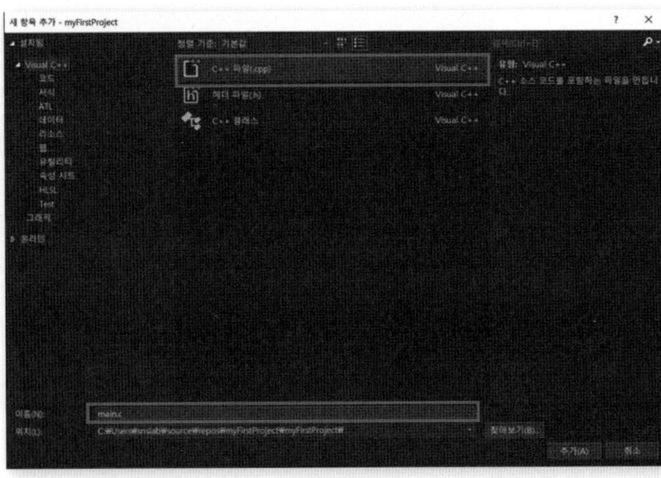

❿ 코드 입력창에 Hello C World!!!를 입력한다.

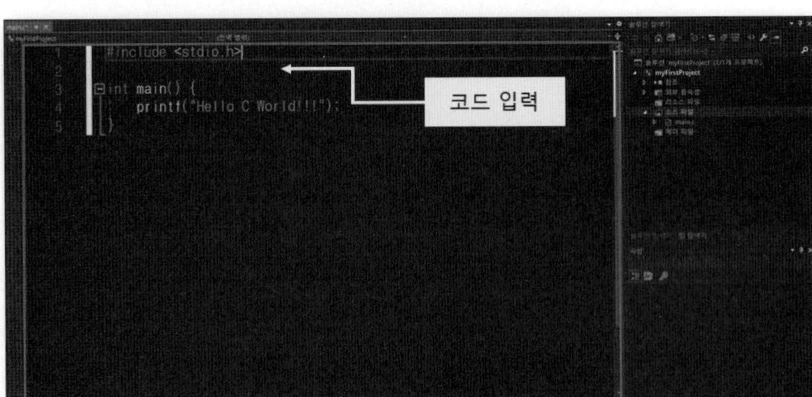

⓫ 입력한 코드를 실행하기 위해 디버깅하지 않고 시작 버튼을 누르거나 단축키 Ctrl + F5번을 누른다.

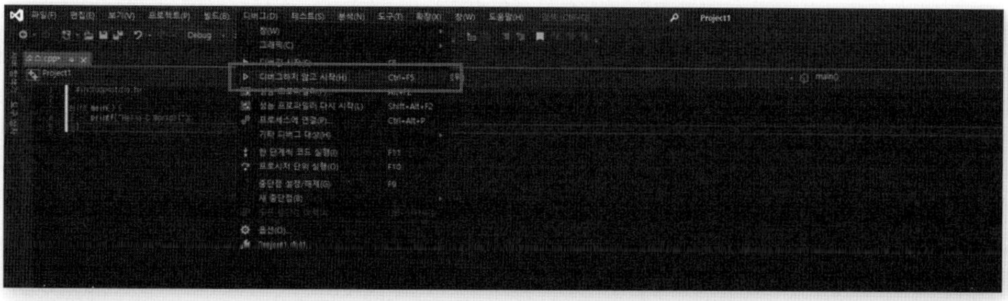

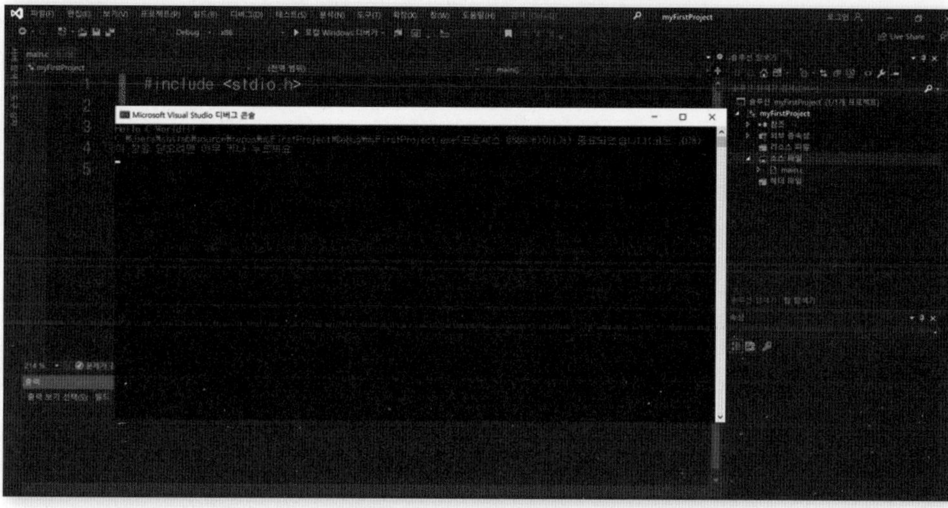

Eclipse 설치하기

- eclipse 설치를 위한 사이트 접속 및 다운로드 참조(https://www.eclipse.org/cdt/downloads.php)

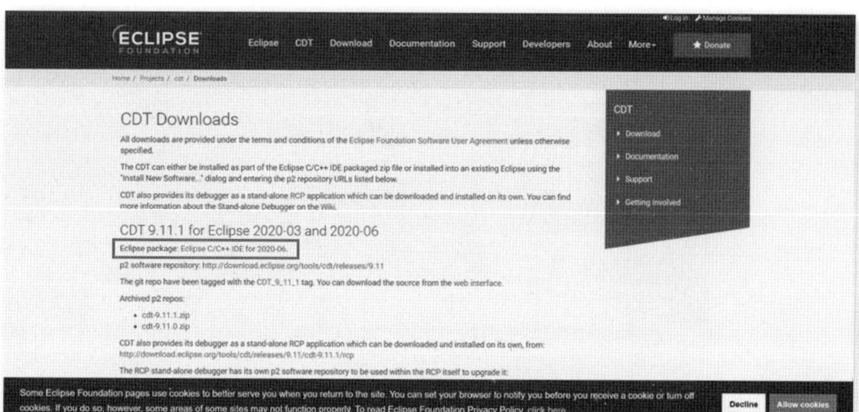

❶ 그림에 표시된 링크를 클릭하여 설치를 진행한다.

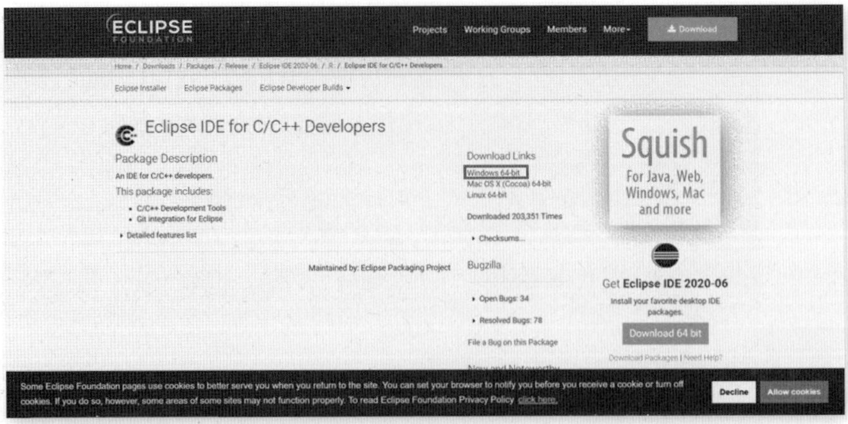

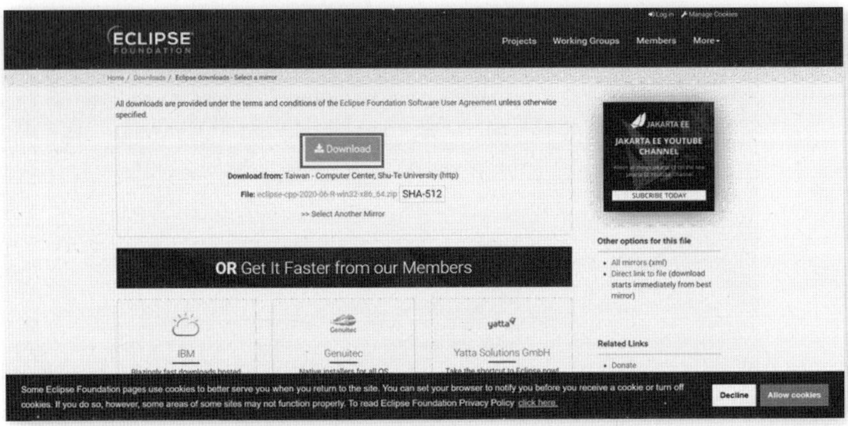

❷ 컴파일을 위한 MinGW 설치를 위하여 SourceForge 사이트를 접속하여 설치한다.

앞의 MinGW 설치 내용을 참고하기 바란다.

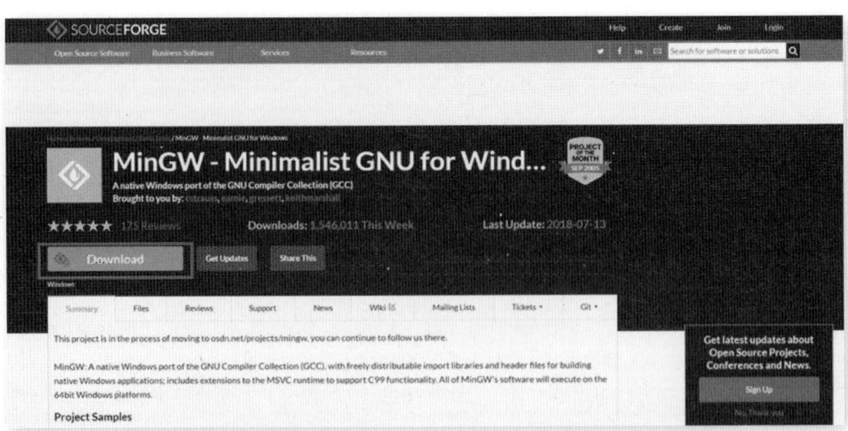

❸ 아래의 그림과 같이 설치를 진행하면 된다.

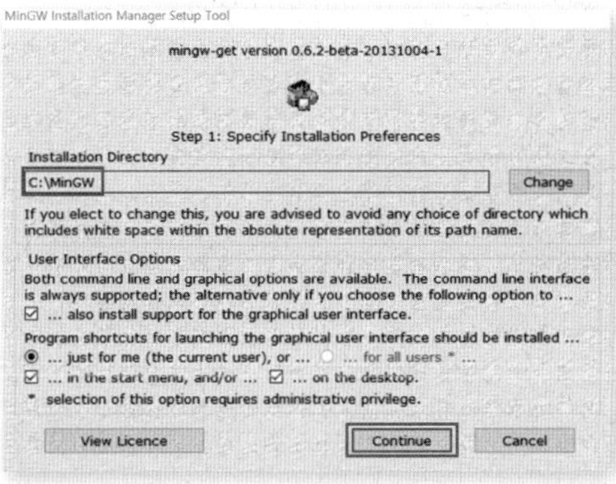

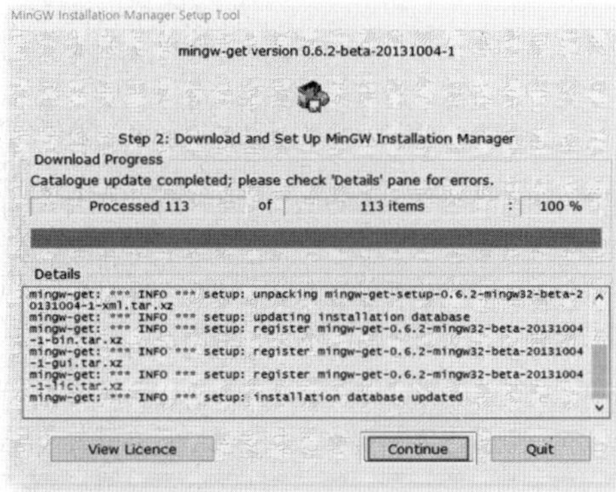

❹ 해당 부분은 ada와 fortran을 사용하지 않기 때문에 설치하지 않는다.

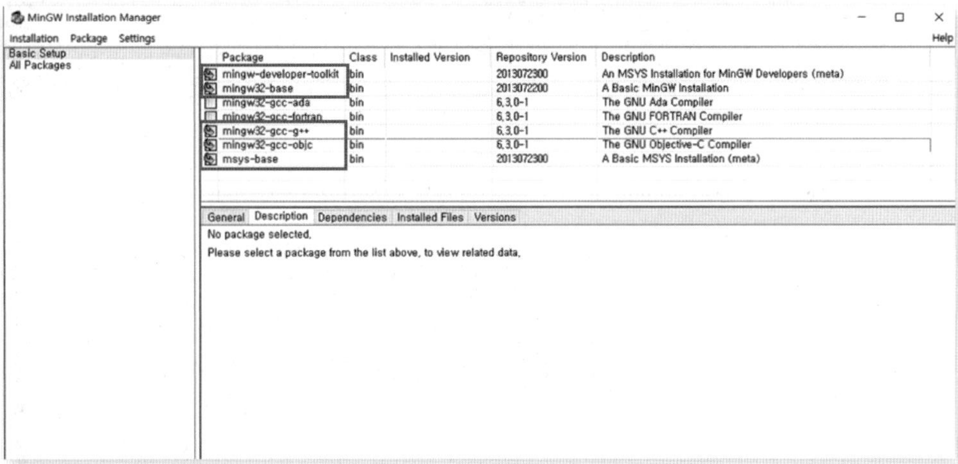

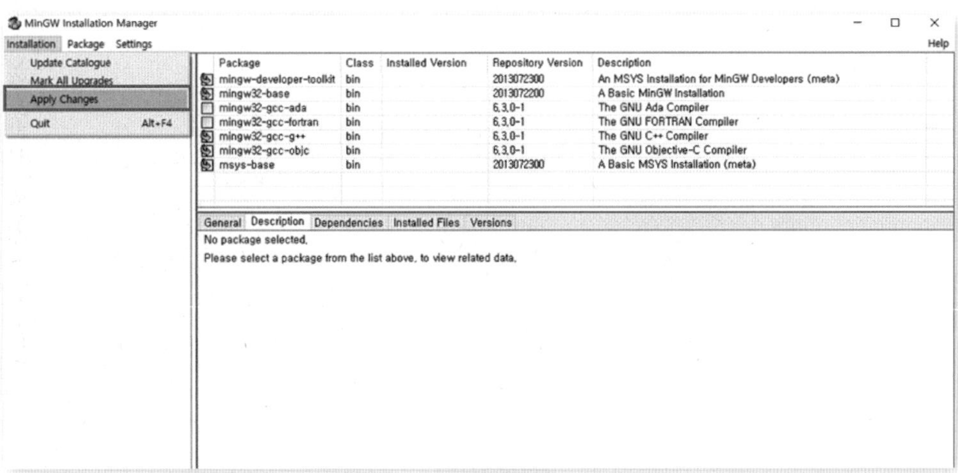

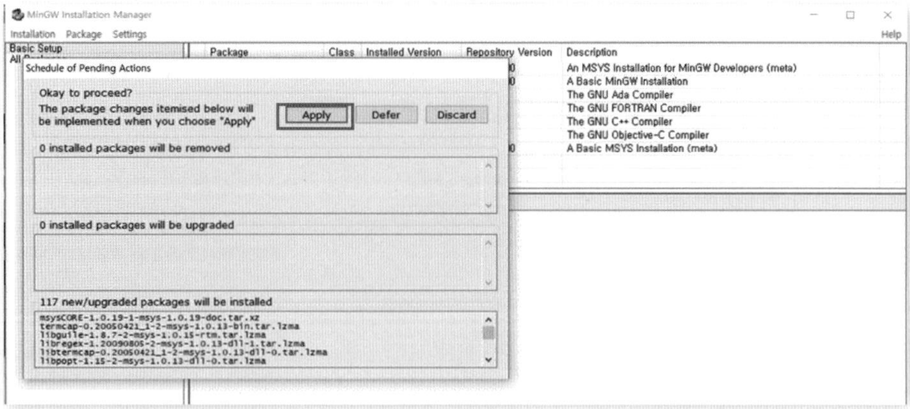

❺ MinGW 환경변수 설정을 진행한다.

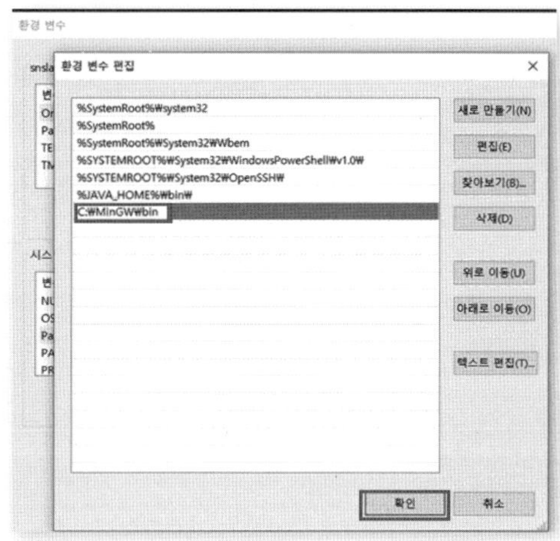

❻ 좌측의 C, C++ 프로젝트 생성 버튼을 클릭한 후 C Managed Build 버튼을 클릭하여 프로젝트를 만든다.

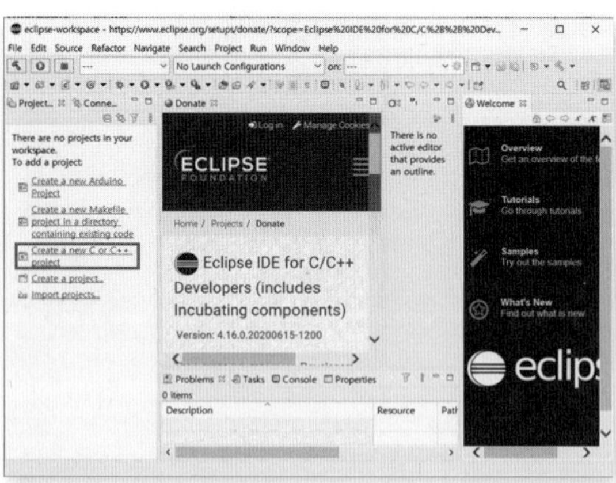

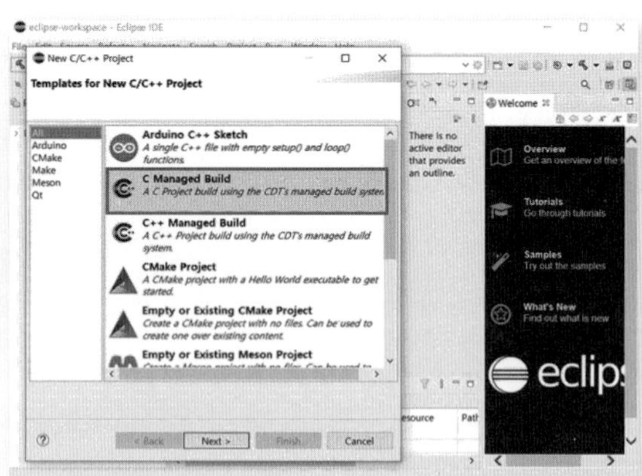

❼ MinGW GCC를 컴파일러로 설정하고 프로젝트 안에 소스파일을 생성한다.

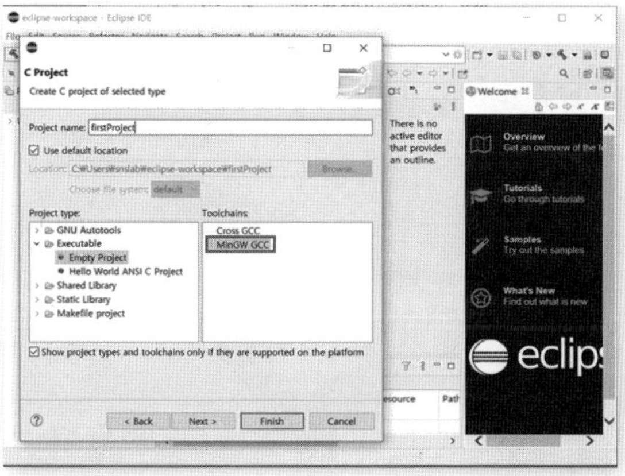

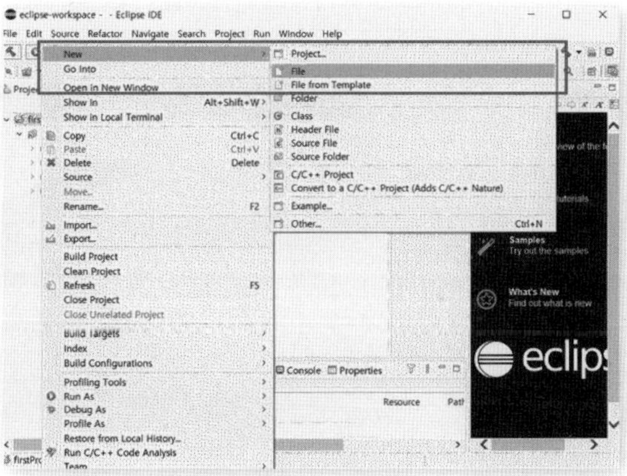

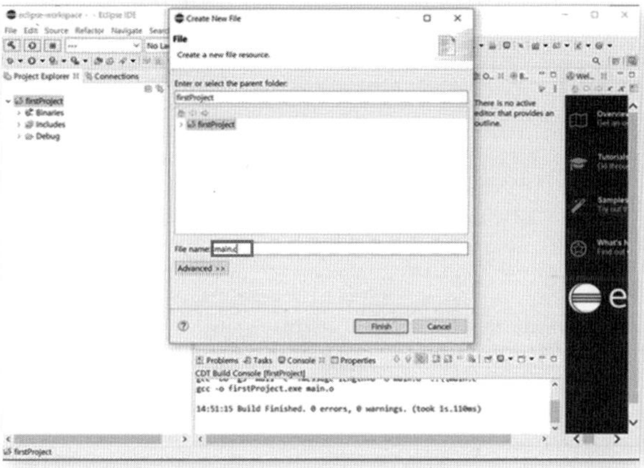

❽ 코드 입력 후 출력을 하면 정상적으로 프로그램이 작동하는 것을 확인할 수 있다.

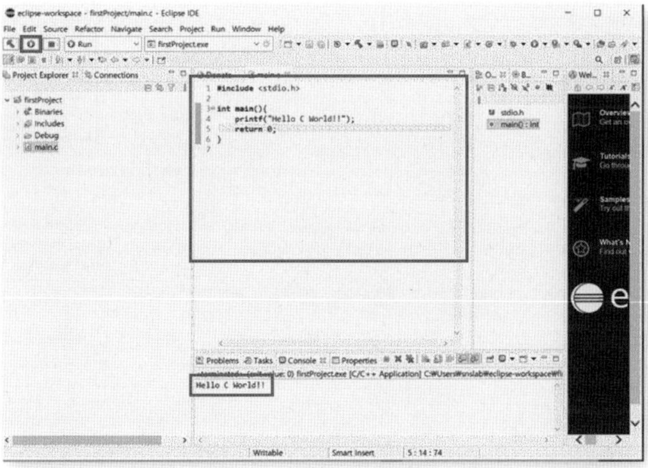

CLion 설치하기

- CLion 다운로드 사이트 참조(사이트 주소: https://www.jetbrains.com/ko-kr/clion/)

❶ 교육용 라이선스를 이용해 재학 기간 무료로 사용할 수 있다. 교육용 라이선스 등록 방법은 아래 그림을 따라 하면 된다.

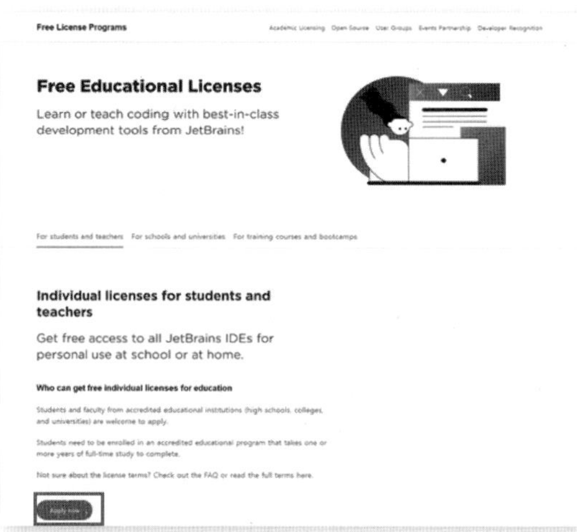

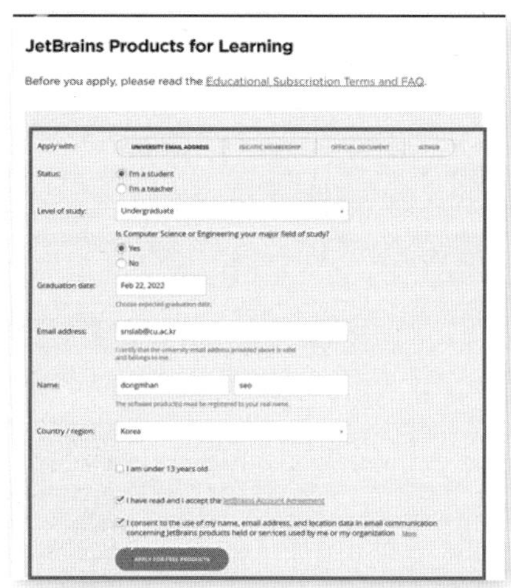

❷ 아래의 그림 순서대로 CLion을 설치하면 된다.

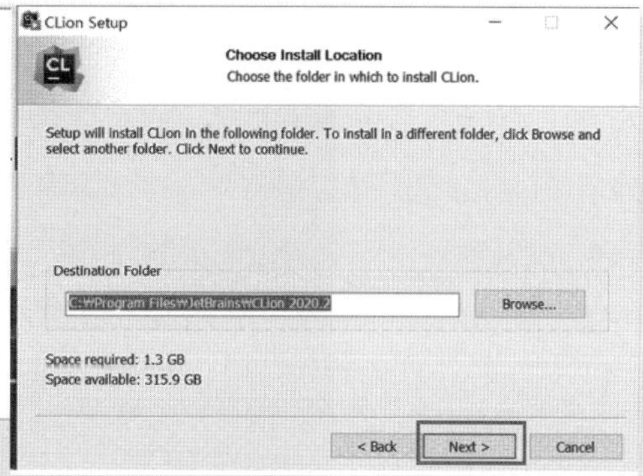

❸ CLion 설치 옵션 설정이다. 그대로 Next 버튼을 눌러서 넘어가도 된다.

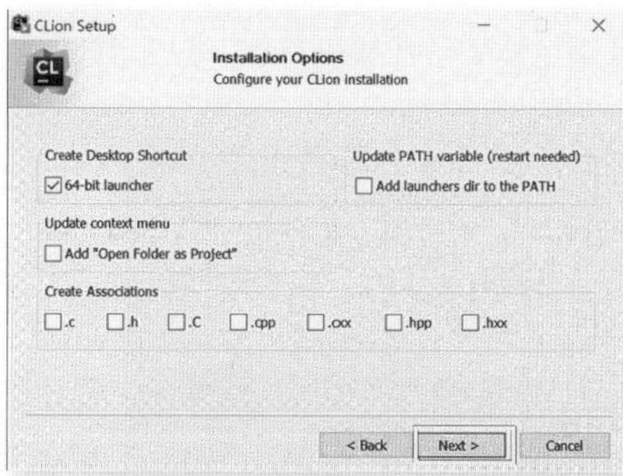

❹ 원하는 배경 테마 설정 창이다. 본인이 원하는 IDE 테마를 설정하여 사용하면 된다.

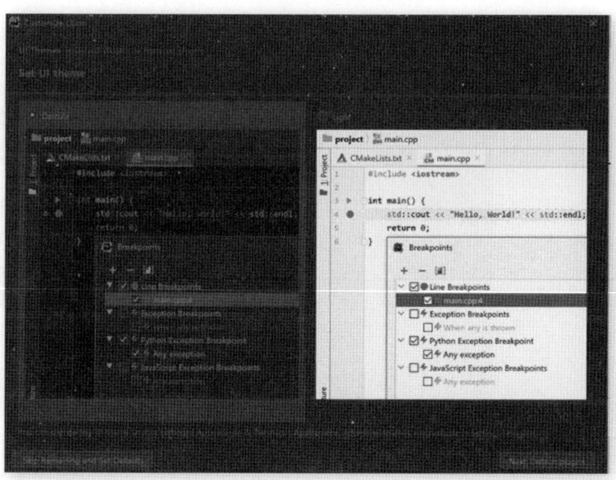

❺ 앞서 얻은 라이센스가 있으면 입력하여 계정등록을 진행하면 된다.

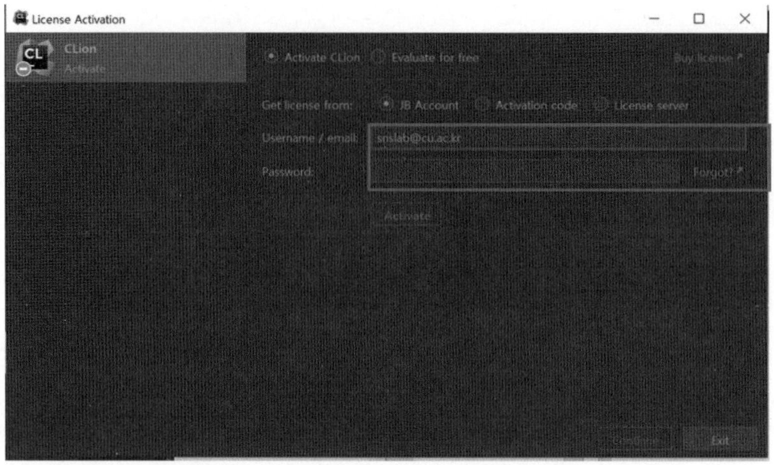

❻ 코드를 작성하기 위해 새 프로젝트를 생성한다.

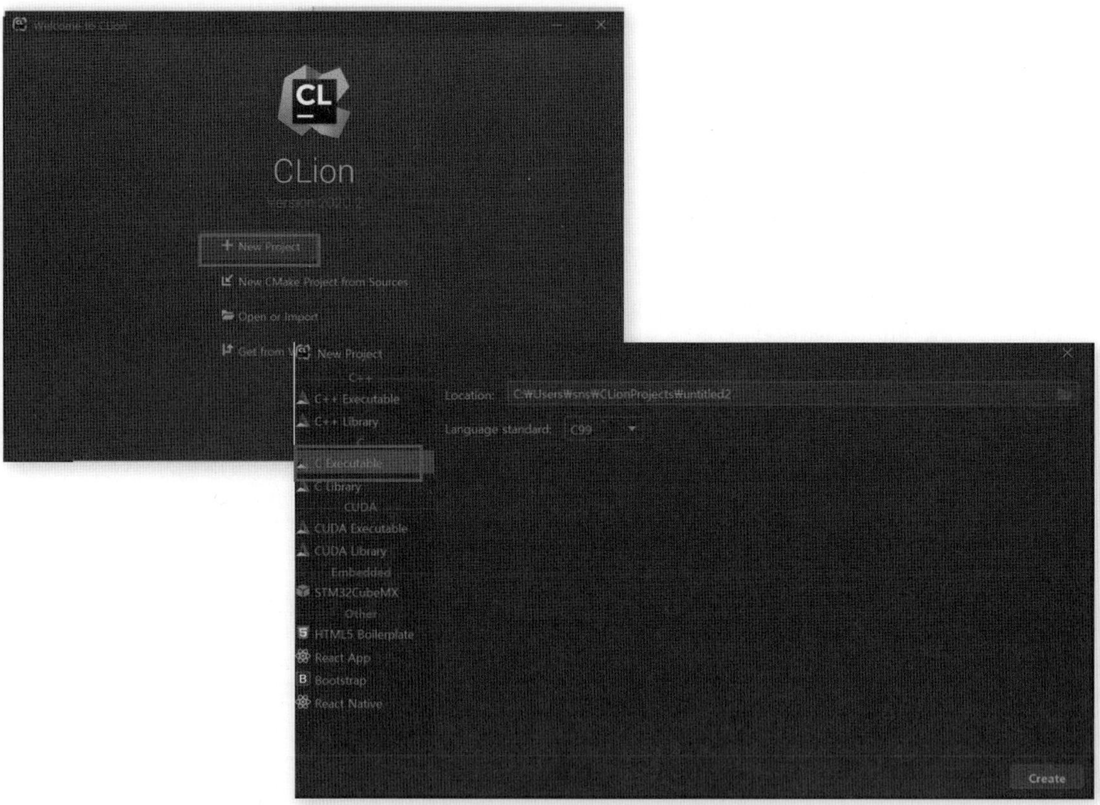

❼ 프로젝트 생성 후 코드 입력란에 코드를 입력하고 코드 실행 버튼을 클릭하면 하단에 코드 실행결과가 출력된다.

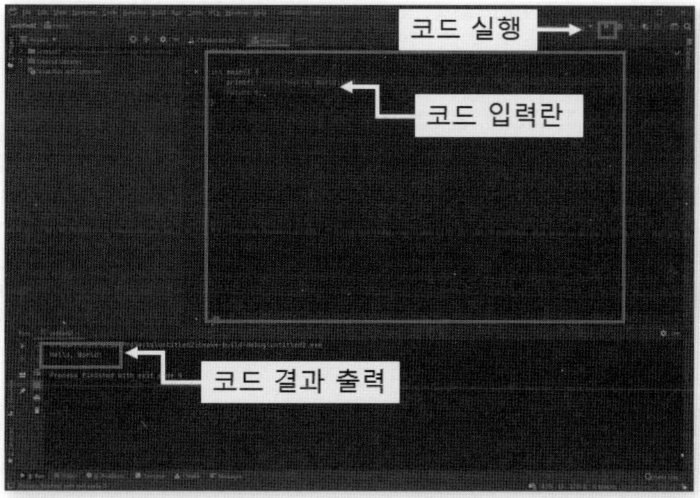

Code::Blocks 설치하기

- Code::Blocks 다운로드 사이트 참조(https://www.codeblocks.org/downloads/binaries)

Windows XP / Vista / 7 / 8.x / 10:

File	Date	Download from
codeblocks-20.03-setup.exe	29 Mar 2020	**FossHUB** or **Sourceforge.net**
codeblocks-20.03-setup-nonadmin.exe	29 Mar 2020	**FossHUB** or **Sourceforge.net**
codeblocks-20.03-nosetup.zip	29 Mar 2020	**FossHUB** or **Sourceforge.net**
codeblocks-20.03mingw-setup.exe	29 Mar 2020	**FossHUB** or **Sourceforge.net**
codeblocks-20.03mingw-nosetup.zip	29 Mar 2020	**FossHUB** or **Sourceforge.net**
codeblocks-20.03-32bit-setup.exe	02 Apr 2020	**FossHUB** or **Sourceforge.net**
codeblocks-20.03-32bit-setup-nonadmin.exe	02 Apr 2020	**FossHUB** or **Sourceforge.net**
codeblocks-20.03-32bit-nosetup.zip	02 Apr 2020	**FossHUB** or **Sourceforge.net**
codeblocks-20.03mingw-32bit-setup.exe	02 Apr 2020	**FossHUB** or **Sourceforge.net**
codeblocks-20.03mingw-32bit-nosetup.zip	02 Apr 2020	**FossHUB** or **Sourceforge.net**

NOTE: The codeblocks-20.03-setup.exe file includes Code::Blocks with all plugins. The codeblocks-20.03-setup-nonadmin.exe file is provided for convenience to users that do not have administrator rights on their machine(s).

NOTE: The codeblocks-20.03mingw-setup.exe file includes *additionally* the GCC/G++/GFortran compiler and GDB debugger from **MinGW-W64 project** (version 8.1.0, 32/64 bit, SEH).

NOTE: The codeblocks-20.03(mingw)-nosetup.zip files are provided for convenience to users that are allergic against installers. However, it will not allow to select plugins / features to install (it includes everything) and not create any menu shortcuts. For the "installation" you are on your own.

If unsure, please use codeblocks-20.03mingw-setup.exe!

❶ Code::Blocks 설치를 위해 아래 그림 순서대로 진행한다.

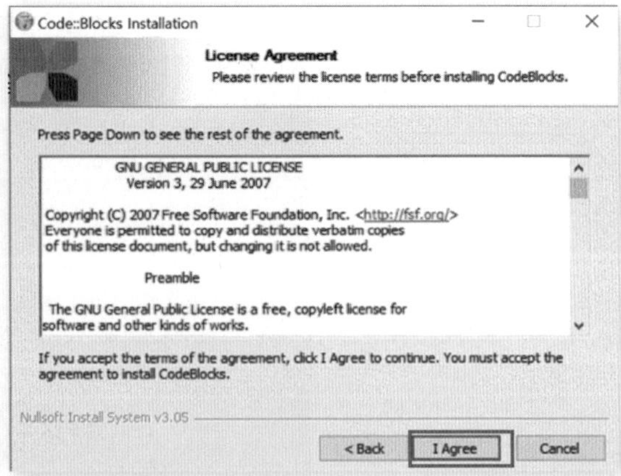

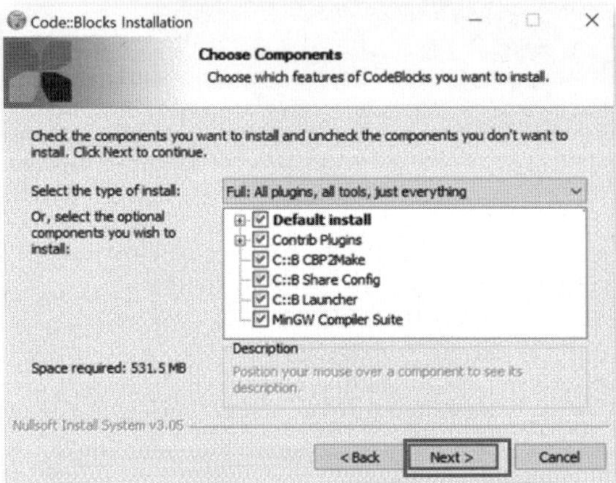

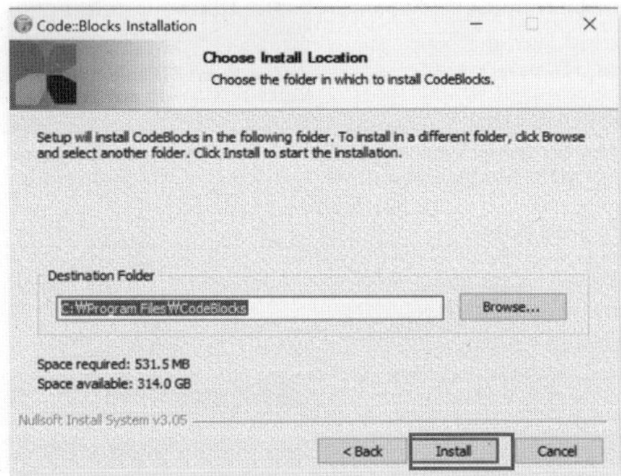

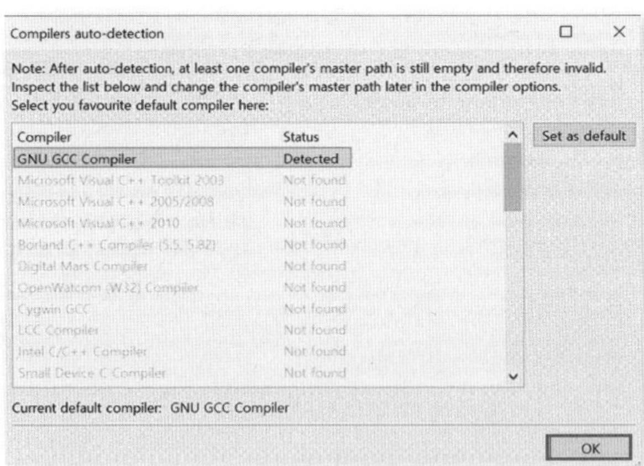

❷ 새 프로젝트 만들기 버튼을 클릭해 새로운 프로젝트를 생성한다.

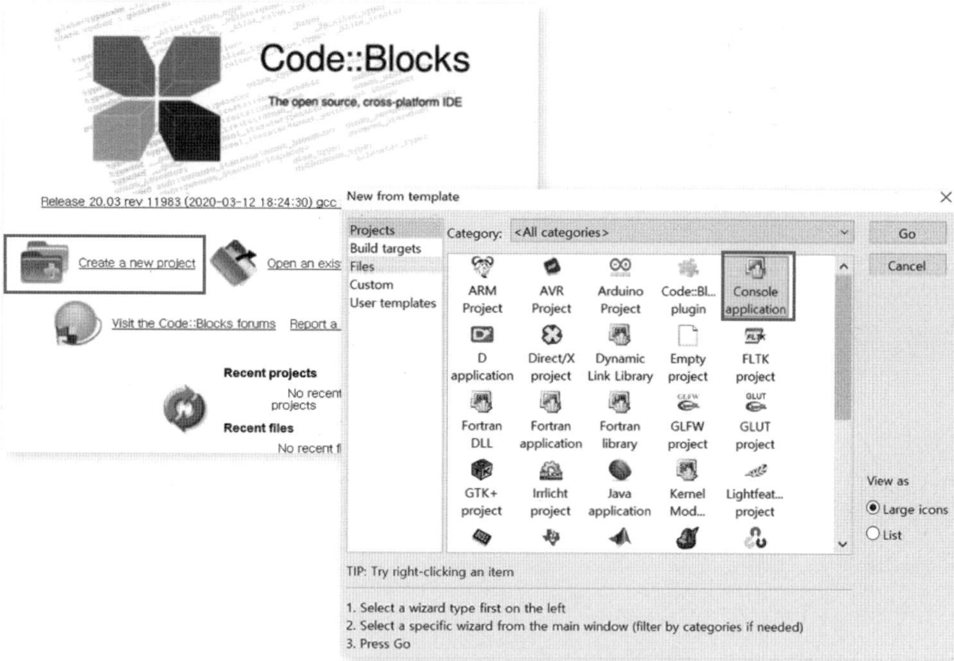

❸ 언어를 C 언어로 선택하고 프로젝트 설정을 마친다.

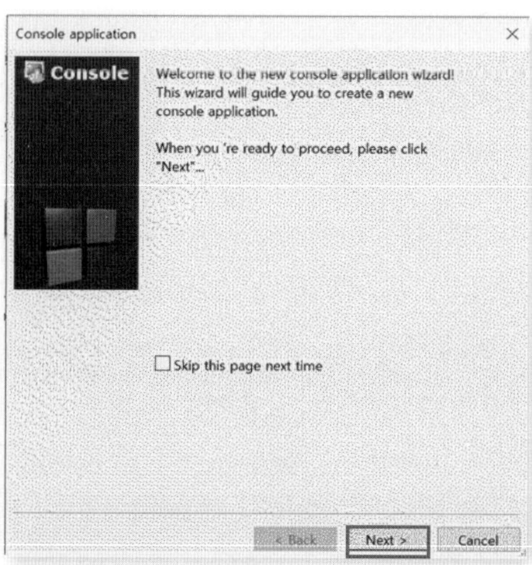

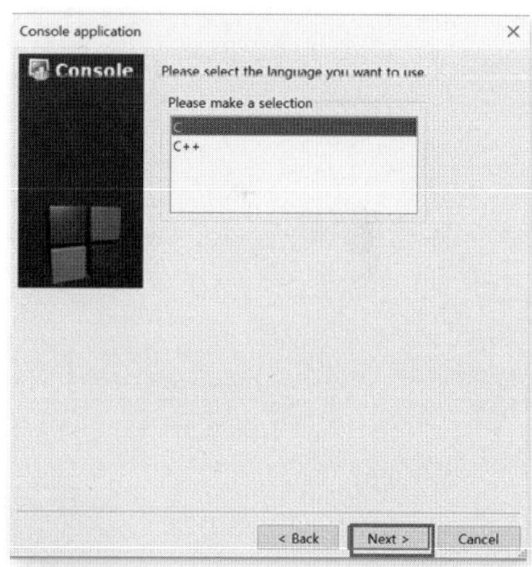

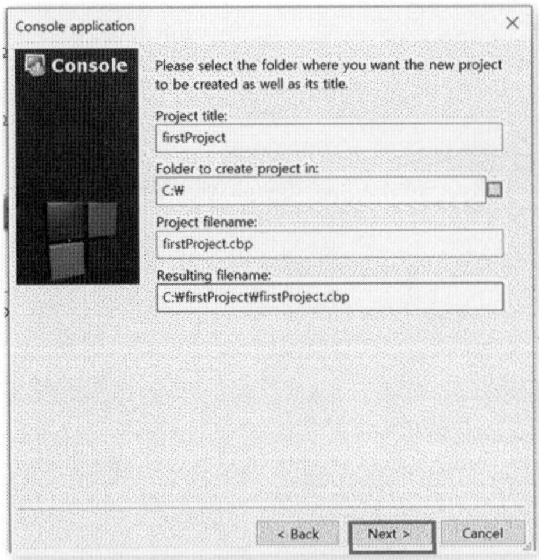

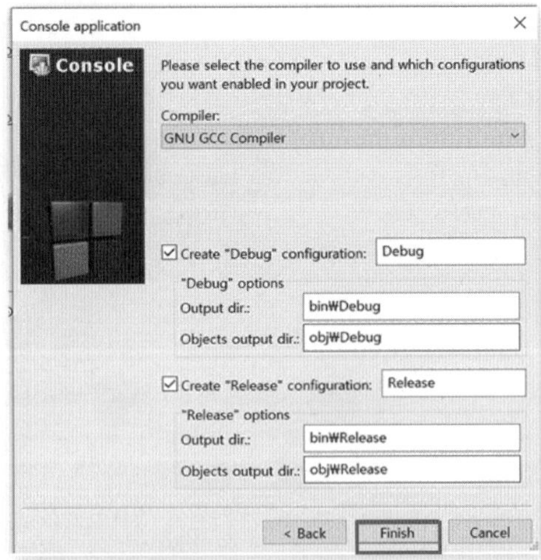

❹ 코드 입력란에 코드를 입력하고 상단 toolbar에 있는 초록색 화살표를 클릭하여 코드를 실행한다.

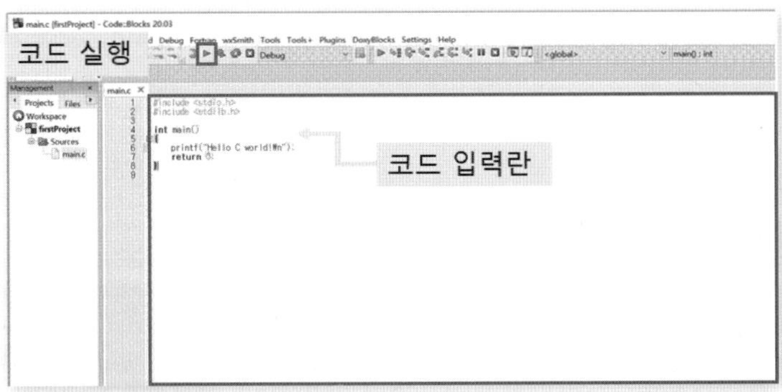

❺ 프로그램이 실행되고 결과가 출력된다.

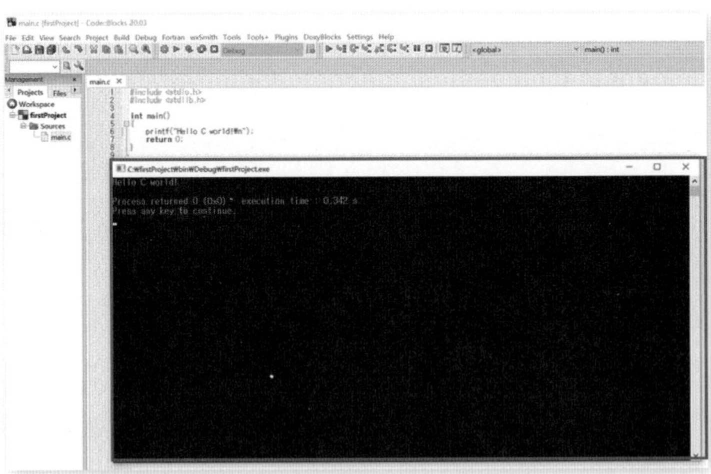

Dev-C++ 설치하기

- Dev-C++ 다운로드 사이트 참조(https://sourceforge.net/projects/orwelldevcpp/)

❶ Dev-C++를 설치한다. 자신이 원하는 언어를 설정하고 설치하면 된다.

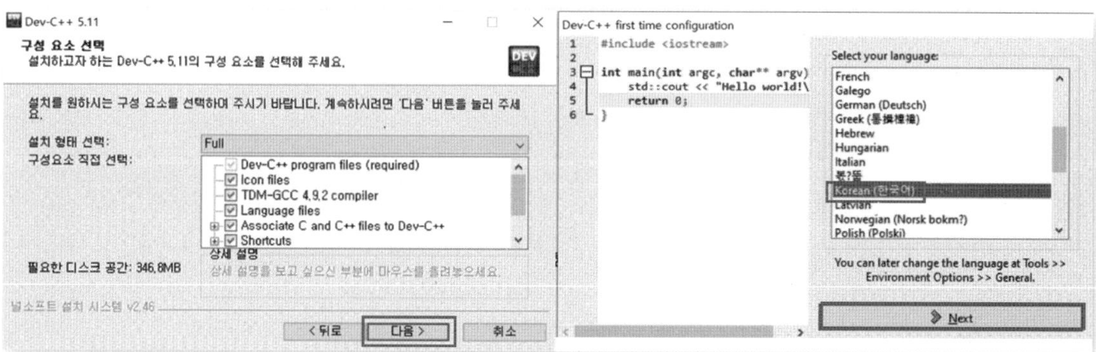

❷ 상단 메뉴의 파일에서 새로 만들기를 클릭하여 소스파일을 만든다. 물론 프로젝트도 만들 수 있다.

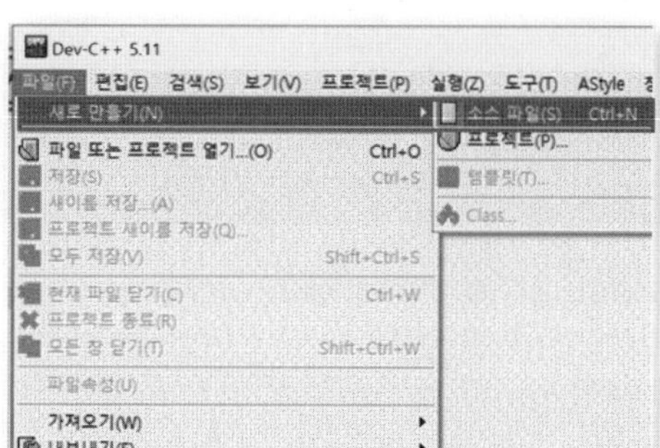

❸ 코드 입력란에 코드를 작성한다.

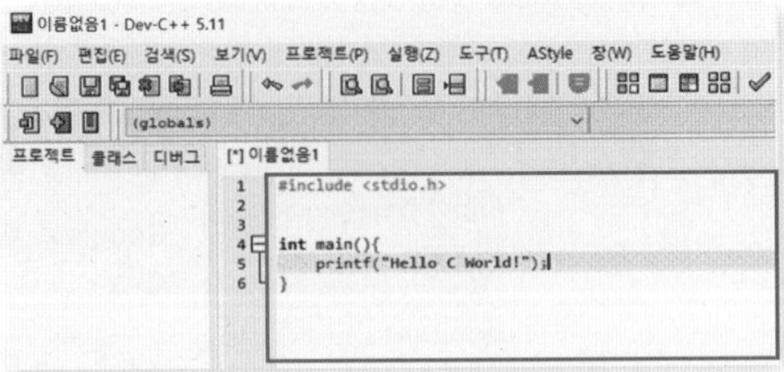

❹ 코드를 실행한다.

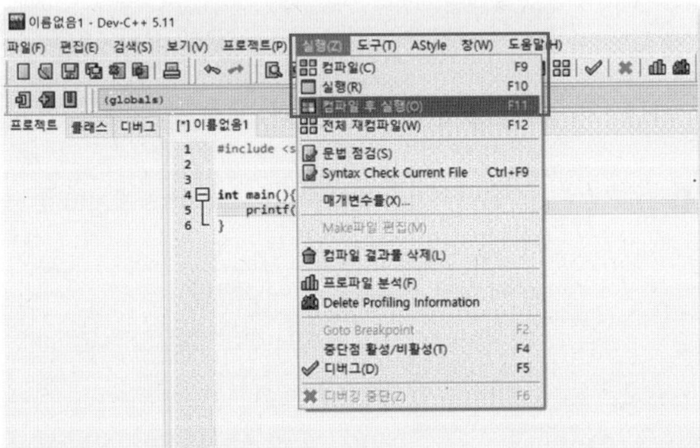

❺ 코드의 실행결과를 확인한다.

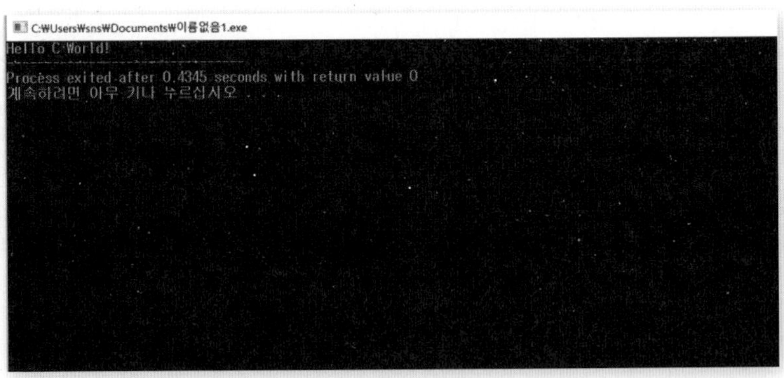

Visual Studio Code 설치하기

- Visual Studio Code 다운로드 사이트 참조(https://code.visualstudio.com/download)

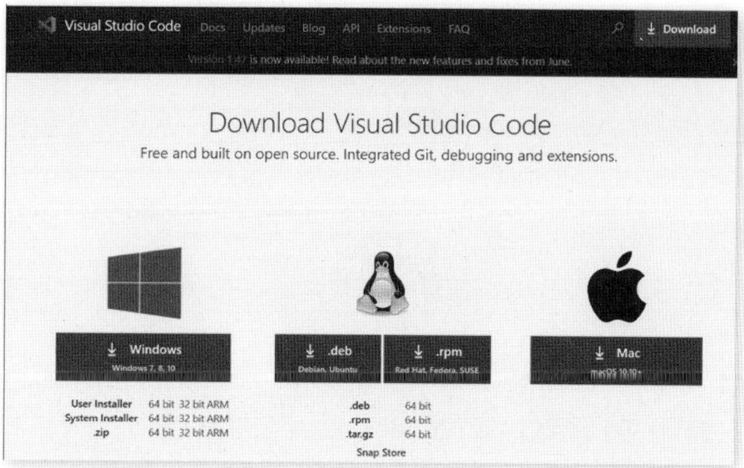

❶ 사용하는 컴퓨터 OS에 맞게 설치 파일을 다운로드 받고 VisualCode를 설치한다.

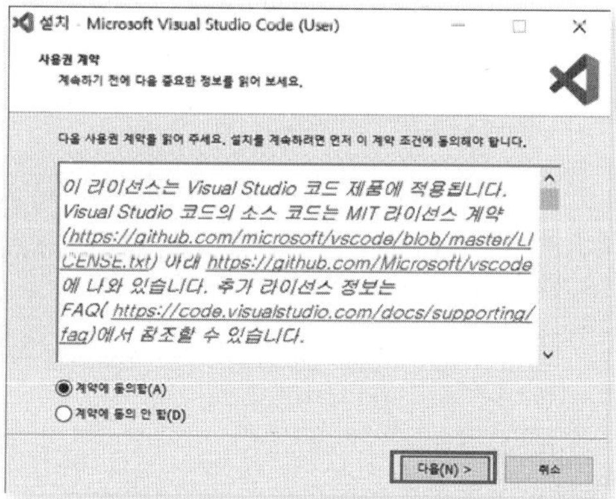

❷ VisualCode 설치 시 설정을 읽어보고 원하는 설정을 추가한다. 환경변수와 바탕화면 바로가기를 체크하는 것을 추천한다.

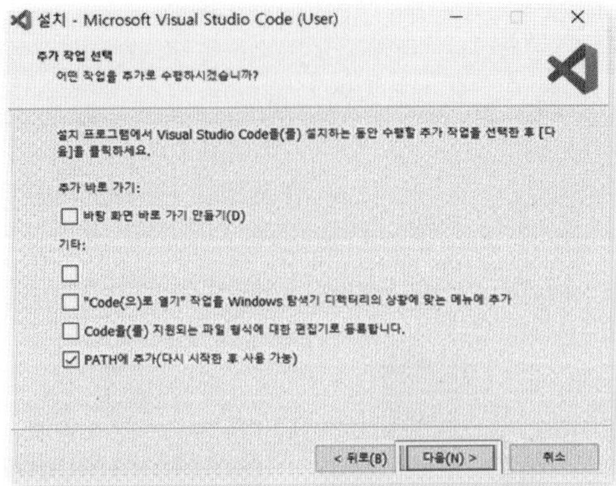

❸ 설치가 끝나면 VisualCode C/C++ 확장을 추가로 설치한다.

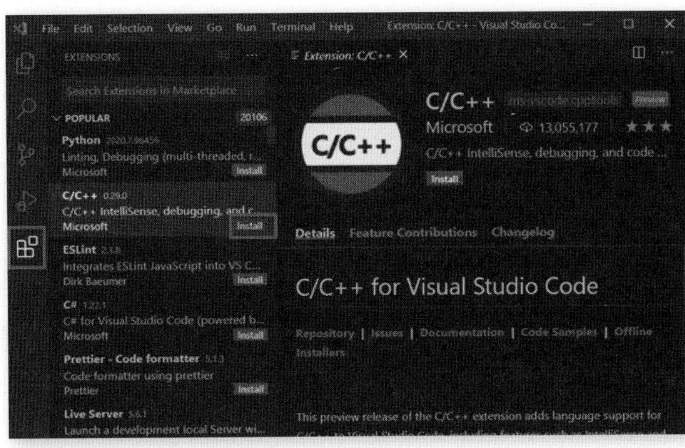

❹ Eclipse와 동일하게 MinGW 설치가 필요하다(Eclipse 설치 방법 참조). 코드를 작성할 파일을 정리해 둘 폴더를 연다.

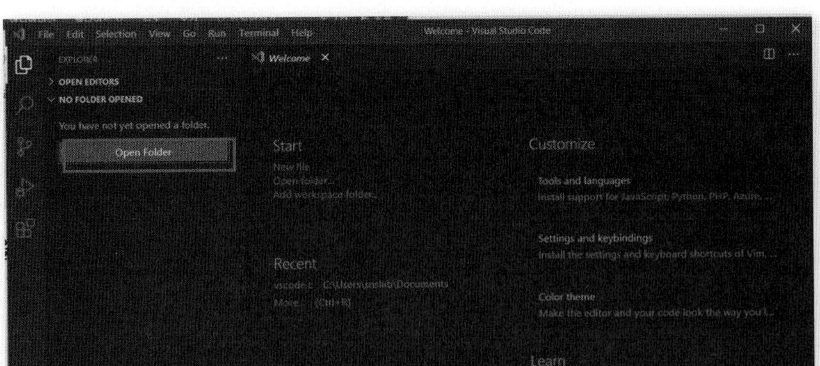

❺ 코딩할 소스 파일을 생성한다. 이때 C 프로그래밍을 위해 확장자가 .c인 파일을 생성한다.

❻ 코드 입력란에 코드를 입력한다.

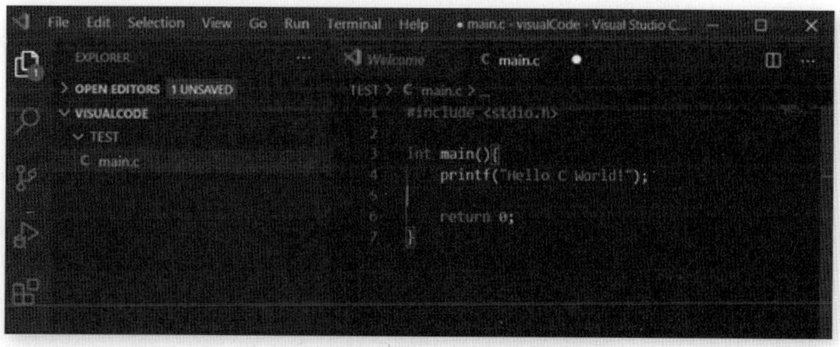

❼ 코드를 실행하기 위해서 코드 실행 설정을 해준다. Ctrl + Shift + B 단축키를 클릭하면 아래의 그림과 같이 상단에 입력창이 생긴다. 그리고 아래에 표시된 영역을 클릭하고 C compile 설정을 해주면 된다.

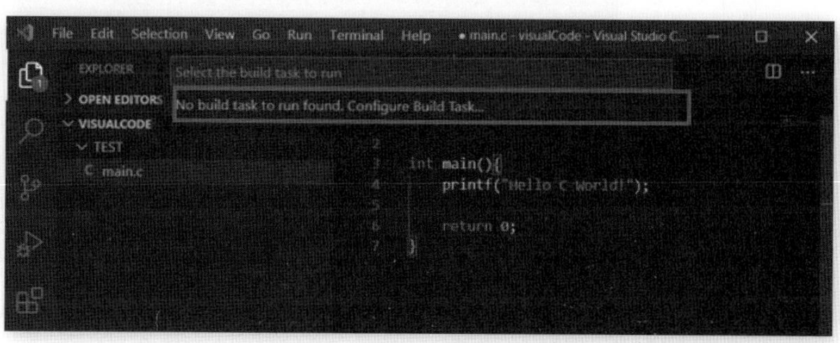

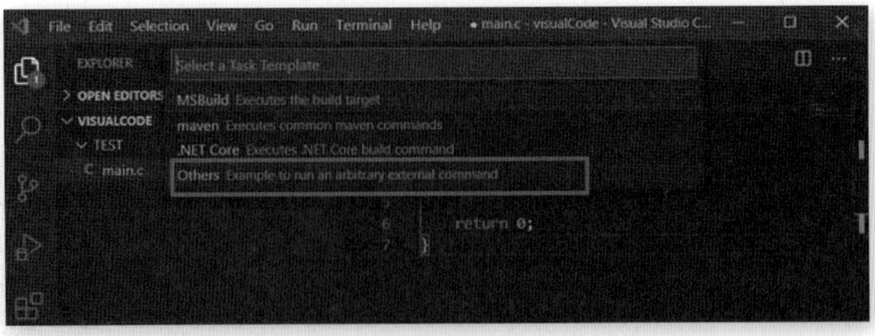

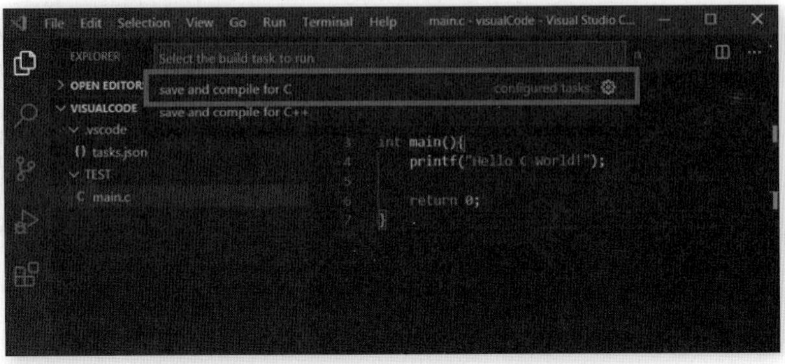

❽ 빠른 실행을 위하여 단축키를 설정한다.

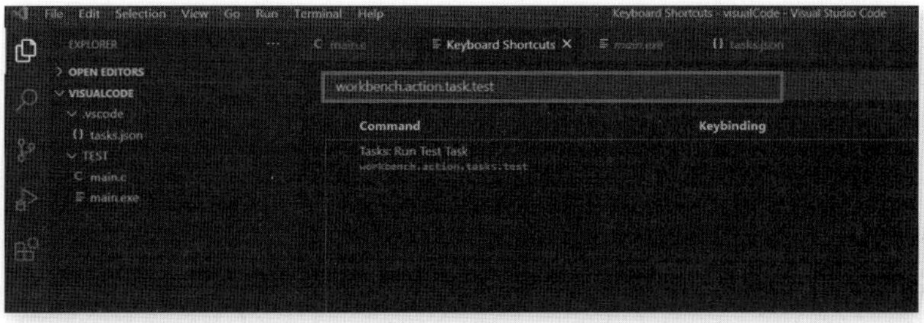

❾ 실행 단축키를 Ctrl + Alt + C로 설정한다(단축키는 편한대로 변경하면 됨).

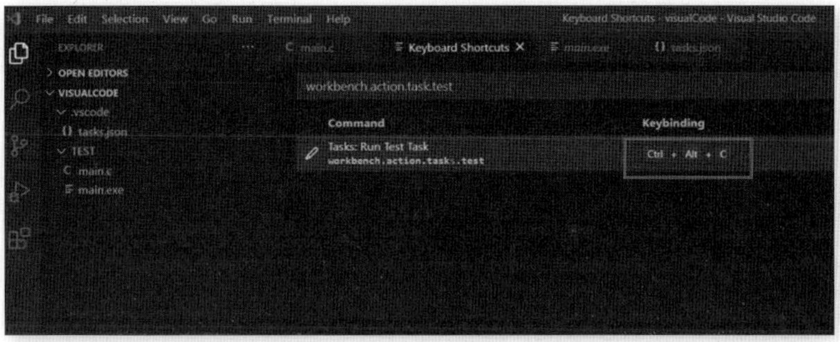

❿ Ctrl + Alt + C 단축키를 이용하여 실행한다.

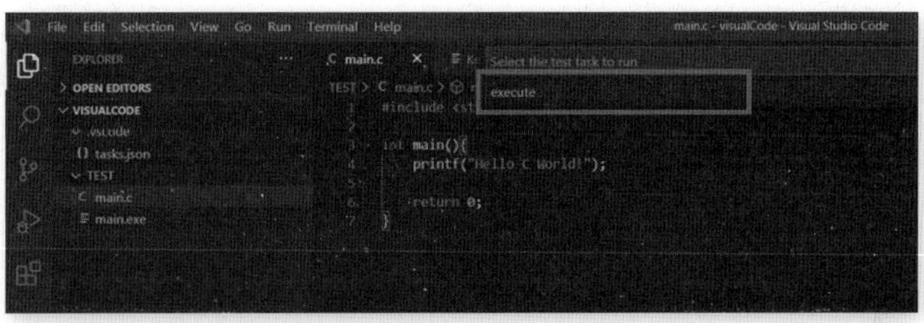

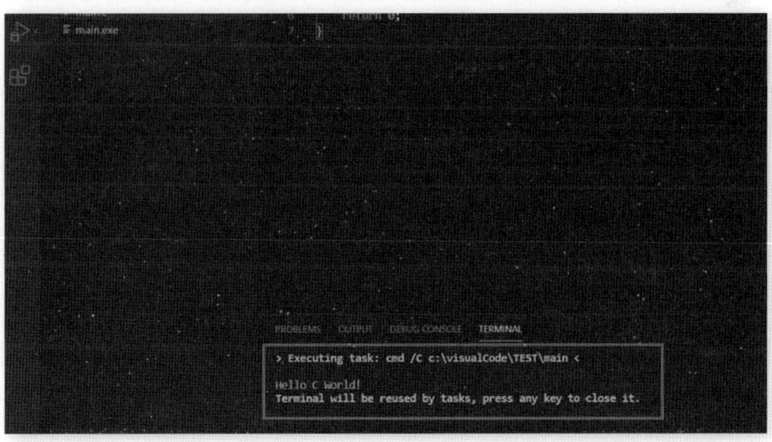

1.5 C 프로그램의 형태

이제 첫 C 언어 프로그램을 작성해 보자. 어떤 환경이든 상관 없다. 본인에게 편한 환경에서 아래의 소스 코드를 그대로 에디터에 입력해 보자.

```
01 #include <stdio.h>
02 int main(void)
03 {
04     printf("hello world!");
05     return 0;
06 }
```

입력을 완료한 후에 실행을 해 보면 화면에 "hello world!"가 출력되는 것을 확인할 수 있다. 드디어 여러분들은 첫 프로그램을 완성하였다. 이 소스 코드를 흔히 헬로 월드(hello world)라고 부른다. 어떤 프로그래밍 언어든 대부분 헬로 월드로 학습을 시작한다. 우리는 이 소스 코드를 보며 C 언어로 작성한 프로그램의 기본적인 형태를 알아보자.

먼저 1번 라인은 흔히 전처리라고 부르는 부분이다. 전처리란 소스 코드를 컴파일하기 전에 처리해야 하는 것들을 의미한다. #으로 시작하며, #include와 #define이 가장 많이 사용되며, 이외에도 다양한 전처리기 지시자가 있다. #으로 시작하면서 전처리를 수행할 수 있도록 하는 것을 우리는 전처리기 지시자라고 한다. 여기에 사용한 #include는 뒤에 <> 사이에 있는 파일을 이 소스 코드에 포함하라는 의미를 가지고 있다. 영어 “include”를 우리말로 해석하면 “포함하다”라는 것은 잘 알고 있을 것이다. 즉, 이 소스 코드는 stdio.h 라는 파일을 포함하라고 지시하고 있다고 볼 수 있다. 실제로 stdio.h 파일의 내용이 우리가 작성한 소스 코드에 복사되어 컴파일을 수행한다. 우리는 stdio.h와 같은 형태의 파일을 헤더 파일(header file)이라고 부르고, 확장자는 “.h”를 사용한다. stdio는 표준 입출력이라는 뜻으로 영어 standard input/output의 약자라고 생각하면 쉽다. 즉, 표준 입력인 키보드와 표준 출력인 콘솔을 이용하기 위한 다양한 함수를 미리 정의해 두고 프로그래머가 손쉽게 사용할 수 있도록 제공하는 것이다. stdio.h 이외에도 C 언어는 다양한 헤더 파일을 기본 라이브러리도 제공하고 있다. 라이브러리란 프로그래머가 프로그램을 개발하는 데 있어 필요한 것들을 제공하는 것이라고 생각하면 쉽다. 라이브러리, 즉 도서관에서 우리가 필요로 하는 책을 잠시 빌려 보는 것처럼 우리가 필요한 다양한 소스 코드를 가져와서 내가 작성한 소스 코드인 것처럼 사용할 수 있게 해주는 것이다.

• 위키피디아 C_전처리기 참고(https://ko.wikipedia.org/wiki/C_전처리기)

2번 라인은 전형적인 `main()` 함수의 형태를 보여주고 있다. C 언어에서의 `main()` 함수는 프로그램의 실행 시작 지점이다. 함수란 특정 기능을 수행하기 위한 명령어들의 집합으로 독립적인 형태로 존재하는 작은 프로그램이라고 생각하면 된다. 자세한 내용은 5장에서 알아보도록 하자. `main()` 함수는 다양한 형태로 작성되지만 이 예제에서 사용한 `int main(void)`의 형태가 가장 기본적인 표준이다. 보다 다양한 형태의 `main()` 함수는 추후 알아보도록 하자. 함수는 헤더(header)와 바디(body) 두 영역으로 구분되는데, 2번 라인 부분이 헤더 영역이다. 함수의 바디 영역은 3번 라인에서부터 6번 라인까지이다. 3번 라인의 {는 블록 또는 함수의 시작을 의미하고, 6번 라인의 }은 블록 또는 함수의 끝을 의미한다.

함수는 실행을 종료할 때 자신을 호출한(call) 곳으로 특정 값을 반환할 수 있다. 1번 라인의 `int main(void)`에서 앞의 `int`는 종료할 때 반환하는 값의 종류를 나타낸다. `int`는 정수형 데이터를 의미한다. 데이터의 종류에 대해서는 다음 장에서 자세히 살펴볼 것이다. `int main(void)`에서 ()안에는 이 함수를 호출할 때 전달해야 하는 데이터의 수와 종류를 명시해야 한다. void라고 적으면 전달해야 하는 데이터가 없다는 뜻이다. 간혹 괄호 안에 아무것도 적지 않는 경우가 있는데, C 언어에서는 이 경우 인수가 없거나 여러 개인 경우 모두 호출할 수 있다. C++ 에서는 두 가지 경우가 모두 인수가 없는 경우를 나타내지만, C 언어의 경우에는 다른 의미를 가지고 있다. 그러나, 실제로 코딩 할 때에는 `int main(void)`와 `int main()`를 따로 구분하지 않고 사용하는 경우가 많다. 그러나 `int main(void)`가 표준이라는 사실은 기억하자.

5번 라인의 `return 0;` 는 함수가 종료할 때 사용하는 명령어로 `0`이라는 값을 반환하라는 의미이다. `0`을 반환하는 것은 이 함수를 수행하는 동안 아무 문제도 없었다는 의미라고 생각하면 된다.

4번 라인의 `printf()` 함수는 `stdio.h`에 정의되어 있는 함수로 표준 출력인 콘솔 화면에 ()안의 내용을 출력한다. 여기에서는 ()안에 `"hello world!"`가 있으므로, 우리는 이 프로그램의 결과 화면에서 `hello world!`라는 글자를 볼 수 있게 되는 것이다. `printf()` 함수의 자세한 사용 방법은 3장에서 다루기로 하자.

그럼 이제 우리의 첫 프로그램을 조금 변경해 보도록 하자.

```
01 /*
02  * helloworld.c
03  * My First C Program
04  * Last modified at 2020-09-19
05  * Written by Dongmahn Seo
06  */
07 #include <stdio.h>
08 int main(void)              // main() function
09 {
10    printf("hello world!"); // Output
11    return 0;               // End of program
12 }
```

이 소스 코드를 실행해 보면 첫 번째 소스 코드와 동일하게 동작한다. 하지만 이 소스 코드에는 더 많은 내용들이 작성되어 있다. 첫 번째 소스 코드에서 추가된 모든 내용을 우리는 주석(comment)이라고 한다. 주석은 프로그램의 실행에는 전혀 영향을 미치지 않지만, 우리가 프로그램을 읽고 이해하는 데 도움을 주거나, 이 코드를 읽는 사람들에게 전달하고자 하는 글을 적는 부분이다. 여러 줄에 걸쳐서 주석을 작성하고자 한다면 1번~6번 라인에서 보는 바와 같이 /*로 시작해서 */로 끝나는 주석을 사용한다. /*과 */ 사이의 모든 내용은 프로그램 실행에 영향을 주지 않는 주석으로 처리된다. 일반적으로 소스 코드의 첫 부분이나 각 함수 바로 앞에서 주로 사용한다. 프로그램 또는 함수를 설명하거나, 작성자, 작성 일자, 사용 방법 등을 적는 데 사용한다. 한 줄씩 주석을 작성하고자 한다면, 8번 라인, 10번 라인, 11번 라인에서 보는 바와 같이 //을 이용한다. //은 해당 줄에서 그 이후에 나오는 모든 글을 다 주석으로 처리하는 역할을 한다. 보통 변수에 대한 설명이나, 프로그램 중간 설명이 필요한 부분에 사용한다.

주석은 해당 소스 코드를 읽는 사람들에게 다양한 정보를 제공하여 이해하기 쉽도록 도와준다. 다른 사람뿐만이 아니라, 작성자 본인에게도 상당히 유용하게 활용된다. 수천 라인에서 수만 라인의 소스 코드는 비록 자신이 작성했다 할지라도 한번에 이해하기 상당히 어렵다. 이때 잘 작성된 주석은 이러한 소스 코드를 이해하는 데 큰 도움을 준다. 그러나 과도한 주석의 사용은 오히려 프로그램의 가독성을 해치기 때문에 적절하게 사용해야 한다. 주석이 없이도 잘 이해할 수 있는 코드를 작성할 수 있다면, 주석을 사용하지 않는 것이 오히려 좋은 방법일 수도 있다.

- 위키피디아 주석(프로그래밍) 참조(https://ko.wikipedia.org/wiki/주석_(프로그래밍)

Q&A

• C Programming FAQs 참조(http://cinsk.github.io/ko/cfaqs/index.html)

프로그래밍 Q&A 1

Q "`main returns no value`"라는 경고를 피하기 위해, `main()`을 `void` 타입으로 선언해도 괜찮을까?

A 안 된다. `main()`은 반드시 `int` 타입을 리턴하도록 선언되어야 하며, 인자는 0개 또는 2개이어야 한다. 종료할 때, `exit()`를 썼는데도 계속 이러한 경고가 발생한다면, 마지막에 쓸데없는 여분의 (redundant) 리턴 문장을 써주어 경고가 발생하는 것을 막을 수 있다(가능하다면 컴파일러가 제공하는 "not reached"를 의미하는 지시어(directive)를 써 주어도 된다).

Q 11.12b 참고

프로그래밍 Q&A 2

Q 제 프로그램은 정상적으로 동작하는데, 끝나기 전에 종료된다. 즉 `main()`의 마지막 문장을 실행한 다음 오류가 난다. 왜 이럴까?

A 적어도 다음 세 가지 사항을 검사 해보기 바란다.: (a) `main` 바로 위에 선언한 선언에서 세미콜론(';')이 빠져 있으면, `main` 함수의 리턴 타입이 잘못되어 structure를 리턴하도록 선언되었을 가능성이 있다. 이 경우 run-time startup 코드와 충돌하여 이런 현상이 일어날 수 있다(b) `setbuf`, `setvbuf`에 전달한 버퍼가 `main`에서 선언한 local (그리고 automatic) 변수라면, `main`이 끝나고 `stdio` 라이브러리가 적절한 cleanup 코드를 수행할 때, 이 버퍼가 존재하지 않으므로 이러한 문제가 발생할 수 있다(c) atexit로 등록한 함수가 에러가 나서 이런 문제가 생길 수도 있다. 아마도 `main` 또는 다른 함수에 속해 있는 (local), 그래서 더 이상 존재하지 않는 데이터에 접근하려 했을 수 있다.

Q 16.4 참고

프로그래밍 Q&A 3

Q 어떤 책에는 항상 `void main()`을 사용한다.

A 아마도 그 책의 저자는 자신도 그 범주에 계산한 모양이다. 많은 책들이 `void main()`을 쓰고 있지만 이는 잘못된 것이다.

Q 11.15 참고

프로그래밍 Q&A 4

Q 왜 C 언어의 주석은 중첩해서 쓸 수 없을까? 주석이 들어있는 코드의 일부분을 주석 처리하고 싶다. 또, 문자열 안에 주석을 쓸 수 있을까?

A C 언어의 주석은 중첩해서 쓸 수 없다. C 언어의 주석은 PL/I의 주석 구문을 빌려왔으며, PL/I에서는 중첩된 주석문을 허용하지 않는다. 따라서 내부적으로 주석을 포함한 어떠한 코드 블럭을 주석 처리하고 싶다면, `#ifdef`나 `#if`를 쓰는 것이 좋다. 문자열 "/*"와 "*/"는 특별한 의미가 없다. 따라서 문자열 안에서는 주석을 쓸 수 없다. 왜냐하면 (특히 C 소스 코드를 출력해주는) 프로그램이 그러한 문자열을 출력하기를 원할 수도 있기 때문이다.

Q 20.20 참고

연습문제

01 다음의 설명이 맞으면 ○, 틀리면 ×로 표시하시오.

- 컴퓨터 소프트웨어를 개발하기 위해서는 프로그래밍 언어가 필요하다.
- 동일한 결과를 출력하는 프로그램은 다른 프로그래밍 언어로도 구현이 가능하다.
- 프로그램은 컴퓨터에게 지시할 일련의 처리 작업 내용을 담고 있고, 사용자의 조작에 따라 컴퓨터에게 적절한 명령을 지시하여 프로그램이 실행된다.
- 기계어는 사람이 이해할 수 있는 언어이다.
- 한 줄 주석은 //을 이용하고, 블록 주석은 /* ~ */를 이용한다.

02 실행 프로그램이 만들어지기까지의 과정 중 ()안에 들어갈 적절한 단어는?

- 원시 프로그램 작성(소스파일) → (   ) → Linker → 실행 프로그램

03 다음 중 C 언어의 특징으로 볼 수 없는 것은?

❶ 객체 지향 언어이다.
❷ 포인터와 메모리 관리 기능을 갖고 있어 간결하고 효율적이다.
❸ 이식성이 높은 언어이다.
❹ 컴파일러를 사용하는 언어이다.

04 다음 문장의 (   )안에 적절한 단어를 아래의 보기에서 골라 써 넣으시오.

보기
문법오류, 목적 프로그램, 컴파일러(compiler), 프로그래밍 언어, 컴파일 과정, 인터프리터(interpreter), 프로그램 내장방식, 디버깅(debugging), 프로그래밍, 원시 프로그램, 운영체제, 링커(linker).

- (   )란 컴퓨터 하드웨어 장치의 전반적인 작동을 제어하고 조정하며, 사용자가 최대한 컴퓨터를 효율적으로 사용할 수 있도록 돕는 시스템 프로그램이다.
- 프로그램을 작성하는 도구로 사용하는 것을 (   )라 한다.
- (   )이란 작성된 프로그램이 문법에 맞게 작성된 것인지를 판단하는 과정으로 문법적 오류가 없어야만 실행이 가능하다.

- 프로그램의 오류를 수정하는 것을 (　　　　　)이라 부른다.
- 프로그래머가 작성한 프로그램의 어떤 부분이 약속된 문법을 지키지 않거나 약속된 명령을 사용하지 않아 컴파일러가 제대로 번역할 수 없는 오류를 (　　　　　)라 한다.

02 데이터와 데이터 타입

• 위키피디아 자료형 참조(https://ko.wikipedia.org/wiki/자료형)

데이터(data)는 일반적인 상황에서 자료라는 의미로 주로 사용되지만, 프로그래밍에서는 프로그램에 사용하거나 저장하기 위한 값을 의미한다. 데이터 타입(data type)은 자료형이라고도 하는데, 프로그래밍 언어에서 실수, 정수, 참과 거짓, 문자 등 다양한 종류의 데이터를 분류하기 위해 사용한다. 프로그램에서 데이터의 저장은 실제 컴퓨터의 메인 메모리상에 일정 공간을 할당 받아 이루어지는데, 이때 어느 정도의 공간을 어떤 크기로 할당 받아 사용할지를 결정하는 기준으로 사용하는 것이 자료형, 즉 데이터 타입이다. 각각의 프로그래밍 언어마다 데이터의 타입을 각기 다른 기준으로 나누어 사용하기도 한다.

C 언어에서는 크게 정수를 저장하기 위한 정수형 데이터 타입과 실수를 저장하기 위한 실수형 데이터 타입, 문자를 저장하기 위한 문자형 데이터 타입으로 구분한다. 그러나 문자형 데이터 타입은 정수를 저장하기 위해서도 사용하기 때문에 정수형 데이터 타입으로도 구분할 수 있다.

2.1 정수형 데이터 타입

• 위키피디아 정수형 C 부분 참조(주소: https://ko.wikipedia.org/wiki/정수형)

C 언어에서는 `char`, `int`, `long`, `signed`, `unsigned` 등을 이용하여 정수형 데이터 타입을 제공한다. C 언어는 다른 프로그래밍 언어와는 다르게 각각의 프로그램이 동작하는 환경에서 CPU의 장점을 활용하여 기계어로 컴파일되어 실행하는 특징을 가지고 있다. 각 CPU의 데이터 처리 방식에 따라 각 데이터 타입의 크기가 결정되기 때문에 프로그

램을 작성하여 실행하기 전에 각각의 크기를 확인할 필요가 있다. 다양한 크기의 정수형 데이터를 저장하기 위한 다양한 데이터 타입을 제공한다. 저장할 수 있는 정수의 범위에 따라 다른 데이터 타입을 제공하며, 0과 양의 정수만을 저장하는 데이터 타입과 음수와 0, 양수를 모두 저장할 수 있는 데이터 타입을 모두 제공한다.

정수형 데이터 타입 `char`는 1바이트(byte) 크기의 정수를 저장할 수 있다. 사실 `char`는 문자를 저장하기 위한 데이터 타입으로 주로 사용하지만, 기본적으로는 정수를 저장할 수 있는 데이터 타입이다. `char`에 대한 보다 자세한 내용은 문자형 데이터 타입에서 설명한다. 정수형 데이터 타입 `int`는 일반적으로 4바이트의 크기를 가진다. 그러나 CPU의 동작 비트 수에 따라 다른 크기로 사용되기 때문에 프로그래밍 전에 확인할 필요가 있다. `int`는 C 언어에서 기본적으로 사용하는 정수형 데이터 타입이다. 일반적으로 정수형이라고 하면 `int`를 사용한다.

표 2-1 정수형 데이터 타입의 크기와 표현 범위

자료형	크기 (바이트)	범위	비고
`char` `signed char`	1바이트	-128~127 (-2^{7}~$2^{7}-1$)	`signed` 생략가능
`unsigned char`	1바이트	0~255 (0~$2^{8}-1$)	

`short`
`short int`
`signed short`
`signed short int`
	2바이트	-32.768~32,767 (-2^{15}~$2^{15}-1$)	`int` 및 `signed` 생략가능

`unsigned short` `unsigned short int`	2바이트	0~65,535 (0~$2^{16}-1$)	
`int` `signed int`	4바이트	-2,147,483,648~2,147,483,647 (-2^{31}~$2^{31}-1$)	
`unsigned` `unsigned int`	4바이트	0~4,294,967,295 (0~$2^{32}-1$)	`int` 및 `signed` 생략가능

`long`
`long int`
`signed long`
`signed long int`
	4바이트	-2,147,483,648~2,147,483,647
		(-2^{31}~$2^{31}-1$)	

`unsigned long` `unsigned long int`	4바이트	0~4,294,967,295 (0~$2^{32}-1$)	

`long long`
`long long int`
`signed long long`
`signed long long int`
	8바이트	-9,223,372,036,854,775,808~
		9,223,372,036,854,775,807
		(-2^{63}~$2^{63}-1$)	

`unsigned long long` `unsigned long long int`	8바이트	0~18,446,744,073,709,551,615 (0~$2^{64}-1$)	

char와 int 외에도 short 데이터 타입과 long 데이터 타입을 제공한다. short는 char 보다는 크고 int 보다는 작거나 같은 정수형 데이터를 저장하며, 일반적으로 2바이트의 크기를 가진다. long은 int보다 크거나 같은 정수형 데이터 타입이지만 현재 C 언어에서는 일반적으로 int와 동일한 4바이트의 크기를 가진다. long 보다도 더 큰 정수를 저장하기 위해서는 long long 데이터 타입을 사용하는데, 일반적으로 8바이트의 크기를 가진다.

char와 int, short, long, long long은 음의 정수와 0, 양의 정수를 모두 저장할 수 있다. 사실 signed를 앞에 붙여 사용함으로써 음수와 양수 모두 저장할 수 있는 데이터 타입이지만, signed를 생략한 형태로 주로 사용한다. 0과 양의 정수를 저장하기 위해서는 char와 int, short, long, long long 데이터 타입 앞에 unsigned를 붙여 사용한다. C 언어에서 사용 가능한 모든 정수형 데이터 타입은 표 2-1과 같다. 각 데이터 타입의 일반적인 크기와 정수의 표현 범위를 함께 설명하고 있다.

표 2-2 운영체제별 정수형 데이터 타입의 크기 비교

운영체제	CPU	크기 (바이트, 비트)
윈도우 계열	x86	4byte, 32bit
	x64	4byte, 32bit
리눅스 계열	x86	4byte, 32bit
	x64	8byte, 64bit
맥 계열	x86	4byte, 32bit
	x64	8byte, 64bit

데이터 타입의 크기는 바이트 단위 또는 비트(bit) 단위로 표현한다. 비트는 컴퓨터가 처리할 수 있는 데이터의 최소 단위로, 하나의 비트는 0 또는 1의 값을 저장할 수 있다. 1바이트는 8비트로 구성한다. 위의 표는 각각의 운영체제와 CPU 플랫폼에 따른 long의 크기를 보인다.

C의 표준에 따르면 short형이 int보다 크지 않고 long형이 int형보다 작지 않다고 한다. C 언어에서 여러 개의 자료형을 쓰는 이유는 데이터의 형태를 현재 보급되는 기계의 프로세서에 맞추기 위해서이다. 예를 들어, 오래전 Window3가 보급되던 시절에는 int형과 short형이 16비트였으며, long은 32비트였다. 그 후 Window, Apple 등의 시스템에서 short형 16비트, int와 long은 32비트로 사용했다. 요즘 보급되는 64비트 프로세서에서는 64비트 정수형에 대한 필요성이 생겨 long long형을 새로 만들었다. long형은 int로는 다룰 수 없는 큰 수를 다루기 위해 사용된다. short의 경우는 기억공간을 줄이기 위해 사용된다.

각 데이터 타입에서 허용되는 값의 범위보다 크거나 작은 수를 저장하면 각 자료형의 최댓값 또는 최솟값으로 저장된다. 즉, 최댓값에 1을 더하면 최솟값이 되며, 최솟값에 1을 빼면 최댓값이 된다. 이러한 과정은 해당 숫자의 2진수로 계산하고, 각 데이터 타입의 비트 수만큼 하위 자릿수만을 유효 숫자로 계산하면 이해가 될 것이다. 따라서, 각 데이터 타입에서 허용하는 값의 범위를 인지하고, 프로그래밍 시에 해당 범위를 벗어나 의도되지 않은 데이터가 저장되는 것을 방지하기 위해 노력해야 한다.

아래의 소스 2-1은 정수형 데이터 타입을 이용하여 변수를 선언하는 예제이다. 변수의 이름 작성 규칙은 잠시 후에 다루기로 하자.

소스 2-1

```
01 #include <stdio.h>
02 int main()
03 {
04     char ch = -20;
05     short sh = 5400;
06     int i = -123456789;
07     long l = 123456789;
08     long long ll = -123456789012;
09     // char, short, int 출력시 %d로 출력, long은 %ld, long long은 %lld로 출력
10     printf("%d %d %d %ld %lld\n", ch, sh, i, l, ll);
11     return 0;
12 }
```

출력 예

```
-20 5400 -123456789 123456789 -123456789012
```

4번 라인부터 8번 라인은 각각 `char`와 `short`, `int`, `long`, `long long` 데이터 타입을 이용하여 변수를 선언하는 문장이다. 각 문장은 각 데이터 타입의 변수를 선언하고, 각각 `-20`과 `5400`, `-123456789`, `123456789`, `-123456789012`의 정수 값으로 초기화 한다. 초기화란 변수를 선언할 때 값을 저장하는 것으로 할당받은 메모리에 저장되어 있을지도 모르는 임의 값이 사용되는 것을 방지할 수 있다. 초기화 과정이 없어도 변수를 사용하는 데에는 문제가 없지만, 해당 변수에 값을 저장하지 않고 사용했을 때 발생할 수 있는 문제를 방지할 수 있기 때문에 권장하는 방식이다. 초기화하지 않은 변수에 저장되어 있는 값을 우리는 흔히 "쓰레기값"이라고 부르는데, 의도하지 않은 저장된 값으로 프로그램 코드 상에서 사용할 값이 아니라는 의미 정도로 이해하면 된다. 변수를 선언한 이

후에 각 변수에 별도의 문장으로 값을 저장할 수도 있다. 변수에 값을 저장하기 위해 사용하는 =는 대입 연산자로 우변의 값을 좌변의 변수에 "대입하라" 혹은 "저장하라"라는 의미를 가진다. 자세한 내용은 연산자 부분에서 살펴보자. 10번 라인은 각각의 데이터 타입으로 선언한 변수에 저장되어 있는 값을 출력하기 위한 문장이다. 여기에서 사용한 `printf()` 함수는 화면에 출력하기 위해 사용하는 대표적인 함수이다. `printf()` 함수의 괄호 안에 있는 값들이 화면에 출력되는데, 처음에 나오는 `"%d %d %d %ld %lld\n"`로 표현되어 있는 부분은 출력 화면의 양식을 정의한 것으로 포맷 문자열 또는 포맷 스트링(format string)이라고 한다. 자세한 내용은 다음 장에서 살펴보고, 여기서는 간단한 사용법만 설명한다. `%d`는 `int` 데이터 타입의 값을 출력하기 위한 형식 지정자 또는 서식 지정자(format specifier)이다. `%`는 형식 지정자를 나타내는 표시라고 생각하면 되고, `d`는 10진 정수를 뜻하는 decimal의 약자이다. `%ld`는 `long` 데이터 타입의 값을, `%lld`는 `long long` 데이터 타입의 값을 화면에 출력하기 위한 형식 지정자이다. 포맷 문자열 다음에 콤마(,) 이후에 변수가 나열되어 있는데, 이 변수의 값들이 순서대로 포맷 문자열의 형식 지정자와 일대일 대응하여 값이 화면에 출력된다. 첫 번째 변수인 `ch`는 첫 번째 `%d`에 대응하여 해당 위치에 정수의 값을 출력하고, 다음의 `sh`와 `i` 변수는 포맷 문자열의 두 번째와 세 번째 형식 지정자인 `%d`에 대응한다. 변수 `l`과 `ll`은 각각 `%ld`와 `%lld`에 대응하여 화면에 출력된다. 따라서 소스 2-1을 실행하면 화면에는 5개의 변수의 값이 순차적으로 화면에 `-20 5400 -123456789 123456789 -123456789012`이 출력된다.

포맷 문자열의 모양과 동일하게 출력되기 때문에 각 형식 문자열 사이의 공백 문자들도 그대로 화면에 출력되게 된다. 포맷 문자열에 일반적인 문자열 또는 문자가 포함되어 있는 경우에는 그대로 화면에 출력된다. 포맷 문자열 제일 끝에 있는 `\n`은 제어 문자 또는 이스케이프 시퀀스(escape sequence)의 일종이다. 다양한 제어 문자는 다음 장에서 자세히 살펴본다. `\n`은 줄바꿈(new line) 문자라고 하는데, 키보드의 엔터(enter) 키의 기능과 유사하다. 화면에 출력을 새로운 줄로 바꾸라는 의미라고 생각하자. 여기에서 \문자는 역 슬래시 또는 백 슬래시(backslash)라고 하며, 대부분의 키보드에서는 엔터 키 위 또는 좌측에서 찾을 수 있다. 한글 키보드에서는 \ 대신에 ₩으로 표시되어 있는 경우도 있다. \와 ₩는 같은 문자라고 생각해도 좋다.

지금 살펴본 소스 코드를 보면 `main()` 함수 내부는 {}안에 작성되어 있다. {}는 함수 또는 코드의 블록을 정의하기 위한 기호이다. 내부의 모든 문장들은 ;(세미콜론, semi-colon)으로 끝나는데, 이것은 한글에서 사용하는 마침표(.)와 같이 문장의 끝을 의미하는 기호이다.

다음의 소스 2-2는 부호가 없는 정수의 산술 연산의 계산 결과가 허용 범위를 넘는 오버플로우(overflow) 상황에서 변수의 값이 어떻게 변경되는지를 확인하기 위한 예제이다.

소스 2-2

```
01 /* 부호 없는 정수의 산술연산이 오버플로우를 일으키지 않는지 확인 */
02 #include <stdio.h>
03 #include <limits.h>    // 데이터 타입별 최댓값과 최솟값이 정의된 헤더파일
04 int main()
05 {
06     unsigned int u1 = 10;
07     unsigned u2 = 4294967295;
08     printf("UINT_MAX는 %u입니다.\n", UINT_MAX);
09     printf("u1: %u\n", u1);
10     printf("u2: %u\n", u2);
11     printf("u1 + u2 = %u\n", u1 + u2);
12     return 0;
13 }
```

출력 예

```
UNIT_MAX는 4294967295입니다.
u1: 10
u2: 4294967295
u1 + u2 = 9
```

먼저 3번 라인 `#include <limits.s>`를 살펴 보자. `#include` 전처리기 지시자는 뒤에 이어 오는 해당 헤더파일의 코드를 컴파일 전에 소스 코드로 복사하여 추가해 주는 역할을 한다. `limits.h`은 각각의 데이터 타입의 허용 범위를 상수로 정의해 놓은 헤더파일이다. 이 소스 코드의 8번 라인의 `UINT_MAX` 상수를 사용하기 위해 필요하다. `UINT_MAX`는 `unsigned int`의 최댓값을 의미하는 상수이다.

6번과 7번 라인에서는 `unsigned int` 데이터 타입으로 변수 `u1`과 `u2`를 선언하고, 각각 `10`의 값과 `4294967295`의 값을 저장하였다. 앞서 살펴보았듯이 `unsigned int`에서 `int`는 생략 가능함을 7번 라인에서 확인할 수 있다.

8번 라인은 `unsigned int`의 최댓값을 출력하고, 9번 라인은 `u1` 변수의 값을, 10번 라인은 `u2` 변수의 값을 출력한다. `u2` 변수는 `unsigned int`의 최댓값인 `4294967295`값을, `u1` 변수는 `10`의 값을 저장하고 있다. 11번 라인은 두 변수 `u1`과 `u2`의 합을 계산하여 출력하는 문장이다. 형식 지정자 `%u`는 `unsigned int`를 출력하기 위한 것이다. `printf()` 함수

에서 값은 변수와 상수, 연산식, 함수 등 값을 가질 수 있는 다양한 형태를 작성할 수 있다. u1과 u2의 값을 더하면 4294967305의 값이 된다. 그러나 이 값을 unsigned int로 출력해야 하는데, 허용 최댓값인 4294967295을 초과하는 오버플로우가 발생한다. 오버플로우가 발생하면 표현할 수 있는 자릿수 이외의 것을 버리게 된다. 예를 들어, 10진수 세 자리를 저장할 수 있는 변수에 999가 저장되어 있다고 하자. 여기에 1을 더하면 1000이 되지만, 세자리만 저장할 수 있으므로 하위 세 자리 000이 저장되게 된다. 컴퓨터에서는 데이터가 2진수 형태로 저장되고 unsigned int의 크기가 4바이트이므로, 총 32비트를 사용하며 이는 2진수 32자리를 저장할 수 있다는 의미가 된다. 이에 따라 오버플로우가 발생한 값을 버리고 남겨진 값은 9가 된다. 보통 최댓값+1의 값으로 나눈 나머지 값이 저장된다고 생각하면 된다. 즉, 실제 계산 결과값은 4294967305이지만 최댓값을 초과하므로, 최댓값+1의 값인 4294967296으로 나눈 나머지 값인 9가 화면에 출력된다.

소스 2-3은 정수형 데이터 타입으로 변수를 선언하고 이 변수에 실수를 저장하는 경우에 어떻게 값이 저장되는지 확인하기 위한 소스 코드이다.

소스 2-3

```
01 /* 2개의 변수를 초기화하고 출력 */
02 #include <stdio.h>
03 int main()
04 {
05    int i1 = 3.14;        /* i1는 int형 변수(3.14로 초기화)*/
06    int i2 = -4.5;       /* i2는 int형 변수(-4.5로 초기화) */
07    printf("i1의 값은 %d입니다.\n", i1); /* i1의 값을 출력 */
08    printf("i2의 값은 %d입니다.\n", i2); /* i2의 값을 출력 */
09    return 0;
10 }
```

출력 예

```
i1의 값은 3입니다.
i2의 값은 -4입니다.
```

라인 5번과 6번을 보면 int형 변수 i1과 i2를 선언하고, 각각의 변수에 3.14와 -4.5의 실수로 초기화하였다. 이 경우 int형 변수는 실수를 저장할 수 없기 때문에 실수의 정수 부분만을 저장할 수 있다. 소숫점 이하의 값은 사라지는 것이기 때문에 소숫점 이하를 버림한 결과가 저장된다. 그 결과는 라인 7번과 8번에서 각 변수를 출력해 봄으로써 확인해 볼 수 있다.

코딩 2-1

정수형 변수 세 개를 선언하고, 각각에 국어 점수와 영어 점수, 수학 점수를 저장한 후, 총점과 평균을 출력하기 위해 아래의 프로그램에서 빈칸을 작성하여 완성하시오. 더하기는 +를, 나누기는 /를 사용하시오.

```
/* 세 과목 성적의 합계와 평균 */
#include <stdio.h>
int main() {
    int kor, eng, math;
    int sum, avg;
    ________________
    ________________
    ________________
    sum = kor+eng+math;
    avg = sum/3;
    printf("세 과목의 합계는 %d이다.\n", ____);
    printf("세 과목의 평균은 %d이다.\n", ____);
    return 0;
}
```

출력 예

```
세 과목의 합계는 270이다.
세 과목의 평균은 90이다.
```

2.2 실수형 데이터 타입

- 위키피디아 c언어 실수형 변수 참조(https://ko.wikipedia.org/wiki/C_언어_실수형_변수)

C 언어에서 실수 데이터를 처리하기 위해 실수형 데이터 타입을 사용해야 한다. 실수를 컴퓨터에서 2진수로 표현하는 방식으로는 부동소숫점 방식과 고정소숫점 방식이 있다. C 언어에서는 이 중에서 국제표준인 IEEE 754 규격을 따르는 부동소수점 방식을 사용한다. C 언어는 부동소숫점으로 표현하는 실수를 처리하기 위한 데이터 타입으로 `float`와 `double`을 제공한다. 운영체제나 CPU와 상관없이 국제표준을 따르므로 `int`처럼 변수의 크기가 달라지지 않는다.

float는 단정밀도(single precision)로 32비트, 즉 4바이트의 크기를 가지며, double은 배정밀도(double precision)로 64비트, 즉 8바이트의 크기를 가진다. 실수형 데이터 타입은 정수형 자료형과는 다르게 float형과 double형의 표현 범위가 클 뿐만 아니라 정밀도도 더 높다. C 언어에서 실수형 데이터를 처리하기 위한 기본 데이터 타입은 double형이 사용된다. double형보다 크거나 정밀한 숫자를 표현하기 위해서 추가적으로 long double형을 지원한다. long double형은 운영체제 또는 CPU에 따라 각기 다른 크기를 가진다. 아래의 표는 각 실수형 데이터 타입의 허용 범위와 정밀도, 크기를 설명하고 있다. 그 다음의 표는 long double형이 각 시스템에서 크기가 어떻게 달라지는지를 보여주고 있다.

표 2-3 실수형 데이터 타입 크기와 표현 범위

자료형	크기				유효소수점 이하 자리수
	전체크기	부호	지수	가수	
float	4바이트	1비트	8비트	23비트	7
double	8바이트	1비트	11비트	52비트	16
long double	8바이트	1비트	11비트	52비트	16

표 2-4 운영체제별 실수형 데이터 타입의 크기 비교

운영체제	CPU(플랫폼)	바이트 크기	비트 크기
Windows	x86 (32비트)	8	64
	x64 (64비트)	8	64
리눅스	x86 (32비트)	12	96
	x64 (64비트)	16	128
OS X	x86 (32비트)	16	128
	x64 (64비트)	16	128

아래의 소스 2-4는 3.14의 값을 float형과 double형 변수에 저장하고, 출력하는 프로그램이다.

소스 2-4

```
01 /* 읽어 들인 실숫값을 그대로 출력 */
02 #include <stdio.h>
03 int main(void)
04 {
05     double d = 3.14;
06     float f = 3.14f;
07     printf("double: %lf %.10lf\n", d, d);
08     printf("float: %f %.10f\n", f, f);
09     return 0;
10 }
```

출력 예

```
double: 3.140000 3.1400000000
float: 3.140000 3.1400001049
```

라인 5번과 6번은 각각 double형 변수 d와 float형 변수 f를 선언하고 3.14의 값을 초깃값으로 설정하였다. 실수형 데이터의 기본 데이터 타입은 double형이므로 일반적인 실수 숫자를 적으면 double로 인식하기 때문에, float형의 실수는 뒤에 f를 붙여 라인 6번과 같이 표현한다. 이 f를 생략하고 작성하여도 프로그램은 정상적으로 동작한다. 라인 7번과 8번은 선언한 두 변수의 값을 각각 두 번씩 출력하는 문장이다. 이때 printf()의 포맷 문자열에 사용된 형식 지정자 %lf와 %f는 각각 double형과 float형을 의미한다. 사실 출력문에서 %f를 이용하여 double형을 출력해도 아무런 문제가 없어 %lf를 사용하는 경우가 적다. 특히 C95 이전의 표준을 따르는 경우에는 %lf를 사용할 수 없으므로 %f를 사용하도록 한다. %lf는 C99 표준에서 추가되었다. %.10lf와 %.10f는 %lf 및 %f와 동일한 형식 지정자이지만, 소숫점 이하의 자릿수를 조절하여 출력하고자 할 때 사용한다. .10의 의미는 소숫점 이하 10자리까지 출력하라는 의미이다. 소숫점 이하 2자리까지 출력하고 싶은 경우에는 %.2f와 같은 형식으로 사용한다. %f를 사용하는 경우에는 기본값으로 소숫점 이하 여섯 자리까지 출력한다. 상세한 내용은 다음 장에서 설명한다.

출력 예를 살펴보면, double과 float의 첫 번째 출력 숫자는 동일하지만, 두 번째 출력 숫자가 다르다는 것을 확인할 수 있다. float형과 double형의 정밀도가 다르기 때문에 발생하는 현상으로 float를 사용하는 경우 출력 예에서 보는 바와 같이 저장하고자 하는 값과 다른 값이 저장될 수도 있다는 사실을 기억하자. 이는 부동소숫점 방식의 특성에 기인하는 것으로 세밀한 숫자를 표현하는 데에 오차가 나타날 수 있다. C 언어의 실수형 기본 데이터 타입인 double을 이용하면 상대적으로 오차가 발생할 확률을 현저히 낮출 수 있다.

소스 2-5는 두 개의 double형 변수를 선언하고, 두 개의 정수값을 저장하여 큰 값에서 작은 값이 차지하는 비율을 퍼센트로 계산해 보는 프로그램이다.

소스 2-5

```
01 /* 읽어 들인 실숫값 2개의 비율을 백분율(실수)로 출력 */
02 #include <stdio.h>
03 int main(void)
04 {
05     double numerator = 53;
06     double denominator = 128;
07     printf("분자는 분모의 %f%%입니다.\n", numerator / denominator * 100);
08     printf("분자는 분모의 %.2f%%입니다.\n", numerator / denominator * 100);
09     return 0;
10 }
```

출력 예

```
분자는 분모의 41.406250%입니다.
분자는 분모의 41.41%입니다.
```

라인 5번과 6번에서 double형 변수 numerator와 denominator를 선언하고 각각 53과 128의 정숫값으로 초기화했다. 정숫값을 double형 변수에 저장하는 경우에는 값의 손실이 발생하지 않으므로 53.0과 128.0과 같은 실숫값으로 저장된다. denominator 변수의 값에서 numerator 변수의 값이 차지하는 비율을 퍼센트로 계산하기 위해서는 numerator를 denominator로 나누고, 그 값에 100을 곱하여 계산한다. 라인 7번과 8번에서 해당 연산식을 확인할 수 있다. 이때, 나눗셈은 수학에서 ÷ 기호 또는 분수를 사용하지만, 컴퓨터에서는 해당 기호가 없어, 분수를 의미하는 /(슬래시, slash)를 사용한다. 곱하기는 수학에서는 ×를 사용하지만 이는 영문자 x와 구분하기 어렵고 별도의 문자가 존재하지 않아 *(별표, 애스터리스크, asterisk)를 기호로 사용한다. 7번 라인은 %f 기본값인 소숫점 이하 여섯 자리까지 출력하는 문장이며, 8번 라인은 우리가 일반적으로 표현하듯이 소숫점 이하 두 자리로 출력하는 문장이다. 이 두 문장의 포맷 문자열에 %%가 사용되었다. %는 포맷 문자열에서 형식지정자를 나타내는 문자로 사용되기 때문에 %를 출력할 수가 없다. 그래서 %를 출력하고자 하는 경우에는 형식 지정자와 구분하기 위해 %%를 사용한다.

출력 예를 살펴보면 첫 줄에는 41.406250%가 출력되지만, 이를 소숫점 이하 두 자리로 표현한 두 번째 줄에는 41.41%로 계산 결과가 출력되었다. 이는 소숫점 이하 자릿수를 지정하는 경우 반올림하여 숫자를 출력하기 때문이다.

코딩 2-2

실수형 변수 두 개를 선언하여 자신의 등수와 전체 학생수를 저장하고, 자신의 성적의 위치가 상위 몇 %인지 출력하는 프로그램을 아래의 빈칸을 채워 완성하시오.

```
/* 자신이 반에서 상위 몇%인지 계산하는 프로그램 */
#include <stdio.h>
int main() {
    double rank, noOfStudents;
    rank =5;
    noOfStudents =75;
   printf("당신은 상위 _______입니다.\n", _________________________);
   return 0;
}
```

출력 예

```
당신은 상위 6.67%입니다.
```

2.3 문자형 데이터 타입

- 위키피디아 char 참조(https://ko.wikipedia.org/wiki/Char)
- 위키피디아 ASCII 참조(https://ko.wikipedia.org/wiki/ASCII)

C 언어에서 문자를 처리하기 위해서 문자형 데이터 타입인 char형을 사용한다. char은 character의 약자로 문자를 저장하기 위한 데이터 타입이다. char는 앞서 정수형 데이터 타입이라고 설명하였다. 원래 char는 문자형 값을 처리하기 위한 데이터 타입으로 아스키(ASCII: American Standard Code for Information Interchange)로 문자에 해당하는 정수 코드값을 저장한다. 아스키는 영문 알파벳을 사용하는 대표적인 문자 인코

딩 방식으로 128가지 문자를 표현할 수 있다. 52개의 영문 알파벳 대소문자와, 10개의 숫자, 32개의 특수 문자, 하나의 공백문자, 33개의 제어 문자로 구성되어 있다. 한글은 아스키로 표현할 수 없기 때문에 char형을 이용하여 저장할 수 없다. char형의 변수에 저장할 수 있는 데이터는 오직 한 개의 문자이다. 여러 개의 문자나 한글을 저장하는 경우에는 추후 다룰 배열이나 포인터를 이용해야 한다.

소스 2-6은 char을 이용해 학점을 저장하고, 각 과목의 학점을 출력하는 예제이다.

소스 2-6

```
01 /* 각 과목의 학점을 A, B, C, D, F로 출력 */
02 #include <stdio.h>
03 int main(void)
04 {
05     char kor ='B';
06     char eng ='F';
07     char math ='C';
08     char sci ='D';
09     char prog -'A';
10     printf("한국어 성적은 %c입니다.\n", kor);
11     printf("영어 성적은 %c입니다.\n", eng);
12     printf("수학 성적은 %c입니다.\n", math);
13     printf("과학 성적은 %c입니다.\n", sci);
14     printf("프로그래밍 성적은 %c입니다.\n", prog);
15     return 0;
16 }
```

출력 예

```
한국어 성적은 B입니다.
영어 성적은 F입니다.
수학 성적은 C입니다.
과학 성적은 D입니다.
프로그래밍 성적은 A입니다.
```

라인 5번에서 9번은 char형 변수를 선언하고 한 글자의 문자로 초기화한다. 문자는 ' '(작은따옴표)를 이용하며, 오직 하나의 글자만 작은따옴표 안에 넣을 수 있다. 라인 10번에서 14번은 각 과목의 학점을 출력하는 문장이다. printf() 함수의 포맷 문자열에서 %c 형식 지정자는 char형의 데이터를 출력하기 위해 사용한다.

소스 2-7은 char형 변수에 한글 한 글자를 저장하는 경우 발생하는 문제를 보여주는 예제이다.

소스 2-7

```
/* char형에 한글 한 글자를 입력하는 경우 발생하는 에러 */
#include <stdio.h>
int main(void)
{
    char you ='너';
    printf("you는 %c입니다.\n", you);
    return 0;
}
```

출력 예

```
main.c:5:13: warning: multi-character character constant [-Wmultichar]
main.c:5:13: warning: overflow in implicit constant conversion [-Woverflow]
you는 ?입니다.
```

출력 예에서 보는 바와 같이 다수의 문자를 char형으로 사용하는 데 대한 경고 메시지를 출력한다. 두 개의 경고 메시지와 함께 프로그램의 실행 결과가 출력되기는 하지만, 우리가 의도한 대로 '너'라는 글자는 출력되지 않고, 특수 문자가 출력된다.

소스 2-8

```
01 /* 정수형과 문자형으로 사용하는 char형 예제 */
02 #include <stdio.h>
03 int main() {
04     char ch1 =65;
05     char ch2 ='a';
06     printf("%c의 아스키 값은 %d이다.\n", ch1, ch1);
07     printf("%c의 아스키 값은 %d이다.\n", ch1+1, ch1+1);
08     printf("%c의 아스키 값은 %d이다.\n", ch2, ch2);
09     printf("%c의 아스키 값은 %d이다.\n", ch2+2, ch2+2);
10     return 0;
11 }
```

출력 예

```
A의 아스키 값은 65이다.
B의 아스키 값은 66이다.
a의 아스키 값은 97이다.
c의 아스키 값은 99이다.
```

소스 2-8은 char형 변수를 정수형과 문자형으로 모두 활용하는 예제이다.

라인 4번과 5번은 char형 변수 ch1과 ch2를 선언하고 각각 정수 65와 문자 'a'로 초기화하는 문장이다. char형은 정수형과 문자형 모두 사용이 가능하므로 이와 같이 변수에 정수와 문자를 저장할 수 있다. 라인 6번과 9번에서는 각 변수를 %c 형식 지정자를 이용하여 문자형으로 출력하고, %d 형식 지정자를 이용하여 정수형으로도 출력하는 문장이다. 문자 A의 아스키 값은 65이고, 문자 a의 아스키 값이 97임을 프로그램의 실행을 통해서 확인할 수 있다. 라인 7번과 9번에는 ch1+1과 ch2+2의 연산을 통하여 값을 변경하고 출력한다. 'A'가 저장되어 있는 ch1 변수의 값에 1을 더하면, 아스키 값 65에서 66이 되고, 이를 문자형으로 출력하면 'B'가 출력된다. 마찬가지로 'a'가 저장되어 있는 ch2 변수의 값에 2를 더하면, 아스키 값 97에서 99이 되고, 이를 문자형으로 출력하면 'c'가 출력된다. char형 변수를 사용하는 경우 아스키 값의 이러한 특징을 이용하여 프로그램을 작성하는 경우가 많으므로 잘 기억해 두길 바란다.

코딩 2-3

소스 2-8을 참조하여 'K'와 'Z'의 아스키 값을 출력하는 프로그램을 만들고자 한다. 아래의 코드에서 밑줄친 부분을 완성하시오.

89

```
/* 정수형과 문자형으로 사용하는 char형 예제 */
#include <stdio.h>
int main() {
    char ch ='A';
    printf("%c의 아스키 값은 %d이다.\n", ____________________);
    printf("%c의 아스키 값은 %d이다.\n", ____________________);
    return 0;
}
```

출력 예

```
K의 아스키 값은 75이다.
Z의 아스키 값은 90이다.
```

2.4 기본 데이터 타입 활용

소스 2-8은 다양한 데이터 타입을 활용하는 예제이다.

소스 2-9

```
01 /* 다양한 자료형 활용 예제 프로그램 */
02 #include <stdio.h>
03 int main(void)
04 {
05     char schoolYear;
06     char semester;
07     int credit;
08     double score;
09     char grade;
10     schoolYear =1;
11     semester =2;
12     credit =15;
13     score =4.1;
14     grade ='A';
15     printf("## %s 학생의 %d학년 %d학기 성적표 ##\n", "김코딩",
16         schoolYear, semester);
17     printf("소속: %s \n", "소프트웨어학과");
18     printf("이수학점: %d\n", credit);
19     printf("평점: %.1f\n", score);
20     printf("학점: %d\n", grade);
21     return 0;
22 }
```

출력 예

```
## 김코딩 학생의 1학년 2학기 성적표 ##
소속: 소프트웨어학과
이수학점: 15
평점: 4.1
학점: A
```

라인 5번에서 9번까지는 학년과 학기, 이수 학점, 점수, 학점을 저장하기 위한 변수를 적합한 데이터 타입으로 선언하였다. 학년과 학기를 저장하기 위한 schoolYear와 semester 변수는 정수형 데이터 타입으로 char를 사용하였다. 상대적으로 작은 정수값을 저장하기 위한 경우에는 이와 같이 char형 변수를 이용한다. 학년과 학기는 한 자리 정수로도 충분하기 때문에 4바이트를 사용하는 `int`를 사용하지 않고 1바이트의 `char`를 사용하는 경우가 있다. 라인 10번에서 14번까지는 각각의 변수에 값을 저장하기 위한 대입문이다. 라인 15번은 이름과 학년, 학기를 출력하기 위한 문장이다. `printf()` 함수의 포맷 문자열 내에 `%s`는 문자열을 출력하기 위해 사용한다. 뒤에 "김코딩"이라는 이름과 같이 ""(큰따옴표)로 둘러 싸인 문자들을 우리는 문자열이라고 한다. 라인 15번과 16번은 하나의 문장이다. C 언어에서는 하나의 문장을 여러 줄에 걸쳐 작성하는 것도 가능하다. 이는 ;(세미콜론)이 나타나기 전까지는 모두 하나의 문장으로 간주하는 C 언어의 특징 때문이다.

코딩 2-4

소스 2-9의 코드를 이용하여 자신의 이름과 학년, 학기, 이수학점, 평점, 학점을 출력하는 프로그램을 작성하시오.

출력 예

```
## 김코딩 학생의 1학년 2학기 성적표 ##
소속: 소프트웨어학과
이수학점: 15
평점: 4.1
학점: 65
```

2.5 변수

- 위키피디아 C 언어 변수 참조(https://ko.wikipedia.org/wiki/C_언어_변수)
- WG14 N1570 Committee Draft — April 12, 2011 참조 (http://www.open-std.org/jtc1/sc22/wg14/www/docs/n1570.pdf)

컴퓨터는 모든 데이터를 메인 메모리에 저장하여 사용한다. 프로그램을 실행하면 컴퓨터는 프로그램이 저장되어 있는 위치를 찾아 실행 파일을 읽어 메모리에 복사하고, 이를 순차적으로 실행한다. 이 프로그램에서 사용하는 다양한 데이터 역시 메모리에 저장한다. 프로그램에서 사용하는 다양한 데이터 타입의 변수들 역시 메모리의 공간을 할당 받아 사용한다. 각 데이터 타입의 크기만큼 메모리에서 공간을 할당 받고, 그 공간에 데이터를 저장하거나 읽는다. 컴퓨터의 메모리에는 주소(address)를 가지고 있어 이 주소를 이용하여 각 변수는 할당 받은 공간에 접근할 수 있다. 이러한 주소는 정확한 위치를 표현할 수는 있지만, 프로그램을 작성하는 사람이 모두 기억하기는 쉽지 않다. 변수는 할당받은 공간의 주소에 이름을 붙여 사용할 수 있도록 해 준다. 예를 들어, 일상 생활에서 친구들과의 약속 장소를 결정할 때, "서울역에서 만나자"라고 이야기 하지, "서울특별시 용산구 한강대로 405에서 만나자"라고는 잘 하지 않는다. 주소는 정확한 위치를 알려주는 역할을 하기는 하지만, 일반적인 소통을 위해서는 그 주소에 붙은 이름을 사용한다. 많은 사람들이 자주가는 온라인 쇼핑몰에서 물건을 주문 할 때, 매번 배송 주소를 입력하지 않고 미리 정의해 놓은 배송 주소록의 별명으로 배송지를 결정하는 것과 같은 이치이다. 그러나 이러한 이름이나 별명을 사용할 때에는 반드시 상대방과 내가 해당 이름에 대한 정확한 주솟값이나 정의를 알고 있어야 한다. 어느 한쪽이라도 해당 이름에 대한 주솟값을 모르는 경우에는 사용할 수 없다. 앞서 다양한 데이터 타입을 이용하여 변수를 선언하는 과정을 살펴 보았다. 이 변수 선언 과정이 변수 이름에 대한 주소를 연결하고, 컴퓨터 프로그램과 프로그래머가 이 변수는 이 주소와 연결하여 사용한다는 약속을 하는 것이라고 생각할 수 있다.

C 프로그래밍 언어에서 변수는 숫자를 표현하기 위해 정수형 데이터 타입과 실수형 데이터 타입을 제공한다. 이러한 데이터 타입을 이용하여 생성한 변수의 처리는 마이크로프로세서의 ALU(산술연산장치)에서 주로 나루며, 데이터의 위치인 메모리 주솟값을 이용하여 처리한다. 실제 변수의 메모리 주솟값과 주소를 이용한 변수의 접근은 추후 살펴보도록 하자.

앞서 다양한 소스 예제들을 통하여 살펴 본 바와 같이 변수를 선언하기 위해서는 데이터 타입과 변수의 이름을 아래와 같이 작성해 주어야 한다.

```
int    num1;
```

자료형 　 변수 이름

`int num1;` 의 문장이 실행되면, 정수형 데이터를 저장하기 위한 형 데이터 타입으로 메모리에서 공간을 할당 받고, 그 주소를 num1이라는 이름의 변수와 연결한다. 변수의 이름은 프로그래머가 자유롭게 작성할 수 있지만, 아래의 규칙을 반드시 준수해야 한다.

- 영어 알파벳과 숫자를 사용할 수 있다.
- 영어 알파벳의 대소문자를 구분한다.
- _(밑줄 또는 밑줄 문자, underline 또는 underscore)을 제외한 특수문자는 사용할 수 없다.
- 영어 알파벳과 _을 제외한 문자로 시작할 수 없다.
- C 언어의 키워드(예약어, keyword, reserved word)는 사용할 수 없다.

위의 변수 이름을 만드는 규칙은 일반적으로 "식별자 생성 규칙"이라고 한다. 식별자(identifier)란 C 프로그램에서 프로그래머가 임의로 이름을 정하여 사용하는 것으로 변수의 이름과 상수의 이름, 함수의 이름 등을 포함한다. C 언어에서 정의한 식별자 규칙은 위의 내용이 전부이지만, 실제 프로그래밍에서는 프로그래머들 사이의 암묵적인 합의나 규칙 등으로 보다 읽기 쉽고 이해하기 쉬운 형태의 식별자를 사용한다. 흔히 컨벤션이라고 부르는 규칙으로 카멜 표기법, 헝가리안 표기법 등 다양한 방법이 존재한다. 변수 이름을 지을 때, 변수 이름 사이에는 공백 문자가 들어갈 수 없으며 한글 이름도 사용할 수 없다. 일반적으로 소문자로 시작하는 변수명을 많이 사용한다.

위 규칙에서 키워드라고 하는 것은 C 언어에서 특정 목적이나 용도로 사용하기 위해 사전에 정의해 놓은 단어들이다. 흔히 예약어라고도 한다. C 언어에서 정의한 키워드는 아래의 표와 같다.

표 2-5 C 언어에서 정의한 키워드 목록

auto	break	case	char
const	continue	default	do
double	else	enum	extern
float	for	goto	if
inline	int	long	register
restrict	return	short	signed
sizeof	static	struct	switch
typedef	unio	unsigned	void
volatile	while	_Alignas	_Alignof
_Atomic	_Bool	_Complex	_Generic
_Imaginary	_Noreturn	_Static_assert	_Thread_local

좋은 변수 이름이란 프로그램을 작성하는 사람과 읽는 사람 모두 한 눈에 변수의 용도나 목적을 이해할 수 있으면서도 쉽게 읽을 수 있는 것이다. 아래는 사용할 수 없는 변수명과, 사용할 수 있지만 권장하지 않는 변수명, 바람직한 변수명의 예를 보여준다.

표 2-6 변수명의 작성 예시

사용할 수 없는 변수명		사용 가능하지만 권장하지 않는 변수명		바람직한 변수명	
1bun	#no	PI	NAME	sum	userAge
변수1	my score	xxx	qwerty	average	my_score
이름	$1	AAA	ii	name	updateDate
합계	do	___a	aaa	index	movieName
(total)	if	mynameis	a_b_c	myNameIs	my_name

지금까지 우리는 변수를 선언하는 방법을 살펴 보았다. 잘 지은 변수 이름은 프로그램의 가독성을 높여주어 소스 코드를 보다 이해하기 쉽게 만들어 준다. 이제는 선언한 변수에 값을 저장하는 방법을 살펴보자.

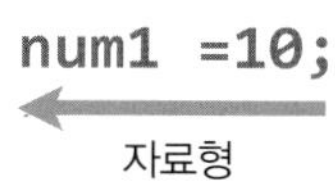

변수에 값을 저장하기 위해서는 대입 연산자 =를 이용한다. 위 그림에서 보는 바와 같이 대입 연산자 =를 기준으로 좌측에는 사용할 변수가, 우측에는 저장하고자 하는 값을 적는다. 우변의 값은 변수와 상수, 연산식, 함수 등을 자유롭게 작성할 수 있지만, 좌변에는 반드시 하나의 변수만 넣을 수 있다. 예를 들어 a+b = 10; 이라는 문장의 경우 10의 값을 변수에 어떻게 저장해야 하는지 명확하지 않다. 이러한 경우에는 컴파일 과정에서 에러가 발생하여 프로그램을 수행할 수 없다는 점을 명심하자. 특정 변수에 값을 저장하는 과정을 우리는 "변수에 값을 대입한다" 또는 "변수에 값을 할당한다"라고 한다. 우리는 초중고교에서 = 기호를 "같다"라고 사용해 왔지만, 이제부터는 = 기호는 "대입하다"라고 기억하도록 하자. 대부분의 컴퓨터 프로그래밍 언어에서는 =를 대입 연산자로 사용한다. 다시 위의 그램과 같은 문장은 "num1 변수에 10을 대입하라" 혹은 "num1 변수에 10의 값을 할당하라"라고 읽는다. "num1은 10과 같다"가 아님을 다시 한번 명심하도록 하자.

이런 대입 연산자를 통한 값의 할당은 프로그램 어디에서나 사용가능하며, 특히, 선언과 동시에 대입 연산자를 사용하는 경우에는 "변수의 초기화"라고 한다. 초기화 방법은 앞의 데이터 타입 부분에서 설명하였다.

소스 2-10과 11은 정수형 데이터 타입으로 변수 x를 선언하여 20이라는 값을 저장하고 출력해 보는 소스 코드이다.

소스 2-10

```
/* 변수에 정숫값을 대입하고 출력 */
#include <stdio.h>
int main(void)
{
    int x;                            /* x는 int형 변수 */
    x =20;                            /* x에 20을 대입 */
    printf("x의 값은 %d입니다.\n",x); /* x의 값을 출력 */

    return 0;
}
```

출력 예

```
x의 값은 20입니다.
```

소스 2-11

```
/* 변수에 정숫값을 초기화하고 출력 */
#include <stdio.h>
int main(void)
{
    int x =20;                        /* x는 int형 변수(20으로 초기화) */
    printf("x의 값은 %d입니다.\n",x); /* x의 값을 출력 */

    return 0;
}
```

출력 예

```
x의 값은 20입니다.
```

소스 2-10은 일반적인 변수의 값 할당을, 소스 2-11은 변수 선언 시의 초기화를 보여주고 있다. 위 소스 코드의 내용은 주석에 설명하였으며, 추가적인 설명은 생략한다.

2.6 상수

변수의 뜻이 변하는 수라는 뜻이라고 한다면, 상수는 변하지 않는 고정된 수를 뜻한다. 변수는 선언 이후 여러 번 값을 변경하며 사용할 수 있지만, 상수는 선언 이후에 값을 변경할 수 없는 형태로 수정할 수 없는 변수이다. 상수는 자연 상태에서 존재하는 리터럴(literal) 상수와 변수의 선언과 유사하게 선언하여 사용하는 콘스트(const) 상수, 전처리기 지시자로 정의해 사용하는 매크로 상수, enum으로 선언하여 사용하는 열거형 상수로 나누어 볼 수 있다. 매크로 상수와 const 상수, 열거형 상수를 묶어 심볼릭(symbolic) 상수라고 하기도 한다.

자연 상태에서 존재하는 상수인 리터럴 상수는 우리가 일반적으로 사용하는 정수와 실수를 표현하는 방식과 동일하다. 10은 int형 리터럴 상수이고, 3.14는 double형 리터럴 상수이다. 10l은 long형 리터럴 상수이고, 3.14f는 float형 리터럴 상수이다. 정수형 데이터 타입의 기본 타입인 int와 실수형 데이터 타입의 기본 타입인 double형에는 상수에 다른 글자를 추가하지 않지만, 그 외의 다른 정수형 데이터 타입과 실수형 데이터 타입에는 l, f 등의 글자를 뒤에 추가하여 상수의 데이터 타입을 표현할 수 있다. 정수형 리터럴 상수는 우리가 사용하는 10진수뿐 아니라 8진수와 16진수와 같은 형태로 표현하는 것이 가능하다. 0123은 8진수 123을 의미하고 0xf123은 16진수 f123을 표현한 것이다. 8진수에는 숫자 0을 앞에 붙이고, 16진수에는 앞에 숫자 0과 영어 소문자 x를 묶어 0x를 붙이면 해당 진수의 숫자 표현이 가능하다. 컴퓨터는 기본적으로 0과 1로 구성된 2진수를 기본 진법으로 사용하기 때문에, 손쉽게 변환이 가능한 8진수나 16진수의 형태도 많이 사용되므로 꼭 기억하도록 하자.

문자형 데이터 타입인 char형 상수는 'C'와 같이 작은따옴표로 표현하며, 다수의 문자들로 표현하는 문자열은 "C Programming"과 같이 큰따옴표로 표현한다. 문자열을 저장하기 위한 데이터 타입은 별도로 학습하지 않았다. C 언어에서는 문자열을 위한 별도의 데이터 타입은 제공하지 않고, char형을 이용하여 배열이나 포인터를 이용하여 문자열을 저장한다. 자세한 내용은 배열과 포인터 장에서 상세히 알아보자. 이와 같은 리터럴 상수 표현 방법이 지금까지 다양한 소스 예제를 살펴보면서 무리 없이 사용해 왔다. 자연 상태에서의 상수 표현 방법과 거의 유사하기 때문에 쉽게 사용이 가능하다.

이제 콘스트 상수의 사용 방법에 대하여 알아보자. 먼저 다음의 코드를 보자.

```
const int TEN = 10 ;
```

우리가 앞서 살펴보았던 변수를 선언하고 초기화하는 코드와 크게 다르지 않다. 이 코드는 사실 int형 상수 TEN을 정의하는 코드이다. 상수의 이름은 TEN이며 값은 10, 데이터 타입은 int이다. 가장 앞에 작성한 키워드 const는 이 문장이 상수를 정의하기 위한 문장임을 알려준다. 키워드 const는 상수를 정의하거나, 변수의 값을 변경하지 못하도록 하기 위해 사용한다. 앞에서 우리는 변수의 이름을 만드는 방법을 공부했다. 상수의 이름을 만들 때에도 식별자 생성 규칙을 반드시 따라야 한다. 일반적으로 상수의 이름은 영어 알파벳 대문자와 _만으로 구성하여, 이것이 변수가 아닌 상수라는 점을 명확히 알려주도록 한다. 앞에서도 언급하였듯이 상수라고 함은 변하지 않는 수이다. 콘스트 상수는 변수와 상당히 유사해 보이지만, 몇 가지 다른 특징을 가지고 있다. 우선, 선언과 동시에 초기화해야 한다. 상수는 변하지 않는 수이므로 처음 생성할 때부터 값이 특정되어 있어야 한다. 또 다른 특징은 이미 언급했듯이 절대로 값을 변경하지 못한다는 것이다. 이는 대입 연산자를 이용하여 값을 할당하지 못한다는 것을 의미한다.

아래의 소스 2-12는 상수를 생성하고 출력해 보는 예제이다.

소스 2-12

```
#include <stdio.h>
int main()
{
    const float RATE =0.5f;
    const int CREDIT =16;
    const char FOURTH_GRADE ='D';
    printf("%d %f %c\n", RATE, CREDIT, FOURTH_GRADE);
    return 0;
}
```

출력 예

```
0.500000 16 D
```

위 예제는 const 키워드를 이용하여 상수를 정의하고, 각각의 값을 출력해 보았다. `float`형과 `int`형, `char`형 세 가지의 상수를 만들어 사용한다. 값의 변경만 제외하면 변수의 사용 방법과 거의 동일하다는 것을 확인할 수 있다.

소스 2-13은 콘스트 상수에 값을 할당하려는 경우 발생하는 에러 메시지를 보여주는 예제이다.

소스 2-13

```
#include <stdio.h>
int main()
{
    const int TEN =10;
    TEN = 27;     // 상수에 값을 할당하면 컴파일 에러 발생
    printf("%d\n", TEN);
    return 0;
}
```

출력 예

```
main.c: In function 'main':
main.c:5:10: error: assignment of read-only variable 'TEN'
     TEN = 27;     // 상수에 값을 할당하면 컴파일 에러 발생
          ^
```

위의 예제에서 보는 바와 같이 상수에 새로운 값을 할당하기 위한 문장에서 에러가 발생함을 확인할 수 있다. 소스 2-14는 두 개의 상숫값을 더하여 변수 z에 저장하고, 출력하는 예제이다.

소스 2-14

```
#include <stdio.h>
int main()
{
    const double X =10.67, Y =2.37;
    double z;
    z = X + Y;
    printf("%f", z);
    return 0;
}
```

출력 예

```
13.040000
```

출력 예에서 알 수 있듯이 상수는 변수와 동일하게 연산에 참여할 수 있다. 마지막으로 매크로 상수에 대해 알아보자. 매크로 상수는 `#define` 전처리기 지시자를 이용하여 정의하는 상수이다. 데이터 타입을 정하지 않고, 소스 코드 내에 존재하는 매크로 상수를

모두 해당하는 값으로 변경하는 기능을 가진다. 작성한 소스 코드를 컴파일 하려고 하면, 전처리기는 전처리기 지시자에 정의된 매크로 상수를 코드 내에서 모두 찾아 정의된 값으로 변경한다. 변경이 완료된 후에 컴파일이 진행된다. 매크로 상수는 프로그램이 동작할 때 메모리에 값을 저장하여 사용하는 것이 아니라, 컴파일 이전에 매크로 상수 문자열을 찾아 해당하는 값의 문자열로 치환해 주기 때문에 적은 메모리를 사용해야 하는 환경에서 유용하게 사용할 수 있다. 앞에서 배운 콘스트 상수는 변수와 유사한 특징이 있지만, 매크로 상수는 리터럴 상수에 보다 가까운 특징을 가지고 있다. 매크로 상수의 이름도 식별자 생성 규칙을 적용받는다. 매크로 상수도 상수이므로 영어 알파벳 대문자를 주로 활용한다.

소스 2-15는 매크로 상수 두 개를 정의하고, 원의 둘레를 계산하는 예제이다.

소스 2-15

```
#include <stdio.h>
#define RADIUS 100
#define PI 3.141592
int main() {
    double circumference;
    circumference =2 * RADIUS * PI;
    printf("%.2f", circumference);
    return 0;
}
```

출력 예

```
628.32
```

위 코드에서 보는 바와 같이 매크로 상수는 리터럴 상수와 유사하게 사용할 수 있다.

코딩 2-5

소스 2-15를 참조하여, 원주율을 매크로 상수로 정의하고, 피자의 반지름을 콘스트 상수로 정의한 후 피자의 면적을 출력하되, 5명이 이 피자를 나누어 먹었을 때 1명당 먹을 수 있는 피자의 크기를 출력하는 프로그램을 작성하시오. 원주율은 3.141592라고 하고, 피자의 반지름은 15cm라고 하자.

출력 예

```
반지름 15.0인 피자의 넓이는 706.9입니다.
1인당 141.4 크기의 피자를 먹을 수 있습니다.
```

- C Programming FAQs 참조(http://cinsk.github.io/ko/cfaqs/index.html)

프로그래밍 Q&A 5

Q 어떤 타입의 정수를 쓸 것인지 어떻게 결정하는가?

A 큰 값(32,767 이상이거나 -32,767 이하)이 필요한 경우, `long`을 쓰기 바란다. 차지하는 공간이 매우 중요하다면(큰 배열이나 많은 구조체를 쓸 경우), `short`를 쓰기 바란다. 이런 경우가 아니라면 `int`를 쓰는 것이 가장 좋다. 오버플로우 문제가 중요시되고 음수가 필요하지 않는 경우라면, 또는 비트를 다룰 때 부호 확장에서 문제가 발생하는 것을 원치 않는다면 적절한 크기를 가진 자료형의 `unsigned` 형을 쓰는 것도 좋다(하지만 수식에서 `signed` 형과 `unsigned` 형을 섞어 쓰는 것은 좋지 않다). 문자 타입도 (특히 `unsigned char`) 작은 정수 타입으로 쓰일 수 있지만, 예상치 못한 부호 확장이나 코드의 크기를 증가시킬 수 있기 때문에 바람직하지 않다. 비슷한 크기/빠르기 문제가 `float`와 `double`에서 발생할 수 있다. 변수의 주소가 필요하고 어떤 특별한 타입이 필요한 경우라면 위의 규칙들은 모두 적용되지 않는다. C 언어에서 각각의 type들이 정확한 크기를 가지도록 정의되어 있다고 착각하기 쉬운데, 사실은 그렇지 않다. C 언어에서 정의하고 있는 것은 다음과 같다:

- `char type`은 127 이상을 저장할 수 있다;
- `short int type`과 `int type`은 32,767까지 저장할 수 있다;
- `long int`는 2,147,483,647까지 저장할 수 있다;
- 따라서 다음 규칙을 적용할 수 있다:
- `sizeof(char) <= sizeof(short) <= sizeof(int) <=sizeof(long) <= sizeof(long long)`

이 규칙은 char가 적어도 8bit가 되어야 한다는 것과, `short int`와 `int`는 적어도 16 bit여야 한다는 것과, `long int`는 적어도 32 bit가 되어야 한다는 것을 뜻한다(각각 type의 `signed`와 `unsigned` version은 같은 크기를 가진다고 보장되어 있다.) ANSI C에서 특정 machine에서 각각 type의 최소값과 최대값은 `<limits.h>`에 정의되어 있으며, 요약하면 다음과 같다:

Base type	Min. size(bits)	Min. value(signed)	Max. value(signed)	Max. value(unsigned)
char	8	-127	127	255
short	16	−32,767	32,767	65,535
int	16	−32,767	32,767	65,535
long	32	−2,147,483,647	2,147,483,647	4,294,967,295

이 표는 표준이 보장하는 최소값들을 보여준다. 많은 implementation이 이보다 더 큰 값을 제공하지만, portable한 프로그램을 만들고 싶다면 이러한 것에 의존해서는 안된다.

어떠한 이유에서 정확한 크기가 필요한 경우라면 이런 경우로는 외부 저장배치(externally-imposed Storage layout)가 필요한 경우를 들 수 있다. 적절한 `typedef`를 쓰기 바란다.

Q 1.1 참고

프로그래밍 Q&A 6

Q 64-bit를 지원하는 컴퓨터에서 64-bit 타입을 쓸 수 있는 방법이 있나?

A 골치 아픈 문제이다. 다음과 같이 세 가지 방식으로 이 문제를 생각할 수 있다.

- 현존하는 16, 32-bit 시스템에서 세 정수 타입에서 (`short`, `int`, `long`) 두 타입이 일반적으로 같은 크기를 가진다. 64-bit 시스템에서는 세 타입이 모두 다른 크기를 가질 수 있다. 따라서 어떤 vendor들은 64-bit `long int`를 제공한다.
- 아쉽게도, 현존하는 많은 코드들이 `int`와 `long`이 같다고 예상하고 쓰여져 있거나, 둘 중 하나가 32bit라고 가정한 상태에서 쓰여져 있다. 이러한 코드를 그대로 유지시킬 수 있게 어떤 vendor들은 새로운, 비표준인 64-bit `long long` (`__longlong`, 또는 `__very long` 등) 타입을 지원한다.
- 64-bit 시스템에서 int가 64bit이어야 한다는 논의도 있었다. 왜냐하면 보통 `int`는 시스템이 표현하는 가장 자연스러운 word 크기를 가지기 때문이다.

따라서, 64-bit 타입을 쓰고자 하는 개발자는 적절한 `typedef`를 써서 코드를 작성해야 한다 (또 이식성이 높은 코드를 만들기 위해서, 16, 32-bit 시스템을 위해 64-bit를 일일히 수동으로 처리할 수 있는 코드도 만들어야 할 것이다). vendor들은 또, "정확히 64 bit인 타입"보다 (현재 C 표준에 존재하지 않는) "적어도 64 bit 이상인 타입"을 소개해야 한다.

Q 1.4 참고

프로그래밍 Q&A 7

Q 다음 코드는 왜 동작하지 않는가?

```
long int n =123456;
printf("%d\n", n);
```

A long int를 출력할 때는, 반드시 l(L의 소문자) modier를 printf 포맷에 써야 (예를 들어 %ld) 한다. 왜냐하면 printf()는 여러분이 전달한 인자의(여기서는 변수 n의 값) 타입을 알 수 있기 때문이다. 그러므로 반드시 올바른 포맷(format specIfler)을 써야 된다.

Q 12.7 참고

프로그래밍 Q&A 8

Q 문자에 해당하는 수치(ASCII 또는 다른 문자 set code) 값을 어떻게 얻을 수 있는가? 또 그 반대로 수치 값에서 그 값에 해당하는 문자를 어떻게 얻을 수 있나?

A C 언어에서 문자는(컴퓨터의 문자 셋의) 문자 코드 번호로 작은 정수로서 표현된다. 따라서 질문한 것과 같은 변환이 필요 없다; 즉 문자를 가지고 있다면, 그 자체가 값이 된다. 예를 들어, 다음 코드는:

```
int c1 ='A', c2 =65;
printf("%c %d %c %d\n", c1, c1, c2, c2);
```

ASCII를 쓰는 시스템에서, 다음과 같은 출력을 만들어 낸다:

```
A 65 A 65
```

Q 8.6 참고

프로그래밍 Q&A 9

Q float 타입의 변수에 3.1을 넣고 printf로 출력해보니 3.09999999가 나온다. 왜 그럴까?

A 대부분의 컴퓨터는 실수를 표현할 때, 내부적으로 2진수로 기록한다. 2진수에서는 0.1은 무리수로 (0.0001100110011. . .)표현된다. 따라서 3.1과 같은 수는(10진수로 볼 때에는 유리수이지만) 2진수에서는 유한한 수치로 표현될 수 없다. 여러분의 시스템에서 10진수를 2진수로 변환하는 루틴이 어떻게 작성되었느냐에 따라 다르겠지만, (특히 정밀도가 낮은 float을 쓸 경우) 대입한 수치와 출력 결과가 약간 다를 수 있다.

Q 14.1 참고

프로그래밍 Q&A 10

Q 제가 만든 실수 계산 루틴은 매우 이상한 결과를 출력하고, 또 컴퓨터가 다르면 다른 결과가 나온다.

A 문제가 간단하지 않겠지만, 디지털 컴퓨터에서 실수 처리는 정확하지 않을 수도 있다는 것을 알아두어야 한다. 언더플로우(underow)가 일어날 수도 있으며, 오차가 점점 누적될 수도 있다. 따라서 실수 연산이 정확하지 않다는 것을 기억하기 바라며, 같은 이유로 두 실수가 같은지 비교하는 것은 좋지 않다. 이런 문제는 꼭 C 언어에만 국한된 것이 아니고, 모든 프로그래밍 언어에서 발생할 수 있다. 실수에 대한 어떤 부분들은 대개 "프로세서가 어떻게 처리하느냐"에 따라 다르다. 그렇지 않는 경우라면 적절한 기능을 수행할 수 있게 하기 위해 대가가 큰 에뮬레이션을 사용한다.

Q 14.4 참고

프로그래밍 Q&A 11

Q 왜 C 언어에는 지수를 (exponentiation) 계산하는 연산자가 없을까?

A 대부분 프로세서에는 지수를 계산하는 명령(instruction)이 없기 때문이다. 대신 C 언어는 pow()라는 함수를 제공한다. 이 함수는 <math.h>에 선언되어 있다. 크기가 작고 0보다 큰 정수를 곱하는 것이 이 함수를 쓰는 것보다 더 효과적일 수도 있다.

Q 14.7 참고

연습문제

01 다음의 설명이 맞으면 ○, 틀리면 ×로 표시하시오.

- 문법 오류가 없어도 프로그램의 실행 중에 오류가 발생할 수 있다.
- main() 함수는 프로그램이 실행되면 가장 나중에 시작되는 부분이다.
- 상수는 크게 리터럴 상수와 심볼릭 상수로 구분될 수 있다.
- 정수 상수를 정수 상수로 나눈 계산 결과는 실수 상수로 자동 변환된다.

02 다음 중 심볼릭 상수를 표현하는 방법이 아닌 것은?

❶ 리터럴 상수 ❷ const 상수 ❸ 매크로 상수 ❹ 열거형 상수

03 C 언어에서 사용하는 상수가 바르게 연결된 것은?

❶ 문자열형: program ❷ 문자형: "$"

❸ 정수형: 12345 ❹ 실수형: 6723

04 간단한 출력 프로그램을 작성할 때 printf("hello world!");라는 문장이 들어갈 위치는?

```
①
#include <stdio.h>
②
void main() {
③
}
④
```

05 변수와 상수에 대한 설명 중 틀린 것은?

❶ 변수에는 오직 한 개의 상수 값만 저장할 수 있다.

❷ 변수의 이름은 사용자(프로그래머)가 정한다.

❸ 정수형 상수가 저장된 정수형 변수에 다른 정수형 상수를 저장할 수 없다.

❹ 변수의 이름을 정하는 규칙이 있다.

06 다음 중 C 언어에서 식별자로서 사용할 수 없는 것은?

❶ my_account　❷ D9916　❸ names　❹ www@mail

07 음수를 저장할 수 없는 데이터 형은?

❶ char　❷ int　❸ float　❹ unsigned int

08 다음 질문에 적절한 데이터 형을 보기에서 모두 선택하여 적으시오.

보기

`char, int, double, long, float`

- 소수점을 포함하는 실수형 값을 저장하는 데 사용하는 데이터 형은?
- 가장 큰 값을 저장할 수 있는 데이터 형은?
- 정수형 값을 저장하는 데 사용하는 데이터 형은?
- 문자형 상수를 저장하는 데 사용하는 가장 적절한 데이터 형은?

프로그래밍 연습

01 40km와 400km를 각각 마일(mile) 단위로 출력하는 프로그램을 작성하시오. 단, 1km는 0.621371마일(mile)이다.

02 어떤 건물에 엘리베이터는 최대 190kg까지 사람이 탑승할 수 있다. 김씨의 몸무게는 70kg이고, 한씨의 몸무게는 80kg라고 하자. 이 두 사람이 동시에 엘리베이터에 탑승이 가능한지 알기 위해 총 몸무게를 계산하고자 한다. 두 사람의 몸무게 합을 구하는 프로그램을 작성하시오. 단, 3개의 변수만을 사용하시오.

03 임의의 직각삼각형의 밑변은 4cm, 빗변이 5cm라고 할 때, 이 삼각형의 높이는 몇 cm인지 계산하는 프로그램을 작성하시오. 단, 3개의 변수를 선언하여 사용하시오. 힌트: 피타고라스 정리를 이용하시오.

04 반지름이 3.58인 원의 면적과 둘레의 길이를 구하는 코드를 작성하시오.

- 상수로 원주율 PI를 3.14로 정의
- 면적 공식: 반지름 * 반지름 * PI
- 둘레 공식: 2 * 반지름 * PI

05 한화 1000만 원으로 환전할 수 있는 일본 및 미국 화폐를 계산하는 코드를 작성하시오.

- 미국 1달러는 1120원으로 계산
- 일본 1엔은 11.21원으로 계산

06 10마일의 거리에 도착지점이 있고 이씨는 시작지점으로부터 150m 떨어진 지점에서 3km/h의 속도로 달리고 있다. 이씨는 몇 시간 안에 도착지점에 도착할 수 있을까?

- 1km는 0.621371마일(mile)이다.
- 시간 = 거리/속도

03 입출력과 연산자

3.1 printf() 함수

- 위키피디아 printf 참조(https://ko.wikipedia.org/wiki/Printf)
- WG14 N1570 Committee Draft — April 12, 2011 참조
(http://www.open-std.org/jtc1/sc22/wg14/www/docs/n1570.pdf)

printf() 함수는 표준 출력인 stdout(standard output)을 이용하여 출력하는 함수이다. printf()의 마지막 글자 f는 formatted의 약자로 알려져 있다. 즉, 포맷 문자열을 이용하여 서식을 지정하고, 지정한 서식대로 출력할 수 있는 함수이다. printf() 함수의 원형은 아래와 같다.

```
int printf(const char * restrict format, ...);
```

printf()함수의 리턴(반환값) 타입은 int형으로 성공적으로 출력한 문자의 개수를 의미한다. 만약 출력 과정에 에러가 발생한 경우 음수의 값을 반환한다. 괄호 안은 printf() 함수의 파라미터(매개변수)로 포맷 문자열과 출력 목록으로 구성된다. 출력 목록은 가변적이라는 의미로 '...'로 표현되어 있다. 생략하거나, 여러 개를 입력하는 것이 가능하다. 함수의 원형은 함수의 특징을 한 번에 알아볼 수 있으나, 이에 대한 방법은 추후 자세히 살펴보고, 이번 장에서는 printf() 함수 사용법을 중심으로 알아보자.

printf() 함수의 파라미터 포맷 문자열 내에 형식 지정자를 인식하여 출력 목록의 값을 순서대로 대응하여 출력한다. 아래 소스 3-1은 printf() 함수의 간단한 예제이다.

소스 3-1

```c
#include <stdio.h>
int main(void)
{
    int x =3;
    int y = x +10;
    printf("%d에 10을 더하면 %d입니다.\n", x, y);
    return 0;
}
```

출력 예

```
3에 10을 더하면 13입니다.
```

앞에서 기본적인 printf() 함수의 사용 방법을 학습했기에 이 소스 코드는 쉽게 이해가 될 것이다. 두 개의 형식 지정자 %d에 변수 x와 y의 값이 순서대로 대응하여 값이 출력되는 것을 확인할 수 있다. 왜 printf() 함수는 자칫 복잡해 보일 수도 있는 포맷 문자열을 이용해 출력하는 것일까? 그 이유는 프로그래머가 출력하고자 하는 양식을 정해 원하는 대로 출력을 제어하는 데 용이하기 때문이다. 포맷 문자열에서 형식 지정자와 제어 문자를 이용하면 출력의 결과를 프로그래머의 의도에 맞추기 쉽다. 다음 예제 소스 3-2는 형식 지정자와 제어 문자를 활용한 포맷 문자열의 예를 보여준다.

소스 3-2

```c
#include <stdio.h>
int main(void)
{
    int x = 10;
    printf("%d대에는 \"공부\"를 열심히 해야 할 시기이다.\n", x);
    return 0;
}
```

출력 예

```
10대에는 "공부"를 열심히 해야 할 시기이다.
```

해당 코드의 출력을 보면 "공부"를 출력하기 위해서 제어 문자를 이용하여 작성하였다. 큰따옴표를 출력하고자 하는 경우 큰따옴표로 둘러싸여 있는 문자열 속에 입력하는 것이 불가능하다. 만약 "%d대에는 "공부"를 열심히 해야 할 시기이다.\n"라고 입력을 했다면 이 프로그램은 에러가 발생할 것이다. “%d대에는 "와 "를 열심히 해야 할 시기이다.\n”의 두 개의 문자열을 인식하면서 정상적인 출력이 불가능해진다. 제어 문자는 포맷 문자열 내부에서 원하는 출력을 설정할 수 있도록 돕는 역할을 한다. 큰따옴표를 출력하는 것뿐만 아니라 '\n'과 같은 개행문자 등을 이용해 출력 형태를 제어할 수 있다. 제어문자는 출력의 제어를 하기 위한 용도로 사용되는 문자이다. 다음은 제어 문자들을 표로 작성해 놓은 것이다.

표 3-1 제어문자의 종류

\a	경고음(alert)	청각적 또는 시각적인 경고음 발생
\b	백스페이스	출력 위치를 직전 위치로 이동
\f	페이지 바꿈	페이지를 바꾸고 다음 페이지 맨 앞으로 이동
\n	줄 바꿈	줄 바꿈하고 다음 줄 맨 앞으로 이동
\r	캐리지 리턴	현재 줄의 맨 앞 위치로 이동
\t	수평 탭	다음 수평 탭 위치로 이동
\v	수직 탭	다음 수직 탭 위치로 이동
\\	백슬래시 \	백슬래시 출력
\'	작은따옴표 '	작은따옴표 출력
\"	큰따옴표 "	큰따옴표 출력

제어 문자 중에서 줄 바꿈과 수평 탭, 백슬래시, 작은따옴표, 큰따옴표가 일반적으로 많이 사용된다. 아래의 소스 3-3은 제어 문자를 이용한 출력 화면 제어 예제이다.

소스 3-3

```
#include <stdio.h>
int main(void)
{
    printf("Hello world\v");
    printf("SnSlab\t");
    printf("Hello daegu\n");
    printf("Hello");
    return 0;
}
```

출력 예

```
Hello world
           SnSlab   Hello daegu
Hello
```

출력 결과에서 볼 수 있듯이 수직 탭 \v과 수평 탭 \t, 줄 바꿈 \n을 이용하여 화면 출력을 제어하는 결과를 확인할 수 있다. 다음 소스 3-4는 소스 3-3과 동일한 결과를 출력하지만 단 하나의 printf() 함수를 이용한 예제이다.

소스 3-4

```
#include <stdio.h>
int main(void)
{
    printf("Hello world\vSnSlab\tHello daegu\nHello");
    return 0;
}
```

출력 예

```
Hello world
           SnSlab    Hello daegu
Hello
```

제어 문자를 이용하면 여러 줄의 printf() 함수를 이용해야 하는 문장을 하나의 문장으로 줄여서 표현할 수도 있다. 제어 문자를 잘 활용하기 바란다.

프로그래밍을 공부하다 보면 다양한 기호를 어떻게 읽어야 하는지 궁금한 경우가 있다. 표 3-2는 우리가 만날 수 있는 기호들의 이름을 정리해 놓은 것이다. 참고하기 바란다.

표 3-2 C언어에서 사용할 수 있는 기호의 종류

특수기호	영어	한국어	비고
:	Colon	콜론(쌍점)	
;	Semicolon	세미콜론(쌍반점)	
/	Slash	슬래시, 빗금	
\	Back Slash	백슬래시, 역슬래시, 역사선	\로도 사용
@	At Sign	앳 사인 또는 앳, 골뱅이표	
&	Ampersand	앰퍼샌드	앤드(and)라고도 함
'	Apostrophe	아포스트로피, 작은따옴표	
`	Grave	그레이브, 억음 부호	
-	Hyphen	하이픈, 붙임표	
<	Left Angle Bracket, Less than	레프트 앵글 브라킷, 작다, 화살괄호 열기	
>	Right Angle Bracket Bigger than	라이트 앵글 브라킷, 크다, 화살괄호 닫기	
{	Left Brace	레프트 브레이스, 중괄호 열기	
}	Right Brace	라이트 브레이스, 중괄호 닫기	
[	Left Bracket	레프트 브라킷, 대괄호 열기	
]	Right Bracket	라이트 브라킷, 대괄호 닫기	
|	Vertical Bar, Pipe	버티컬 바, 파이프, 수직선	
*	Asterisk	애스터리스크, 별표	
"	Quotation Mark	쿼테이션 마크, 쌍따옴표, 큰따옴표	
!	Exclamation Point	익스클레메이션 포인트, 느낌표	
#	Hash	해시, 샵, 우물정자	
.	Period or Dot	피리어드, 닷, 마침표, 온점	
~	Tilde	틸드, 물결표	
^	Caret	캐럿, 삿갓표, 곡절 부호	
%	Percent Sign Modulo, Remainder	퍼센트 사인, 퍼센트 모듈로, 리마인더, 나머지	
$	Dollar Sign	달러 사인	
=	Equal Sign	이퀄 사인, 등호	

3.2 형식 지정자

- WG14 N1570 Committee Draft — April 12, 2011 참조
  (http://www.open-std.org/jtc1/sc22/wg14/www/docs/n1570.pdf)

형식 지정자(conversion specifier, 변환 지정자)는 포맷 문자열 내에 위치해 뒤에 따라 오는 부가적인 인자값(argument)들과 1:1 대응하여 값을 출력할 수 있도록 하는 역할을 한다. f로 끝나는 대부분의 입출력 스트림(stream) 관련 함수들의 포맷 문자열에 사용이 가능하다. 우리가 가장 많이 쓰는 함수인 printf()와 잠시 후에 학습할 scanf()에서 주로 사용한다. 이외에도 다양한 함수에서 사용하지만 이 두 함수의 사용법과 크게 다르지 않기 때문에 printf() 함수에서의 사용 방법을 기준으로 학습해 보자. 엄밀히 말하자면 fprintf() 함수를 기준으로 설명한다. 앞서 fprintf() 함수의 파라미터 중 파일 포인터를 제외한 것이 printf()와 동일하다고 설명한 바 있다. 사실 C11 표준 드래프트 문서상에서도 fprintf에서 형식 지정자를 설명하고 있다. 형식 지정자에 대해 알아보기 위해 아래의 소스 3-5를 살펴보자.

소스 3-5

```
23 #include <stdio.h>
24 int main(void)
25 {
26     int i = 3;
27     printf("%d\n", i);
28     return 0;
29 }
```

출력 예

```
3
```

5번 라인에 printf() 함수를 포맷 문자열 "%d\n"과 변수 x를 인자값으로 호출하였다. 포맷 문자열 "%d\n"에서 %d는 형식 지정자, \n은 제어 문자이다. 여기서 %d는 10진 정수에 대응하기 위한 형식 지정자이며, 변수 x에 대응하여 변수 x의 값을 %d 위치에 출력할 수 있도록 한다. 앞에서 이미 간단한 printf() 함수 이용 방법을 살펴보았으므로 쉽게 이해할 수 있을 것이다. 이제 형식 지정자에 대해 자세히 알아보도록 하자.

일반적으로 형식 지정자는 %d와 같은 문자를 말한다. 그러나 엄밀하게 말하자면 %d는 형식 사양(conversion specification)이라고 하는 것이 맞다고 할 수 있다. 대부분의 교

재에서는 형식 사양을 형식 지정자라 부르고 있고, 대부분의 개발자들 역시 이렇게 부르고 있기에 이 책에서는 두 용어를 혼용하여 사용한다. 형식 사양은 %로 시작하는 문자열로 플래그(flag)와 필드 길이(field width), 정밀도(precision), 길이 수정자(length modifier), 형식 지정자(conversion specifier)의 순서로 나타나는 독특한 형태의 문자열이다. 따라서, %d에서 %는 형식 사양의 시작을 나타내고, d는 형식 지정자이다. %와 형식 지정자 사이에는 다양한 옵션을 선택적으로 추가할 수 있다. 따라서 형식 사양은 "%[플래그][필드 길이].[정밀도][길이 수정자]형식 지정자"로 표현할 수 있다. 아래 그림과 같이 형식 사양을 정의할 수 있다.

%[플래그][필드길이].[정밀도][길이수정자]형식지정자

`%[flags][field width].[precision][length modifier]conversion specifier`

정렬 및 부호표시 지정 | 전체 출력 폭 지정 | 소수점 아래 부분 출력 폭 지정 | 인자의 크기를 지정

그럼 이제 형식 사양에 들어가는 각각의 항목을 하나 하나 살펴보도록 하자. 먼저 플래그를 살펴보자. 플래그는 `-`와 `+`, 공백문자, `#`, `0`를 사용할 수 있다. 일반적으로는 하나의 플래그를 사용하지만, 간혹 다수의 플래그를 혼합해 사용하는 경우도 존재한다. 아래의 표는 각 플래그의 용도와 사용 방법을 설명한다.

표 3-3 플래그의 용도와 사용법

플래그	설명
-	대체될 값을 출력할 때 좌측으로 정렬 (없으면 기본값인 우측 정렬)
+	음수를 표현하는 –기호뿐만 아니라 양수에 +기호를 표시 (음수는 항상 표시)
공백문자	부호 기호(+/-)가 첫 문자가 아닌 경우, 출력 문자 앞에 공백 추가 (공백문자와 + 기호를 동시에 사용하는 경우 공백문자는 무시됨)
#	대체 형식으로 변환하여 출력 • 형식 지정자가 o인 경우, 정밀도(소수점 이하 자릿수)를 높여 첫 숫자를 0으로 맞춤. 만약 값과 소숫점 이하 숫자 모두 0인 경우 0.00이 출력 • 형식 지정자가 x 또는 X인 경우, 출력값이 0이 아니라면 접두사 0x(또는 0X)를 추가 • 형식 지정자가 a 또는 A, e, E, f, F, g, G 라면, 항상 소숫점을 출력 • 형식 지정자가 g 또는 G인 경우, 숫자 뒷부분의 0을 그대로 출력 • 이외의 형식 지정자는 정의되지 않음
0	앞쪽 공백 출력 대신 0을 출력하여 자릿수 맞춤 • 형식 지정자가 d, i, o, u, x, X, a, A, e, E, f, F, g, 또는 G 라면, 0이 공백을 대신해 출력 (- 플래그와 동시에 사용되면 무시됨) • 형식 지정자가 d, i, o, u, x, 또는 X이고, 정밀도가 지정되어 있는 경우에는 무시됨 • 이외의 형식 지정자는 정의되지 않음

처음 프로그래밍을 하는 경우 위의 플래그에 대한 내용이 어려울 수 있다. 간단하게 정리하면 아래와 같이 요약할 수 있다.

표 3-4 플래그 요약

플래그	요약
-	지정된 폭에서 좌측 정렬
+	부호 +, - 표시
0	우측 정렬의 경우, 남은 폭 0으로 채우기
#	접두사 붙이기

다음은 필드 길이와 정밀도(소숫점이하 자릿수)를 제어하는 [field width].[precision] 옵션 문자에 대해 알아보도록 하자. 필드 길이는 출력값의 전체 자릿수를 의미하고, 정밀도는 전체 자릿수 중에서 출력할 소숫점 이하 숫자의 개수를 의미한다. 다음은 길이 수정자이다. 길이 수정자는 다음의 표를 살펴보도록 하자.

표 3-5 길이 수정자의 종류

길이 수정자	설명
hh	• 형식 지정자가 d, i, o, u, x 또는 X 일 때, signed char 또는 unsigned char 인수에 적용하도록 지정(값의 범위는 형식 지정자의 범위를 따름) • 형식 지정자가 n일 때, signed char 포인터 인수에 적용
h	• 형식 지정자가 d, i, o, u, x 또는 X 일 때, short int 또는 unsigned short int 인수에 적용하도록 지정(값의 범위는 형식 지정자의 범위를 따름) • 형식 지정자가 n인 경우에는 short int 포인터 인수에 적용
l	• 형식 지정자가 d, i, o, u, x 또는 X 일 때, long int 또는 unsigned long int 인수에 적용하도록 지정 • 형식 지정자가 n인 경우에는 long int 포인터 인수에 적용
ll	• 형식 지정자가 d, i, o, u, x 또는 X 일 때, long long int 또는 unsigned long long int 인수에 적용하도록 지정 • 형식 지정자가 n인 경우에는 long long int 포인터 인수에 적용
j	• 형식 지정자가 d, i, o, u, x 또는 X 일 때, intmax_t 또는 uintmax_t 인수에 적용하도록 지정 • 형식 지정자가 n인 경우에는 intmax_t 포인터 인수에 적용
z	• 형식 지정자가 d, i, o, u, x 또는 X 일 때, size_t 또는 상응하는 부호 있는 정수형 데이터 타입 인수에 적용하도록 지정 • 형식 지정자가 n인 경우에는 size_t 포인터 인수에 적용
t	• 형식 지정자가 d, i, o, u, x 또는 X 일 때, ptrdiff_t 또는 상응하는 부호 없는 정수형 데이터 타입 인수에 적용하도록 지정 • 형식 지정자가 n인 경우에는 ptrdiff_t 포인터 인수에 적용
L	• 형식 지정자가 a, A, e, E, f, F, g 또는 G 일 때, long double 인수에 적용하도록 지정

이 표의 내용은 다소 어렵게 느껴질 수도 있다. 지금은 이런 것이 있다고 읽어보고 넘어가도록 하자. 추후 C 프로그래밍을 지속적으로 학습하고 다시 살펴보면 충분히 이해가 될 것이다. 이해를 돕기 위해 간략하게 설명하자면, hh를 형식 지정자 앞에 붙이면 char를 정수형으로 사용하는 것이고, h는 short int, l은 long int, ll은 long long int, L은 long double형으로 처리한다고 생각하면 쉽다. 그 외의 복잡한 것을 모두 이해하려고 애쓰지 않아도 좋다.

이제 마지막으로 형식 지정자에 대하여 살펴보자. 우리는 앞장의 데이터 타입을 공부하면서 정수형과 실수형, 문사형 데이터 타입에 대한 형식 지정자를 살펴보았다. 우리가 살펴본 형식 지정자 외에도 다양한 형식 지정자가 있으니 다음의 표에서 살펴보도록 하자.

표 3-6 형식 지정자의 종류

형식 지정자	설명
d, i	int형 인자를 출력하기 위한 형식 지정자로 10진 정수로 표현한다.
o, u, x, X	unsigned int형 인자를 출력하기 위한 것으로 8진수(o), 10진수(u), 16진수(x 또는 X)를 의미한다. 16진수에서 x는 출력 글자를 소문자로 출력하고, X는 대문자로 출력한다.
f, F	부동 소숫점을 대표하는 double형을 10진수로 표현한다. 정밀도가 지정되지 않으면 소숫점 이하 6자리를 기본으로 출력한다. 정밀도가 0이고 # 플래그가 명시되지 않은 경우에는 소숫점을 출력하지 않는다. 만약 소숫점을 출력하는 경우에는 최소 1자리의 숫자가 소숫점 이전에 출력된다. 소숫점 이하 출력의 마지막 숫자에서 반올림되어 출력된다. 무한을 뜻하는 inf 또는 infinity와 숫자가 아님을 뜻하는 nan을 f일때는 소문자로, F일때는 대문자로 출력한다.
e, E	부동 소숫점을 대표하는 double형을 [-]d.ddde±dd와 같은 형태의 지수로 표현한다. 정밀도가 지정되지 않으면 소숫점 이하 6자리를 기본으로 출력한다. 정밀도가 0이고 # 플래그가 명시되지 않은 경우에는 소숫점을 출력하지 않는다. 소숫점 이하 출력의 마지막 숫자에서 반올림되어 출력된다. e와 E는 지수 표현을 소문자 e로 할지 대문자 E로 할지 결정한다.
g, G	g일 때는 f와 e, G일때는 F와 E 중 값과 정밀도에 따라 보기 편한 방식을 선택하여 double 형을 표현한다.
a, A	[-]0xh.hhhh p±d와 같은 형태의 16진수 부동 소숫점으로 표현한다.
c	int형을 unsinged char로 변환하여 한 글자를 표현한다.
s	char 포인터나 char 배열 인수를 문자열로 표현한다.
p	void형 포인터 인수를 받아 주소값을 사전에 정의된 형태로 출력한다.
n	지금까지 출력 스트림으로 출력한 문자의 수를 기록하고 있는 정수에 대한 포인터이다. 실제 인수가 변환되지는 않지만, 사용된 것으로 간주한다. 플래그나 필드 길이, 정밀도가 주어지면 동작하지 않는다.
%	형식 사양의 시작을 알리는 문자이기 때문에, 출력을 위해서 정의되었다. %%로 사용하면 이는 %를 하나 출력한다. 인수는 소모되지 않는다.

정말 다양한 형식 지정자들이 존재하지만 일반적으로 사용하는 것은 몇 가지 되지 않

는다. 우선 %d와 %f, %c, %s의 사용 방법만 잘 익혀도 C 프로그래밍을 학습하는 데 큰 무리가 없다. 그럼 실제 형식 지정자를 사용하여 형식 사양이 어떻게 정의되는지 소스 코드를 보면서 확인해 보도록 하자. 먼저 아래의 표는 정수를 표현한 예이다.

표 3-7 정수형 형식 지정자 예시

형식 사양	정수	결과
%d	1004	[1][0][0][4]
%+6i	1004	[ ][ ][1][0][0][4]
%-#6o	075	[0][7][5][ ][ ][ ]
%0#6x	0x9a	[0][x][0][0][9][a]

아래의 소스 3-6은 정수형 데이터 타입 형식 지정자로 정숫값을 다양한 형태로 출력하는 예제이다.

소스 3-6

```
#include <stdio.h>
int main(void)
{
   int i = 1004;
   int j = 356;
   int k = 4856;
   printf("[%d]\n", i);            // [1004]
   printf("[%+09d]\n", i);         // [+00001004]
   printf("[%+9d]\n", i);          // [    +1004]
   printf("[%-09d]\n", i);         // [1004     ]
   printf("[%9o]\n", j);           // [      544]
   printf("[%-9o]\n", j);          // [544      ]
   printf("[%+9o]\n", j);          // [      544]
   printf("[%-9x]\n", k);          // [12f8     ]
   printf("[%+9x]\n", k);          // [     12f8]
   return 0;
}
```

출력 예

```
[1004]
[+00001004]
[     +1004]
[1004      ]
[       544]
[544       ]
[       544]
[12f8      ]
[      12f8]
```

이제 실수형 데이터 타입을 위한 형식 지정자 %f, %e, %g 등에 대해 살펴보도록 하자. %e는 실수를 지수 형태로 출력하고 %g는 실수의 정밀도에 따라 %f형식, %e 형식으로 출력해주는 지정자이다. 다음은 실수형 형식 지정자의 예시 표이다.

표 3-8 실수형 형식 지정자 예시

형식 사양	실수	결과
%f	2.8745	`2.874500`
%010.3f	2.8745	`000002.874`
%e	2.8745	`2.874500e+00`
%-12.3E	2.8745	`2.874E+00   `

아래의 소스 3-7은 실수형 데이터 타입 형식 지정자를 이용하여 다양한 형태로 실수값을 출력하는 예제이다.

소스 3-7

```c
#include <stdio.h>
int main(void)
{
    double x = 3.141592;
    printf("%f\n", x);
    printf("%12.3f\n", x);
    printf("%012.3f\n", x);
    printf("%e\n", x);
    printf("%+12.4e\n", x);
    printf("%-12.3E", x);
```

```
    return 0;
}
```

출력 예

```
3.141592
        3.142
00000003.142
3.141592e+00
 +3.1416e+00
3.142E+00
```

문자형 데이터 타입에 대한 형식 지정자는 앞 장에서 살펴본 내용과 크게 다른 내용이 없으므로 추가적인 예시는 생략한다. 마지막으로 문자열 형식 지정자인 %s에 대한 예시를 살펴보도록 하자. 문자열은 포맷 문자열에 직접 문자열을 작성하는 방법으로도 출력이 가능하지만, 추후 포인터 또는 문자 배열을 활용하여 문자열을 출력해야 하므로 형식 지정자를 활용하는 예시를 살펴보자. 아직 포인터와 문자 배열을 학습하지 않았으므로 문자열 리터럴 상수를 이용하여 출력해 보도록 하자. 아래의 소스 3-8은 형식 지정자 %s를 이용하여 문자열 리터럴 상수 인자를 출력하는 예제이다.

소스 3-8

```
#include <stdio.h>
int main()
{
    printf("운송 수단은 %s, %s, %s, %s, 등이 있다.","자동차","비행기","배","기차");
    return 0;
}
```

출력 예

```
운송 수단은 자동차, 비행기, 배, 기차, 등이 있다.
```

문자열 형식 지정자를 사용하는 형식 사양에서도 필드 길이와 정밀도를 지정하여 사용할 수 있다. 이때 필드 길이는 전체 출력하고자 하는 총 길이가 되고, 정밀도는 실제 출력할 문자의 수가 된다. 다음의 표 3-9는 이에 대한 사용 예시이다.

표 3-9 문자열 형식 지정자 예시

형식 사양	문자열	출력 결과
%s	"Hello World!!!"	`Hello World!!!`
%17.4s	"Hello World!!!"	`             Hell`
%-17.14s	"Hello World!!!"	`Hello World!!!   `
%17.12s	"Hello World!!!"	`     Hello World!`
%19.5s	"Hello World!!!"	`              Hello`

3.3 scanf() 함수

- WG14 N1570 Committee Draft — April 12, 2011 참조
  (http://www.open-std.org/jtc1/sc22/wg14/www/docs/n1570.pdf)

scanf() 함수는 표준 입력인 키보드로부터 데이터를 입력받아 변수에 저장하기 위해서 사용하는 함수이다. 표준 입력은 stdin으로 정의하며, fscanf() 함수에서 첫 번제 인자를 stdin으로 정의하면 scanf() 함수와 동일하다. printf() 함수와 마찬가지로 <stdio.h> 헤더 파일에 정의되어 있다. 아래는 scanf() 함수의 원형이다.

```
int scanf(const char *restrict format, ...);
```

printf() 함수의 원형과 유사한 형태를 보인다. 반환값은 정수형으로 입력받은 값의 수이다. 만약 첫 번째 입력 전에 에러가 발생하면 EOF를 반환한다. 입력받은 값을 정의하기 위한 포맷 문자열을 인자로 정의하고, 이후 값을 저장할 변수를 순서대로 적어주면 된다. 마찬가지로 포맷 문자열의 형식 지정자와 값을 저장할 변수는 순서대로 하나씩 대응된다. 이때 주의할 점은 값을 저장할 변수 앞에 주소 연산자 &을 붙여 주어야 한다. &을 붙여 주어 키보드로부터 입력받은 값을 해당 변수의 메모리상의 주소를 읽어 그 위치에 값을 저장하기 위함이다. 주소 연산자를 변수 앞에 붙이면 해당 변수의 메모리상의 주소를 확인할 수 있다. 아래의 소스 3-9는 scanf() 함수를 이용하여 정수 하나를 키보드로 입력받아 변수 a에 저장하고, 변수 a의 값을 화면에 출력하는 예제이다.

소스 3-9

```
01 #include <stdio.h>
02 int main(void)
03 {
04     int a;
05     scanf("%d", &a);
06     printf("입력값은 %d이다.", a);
07     return 0;
08 }
```

입력 예

```
출력 예
입력값은 10이다.
```

라인 5번은 포맷 문자열에 형식 지정자 %d를 사용하여 키보드로부터 입력받은 값을 10진 정수로 받아 들여 변수 a에 저장하라는 의미이다. 이 코드를 실행하면 사용하는 환경에 따라 경고가 발생 할 수 있다. scanf() 함수에 버퍼 오버런 문제로 인하여 보안에 취약하다는 문제를 가지고 있어 이를 해결한 scanf_s() 함수를 사용하도록 권고하는 개발 환경이 있다. 특히 비주얼 스튜디오의 경우에 이런 현상이 발생한다. 변수가 허용 가능한 크기보다 더 큰 값을 저장하려고 하는 경우에는 이런 문제가 발생한다. 이 경우에는 scanf_s() 함수를 이용하거나 소스 코드 전처리 부분에 아래의 코드를 추가하면 경고 없이 프로그램을 컴파일 하고 실행할 수 있다.

```
#define _CRT_SECURE_NO_WARNINGS
```

scanf() 함수의 첫 번째 파라미터인 형식 문자열에는 키보드로부터 입력받고자 하는 값의 데이터 타입을 형식 지정자를 통해 지정한다. 다음은 scanf의 형식 지정자들을 정리한 표이다.

표 3-10 scanf() 함수에서 사용가능한 형식 지정자 종류

형식 지정자	의미
%d	정수를 10진수로 입력
%x	정수를 16진수로 입력
%i	정수를 10진수, 8진수, 16진수로 입력
%f	float형 입력
%lf	double형 입력
%c	char형 입력
%s	문자열 입력

아래의 소스 3-10은 키보드 입력을 통하여 입력받은 값을 다양한 데이터 타입 변수에 저장하고 출력하는 예제이다.

소스 3-10

```
09 #include <stdio.h>
10 int main(void) {
11     int i;
12     double d;
13     float f;
14     char ch;
15     scanf("%c", &ch);
16     scanf("%d",&i);
17     scanf("%lf", &d);
18     scanf("%f", &f);
19     printf("10진수 %d은 16진수 %x이다.\n", i, i);
20     printf("실수형 자료형 float은 %f이다.\n", f);
21     printf("실수형 자료형 double은 %f이다.\n", d);
22     printf("입력한 문자는 %c이다.\n", ch);
23     return 0;
24 }
```

입력 예

```
C 100 3.14 6.25
```

출력 예

```
10진수 100은 16진수 64이다.
실수형 자료형 float은 6.250000이다.
실수형 자료형 double은 3.140000이다.
입력한 문자는 C이다.
```

라인 7번, 8번, 9번, 10번은 각각 char형, int형, double형, float형을 데이터를 키보드로부터 입력받아 변수 ch와 i, d, f에 저장하는 문장이다. 각 변수 앞에는 주소 연산자 &를 붙여 주었으며, 각각의 변수 데이터 타입에 맞는 형식 지정자를 사용했음을 확인할 수 있다.

다음 소스 3-11은 하나의 scanf() 함수에서 여러 개의 변수로 입력을 받는 예제이다.

소스 3-11

```
25 #include <stdio.h>
26 int main(void)
27 {
28     int i;
29     double d;
30     float f;
31     printf("세 개의 수 입력: ");
32     scanf("%d %lf %f", &i, &d, &f);
33     printf("첫 번째 입력받은 수는 %d이다.\n", i);
34     printf("두 번째 입력받은 수는 %f이다.\n", d);
35     printf("세 번째 입력받은 수는 %f이다.", f);
36     return 0;
37 }
```

입력 예

```
12 3.7 7.8
```

출력 예

```
첫 번째 입력받은 수는 12이다.
두 번째 입력받은 수는 3.700000이다.
세 번째 입력받은 수는 7.800000이다.
```

라인 7번의 `scanf()` 함수를 보면 포맷 문자열에 세 개의 형식 지정자를 사용하여 변수 `i`와 `d`, `f`에 값을 저장하고 있다. 이와 같이 하나의 `scanf()` 함수 안에서 다수의 변수에 입력받을 때는 이와 같이 작성한다. 포맷 문자열에서 각각의 형식 지정자를 공백문자로 띄어쓰기하여 작성하면, 키보드의 입력에서 스페이스바나 엔터, 탭 등의 공백문자를 기준으로 각각의 값을 구분하여 변수에 저장할 수 있다. 공백문자를 대신하여 다른 문자를 사용하는 것도 가능하지만, 일반적으로 공백문자를 가장 많이 사용한다. 공백문자를 사용하지 않는 경우에는 콤마(,)나 하이픈(-), 슬래시(/) 등을 사용하기도 하지만, 사용자가 키보드를 통해 값을 입력할 때 각각의 값을 포맷 문자열에 적어준 구분자로 구분하여 값을 입력해야 하기 때문에 오류가 발생할 가능성이 높아진다. 다음의 소스 3-12는 콤마를 구분자로 사용하여 세 개의 변수에 값을 입력받는 예제이다.

소스 3-12

```
#include <stdio.h>
int main(void)
{
    int i;
    double d;
    float f;
    printf("세 개의 수 입력: ");
    scanf("%d,%lf,%f", &i, &d, &f);
    printf("첫 번째 입력받은 수는 %d이다.\n", i);
    printf("두 번째 입력받은 수는 %.1f이다.\n", d);
    printf("세 번째 입력받은 수는 %.1f이다.", f);
    return 0;
}
```

입력 예

```
12,3.7,7.8
```

출력 예

```
첫 번째 입력받은 수는 12이다.
두 번째 입력받은 수는 3.7이다.
세 번째 입력받은 수는 7.8이다.
```

3.4 연산자

- WG14 N1570 Committee Draft — April 12, 2011 참조
  (http://www.open-std.org/jtc1/sc22/wg14/www/docs/n1570.pdf)

C 언어를 이용한 프로그래밍에서의 연산은 실제 수학에서의 연산과 유사하지만 다른 부분들이 있다. 수학에서 사용하는 연산식을 컴퓨터가 이해할 수 있는 연산식으로 만들어야 컴퓨터는 우리가 의도한 계산 결과를 얻을 수 있다. C 언어에서의 연산식은 표현식(expressions)이라고도 한다. C 언어에서는 다양한 연산을 수행하기 위한 다양한 종류의 연산자를 제공하고 있다. 수학의 덧셈, 뺄셈, 곱셈, 나눗셈 등을 위한 산술 연산자에서부터 변수에 데이터 또는 연산 결과를 저장하기 위한 대입 연산자에 이르기까지 다양한 종류의 연산자가 있다. 상당수의 연산자는 수학에서 사용하는 연산자와 유사한 형태를 가지고 있지만, 컴퓨터의 키보드를 통해 입력할 수 있는 연산 기호의 제약으로

다른 형태의 기호를 연산자로 사용하기도 한다. 수학의 연산식과 마찬가지로 프로그램의 연산식에서도 각 연산자에 따르는 우선순위가 존재하며, 그 우선순위에 따라 연산의 순서가 정해지기 때문에 다양한 연산자의 종류와 그 우선순위를 기억하고 정확한 연산식을 만들 수 있어야 한다. 또한, 프로그램 내에 존재하는 다양한 연산을 읽고 이해할 수 있어야 소스 코드를 정확하게 이해할 수 있다. 이제 우리는 다양한 연산자의 종류와 각 연산자의 연산 수행, 우선순위, 결합법칙 등을 알아보도록 하자.

우선 C 언어에서 사용하는 연산식에 대해 알아보도록 하자. 아래의 그림은 C 언어로 작성한 프로그램에서 사용되는 연산식의 예를 보여주고 있다.

```
1 + 2;                          //덧셈 연산의 결과는 정숫값
x < 30;                         //비교 연산의 결과는 1(참) 또는 0(거짓)
3.14;                           //실수형 상수
'a';                            //문자 상수
x;                              //변수 x도 값이 있다면 수식
printf("Hello World!!!");       //출력한 문자의 개수 리턴
```

연산식은 항상 값을 가지고 있다. 각각의 연산식 계산 결과를 우리는 대푯값 또는 결과값 이라고 한다. 변수와 상수도 하나의 연산식으로 볼 수 있으며, 함수의 호출도 반환값이 있는 경우 값을 가지므로 연산식으로 볼 수 있다. 하나의 연산식은 다시 여러 개의 연산식으로 구성할 수 있다. 이러한 연산식은 연산자(operator)와 피연산자(operand)로 구성된다. 연산자의 종류에 따라 하나 이상의 피연산자를 필요로 한다. 하나의 피연산자를 필요로 하는 연산자를 단항(unary) 연산자라고 하며, 두 개의 피연산자를 필요로 하는 연산자를 이항(binary) 연산자라고 한다. 세 개의 피연산자를 필요로 하는 경우에는 삼항(ternary) 연산자라고 한다. 먼저 아래의 그림을 살펴보자.

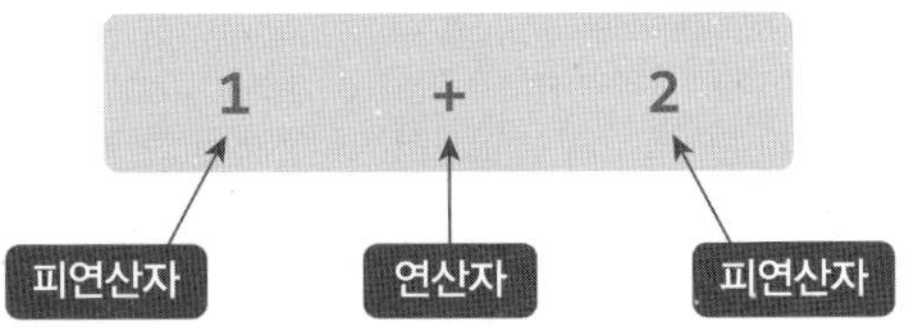

이 연산식에서 +는 연산자, 1과 2는 피연산자이다. 덧셈을 수행하는 + 연산자는 두 개의 피연산자의 값을 더하는 역할을 하므로, 이항 연산자이다. 1의 값과 2의 값을 더하는 이 연산식의 대푯값은 3이 된다. 아래의 표는 연산자를 피연산자 개수에 따라 연산자를 표로 분류한 것이다.

표 3-11 피연산자 개수에 따른 연산자의 종류

피연산자 개수에 따른 연산자의 종류		연산자
단항 연산자		+, -, ++, --, !, *, &, ~, sizeof
이항 연산자	산술	+, -, *, /, %
	대입	=, +=, -=, *=, /=, %=, >>=, <<=, &=, |=, ^=
	관계	>, <, >=, <=, ==, !=
	논리	&&, ||
	비트	&, |, ^, <<, >>
삼항 연산자		? :

세 개의 피연산자를 필요로 하는 삼항 연산자는 단 한 가지밖에 없으며, 대부분의 연산자는 이항 연산자이다. 이중 동일한 기호가 단항 연산자와 이항 연산자에 모두 속하는 것을 확인할 수 있다. 이는 피연산자의 개수에 따라서 연산자의 역할이 달라진다. 예를 들어 -의 경우, 단항 연산자로 사용하면 음수 기호의 역할을 하지만, 이항 연산자로 사용하는 경우에는 뺄셈을 수행하는 연산자가 된다. 아래의 표는 다양한 연산자를 역할을 기준으로 분류한 표이다.

표 3-12 역할 기준으로 분류한 연산자의 종류

연산자의 종류	연산자
산술 연산자	(이항)+, -, *, /, %, (단항)+, -
증감 연산자	(전위)++, (후위)++, (전위)--, (후위)--
관계 연산자	>, <, >=, <=, ==, !=
논리 연산자	&&, ||, !
비트 연산자	&, |, ^, ~, <<, >>
대입 연산자	=, +=, *=, /=, %=, &=, |=, ^=, <<=, >>=
멤버 접근 연산자	*, &, [], ., ->
그 밖의 연산자	? :, ,, sizeof, ()

위 표에서 보는 바와 같이 C 언어에서는 산술 연산을 위한 산술 연산자와 증감 연산자, 관계 연산자, 논리 연산자, 비트 연산자, 대입 연산자, 멤버 접근 연산자 등을 제공하고 있다. 그럼 이제 각각의 연산자 종류에 따라 차례대로 학습해 보도록 하자.

산술 연산자

산술 연산자는 더하기(+)와 빼기(-), 곱하기(*), 나누기(/)의 사칙연산과 함께 나머지(%)와 음수와 양수를 표현하는 부호 등이 포함된다. 아래의 표는 각 연산자의 사용 예시를

보여주고 있다. 아래의 예시에서 변수 x의 값은 10, y의 값은 4라고 가정하자.

표 3-13 산술 연산자의 역할 및 사용 예시

산술 연산자	역할	산술 연산식 예시	연산 결과
+ (단항)	양수 부호	+x	10
- (단항)	음수 부호	-x	-10
+	더하기	x + y	14
-	빼기	x - y	6
*	곱하기	x * y	40
/	나누기	x / y	2
%	나머지 연산	x % y	2

+와 -가 단항 연산자로 피연산자 앞에 사용된 경우에는 양수와 음수를 나타내는 부호의 역할을 수행하는 부호 연산자가 된다. 반면, 두 개의 피연산자를 사용하는 이항 연산자로 사용하는 경우에는 덧셈과 뺄셈을 수행하는 산술 연산자가 된다. 대부분의 연산식 예시와 연산 결과는 자연스럽게 이해될 것이다. 하지만, 나누기와 나머지 연산을 수행하는 /와 %의 연산 결과가 잘 이해되지 않을 것이다. 우리가 아는 나눗셈은 ÷기호를 사용한다. 하지만 키보드로 이 기호를 입력할 수 없기 때문에 / 기호를 나눗셈 연산자로 사용한다. x / y는 각 변수의 값을 대입하면 10 / 4가 된다. 따라서, 우리가 아는 수학으로는 2.5의 값이 나와야 할 것 같지만, 연산 결과는 2가 나온다. 그 이유는 변수 x와 y의 값이 10과 4로 모두 정수이기 때문이다. 정수와 정수 사이의 연산의 결과는 항상 정수가 나올 수 밖에 없다. 따라서 2.5는 정수가 아닌 실수이기 때문에 정수 부분인 2만 결과가 되는 것이다. x % y의 연산식에서 %는 나머지를 구하는 연산자로 나머지(remainder) 연산자 혹은 모듈러(Modular) 연산자라고 한다. 이는 우리가 초등학교 저학년때 배운 나눗셈과 유사하다고 생각하면 된다. 그 때 당시의 나눗셈의 결과는 몫과 나머지였다. 정수와 정수 사이의 나눗셈에서는 몫을 구하고, 나머지 연산자를 통해 나머지를 구할 수 있다. 따라서 10 % 4는 10을 4로 나눈 나머지가 2이므로 2의 결과값을 갖는다. 나머지 연산자는 실수는 계산이 불가능하기 때문에 피연산자로 정수만을 가질 수 있다.

산술 연산자에서는 정수와 실수를 산술 연산하기 위해 사용될 수 있다. 그 중 정수에 대해서 사용할 때 나누기 연산자와 나머지 연산자에 대하여 조심해야 한다. 예로 나누기 연산자를 사용할 때, 두 피연산자 모두 정수일 때, 몫도 정수가 된다. 쉽게 말해 수학에서는 11 ÷ 4을 계산하면 약 2.75의 결과가 나오지만 C 프로그램에서는 11/4의 연산 결과는 2로 나오게 된다. 나머지 연산자는 피연산자가 모두 정수인 경우에만 사용할 수 있다. 아래의 그림은 두 정수를 나누기 연산자, 나머지 연산자로 계산한 결과를 보여준다. 아래의 소스 3-13은 정수와 실수를 이용한 나누기와 나머지 연산의 차이를 보여주는 예제이다.

소스 3-13

```
#include <stdio.h>
int main(void)
{
    int a = 11;
    int b = 4;
    double x = 11;
    double y = 4;
    printf("정수형 자료형을 피연산자로 나누기 연산: %d\n",a/b);
    printf("실수형 자료형을 피연산자로 나누기 연산: %f\n", x/y);
    printf("정수형 자료형을 피연산자로 나머지 연산: %d\n", a%b);
    return 0;
}
```

출력 예

```
정수형 자료형을 피연산자로 나누기 연산: 2
실수형 자료형을 피연산자로 나누기 연산: 2.750000
정수형 자료형을 피연산자로 나머지 연산: 3
```

이 코드에서 보는 바와 같이 정수 사이의 나눗셈은 정수의 결과인 2가, 실수 사이의 나눗셈은 실수인 2.75가 출력되는 것을 확인할 수 있다. 다음의 소스 3-14는 두 개의 정수를 입력받아 다양한 산술 연산을 수행하는 예제이다.

소스 3-14

```c
#include <stdio.h>
int main(void) {
    int a, b;
    scanf("%d %d", &a, &b);
    printf("+%d = %d\n", a, +a);
    printf("-%d = %d\n", a, -a);
    printf("%d + %d = %d\n", a, b, a + b);
    printf("%d - %d = %d\n", a, b, a - b);
    printf("%d / %d = %d\n", a, b, a / b);
    printf("%d * %d = %d\n", a, b, a * b);
    printf("%d %% %d = %d\n", a, b, a % b);
    return 0;
}
```

입력 예 1

```
4 5
```

출력 예 1

```
+4 = 4
-4 = -4
4 + 5 = 9
4 - 5 = -1
4 / 5 = 0
4 * 5 = 20
4 % 5 = 4
```

입력 예 2

```
4 0
```

출력 예 2

```
+4 = 4
-4 = -4
4 + 0 = 4
4 - 0 = 4
Floating point exception
```

이 프로그램을 실행할 때에는 한 가지 주의할 점이 있다. 나눗셈과 나머지 연산을 수행할 때에 나누는 수로 0을 사용할 수 없다는 것이다. 0으로 숫자를 나눌 수 없기 때문에 만약 두 번째 변수의 입력값으로 0을 입력하면 프로그램은 에러 메시지를 출력하게 된다.

정수와 정수 사이의 연산은 항상 결과값이 정수가 나온다. 정확하게 다시 설명하자면 데이터 타입에 따라 결과가 결정된다는 의미이다. char형 정수와 char형 정수의 연산 결과는 항상 char형 정수가 나오는 것이다. 만약 char형 정수와 int형 정수의 연산 결과는 어떻게 될까? 이 경우에는 두 데이터 타입 중에 보다 큰 수 또는 정밀한 수를 저장할 수 있는 데이터 타입으로 결과가 생성된다. 즉, 보다 큰 데이터 타입인 int형 정수로 결과값이 결정된다. 정수와 실수 연산 사이에서도 이 규칙이 적용된다. 4바이트의 동일한 크기를 갖는 int형 값과 float형 값의 연산 결과는 float형 값이 된다. float형이 보다 크거나 정밀한 값을 표현할 수 있는 데이터 타입이기 때문이다. 처음 프로그래밍을 시작하는 사람들에게는 이러한 법칙이 잘 이해하지 못해 프로그래밍 과정에서 많은 실수를 저지르고는 한다. 반드시 보다 크거나 정밀한 데이터 값으로 결과값이 도출된다는 사실을 기억하기 바란다. 단, 피연산자의 데이터 타입을 벗어나는 값을 도출할 수는 없다.

실제 프로그램에서 연산이 수행되는 경우에는 적은 값을 표현하는 데이터 타입을 보다 큰 값이나 정밀한 값을 표현하는 데이터 타입의 값으로 변환이 된 후에 연산이 수행된다. 즉, double형 수와 int형 수의 연산은 int형 수가 double형 수로 변환되어 연산이 수행된다. 아래의 예시는 연산 수행 시에 데이터 타입의 변화가 어떻게 이루어지는지 보여준다.

```
1.25 * 3              // double + double
1.25 + 0.5F           // double + double
1.25F / 2             // float / float
'a' + 10L             // long + long
short x = 100;
123U - x              // unsigned int - unsigned int로 처리
123U + 1234567LL      // long long + long long으로 처리
```

이러한 법칙은 비단 산술 연산자 뿐만 아니라 int형 연산으로 정의되어 있는 일부 연산자를 제외하고 대부분의 연산자에 공통적으로 적용된다. 비트 연산자 등과 같이 int형 연산으로 정의되어 있는 연산자는 모두 int형으로 변환되어 연산이 수행된다. 아래의 소스 3-15는 부호 연산자를 사용하는 경우, int형으로 변환되어 연산이 수행되는 예제이다.

소스 3-15

```c
#include <stdio.h>
int main(void)
{
    short a = 10;
    printf("+a의 크기는 %d이다.\n", sizeof(+a));
    printf("-a의 크기는 %d이다.\n", sizeof(-a));
    return 0;
}
```

출력 예

```
+a의 크기는 4이다.
-a의 크기는 4이다.
```

short형의 크기는 2바이트이다. short형 값이 단항 연산자의 피연산자라면 int형으로 변환되며, 크기가 4바이트가 된다. int형으로 변환되어 연산이 수행되는 추가적인 예는 해당 연산자에서 다시 살펴보도록 하자. 아래의 소스 3-16은 정수와 실수 사이의 연산의 결과를 확인해 보는 예제이다.

소스 3-16

```c
#include <stdio.h>
#define PI 3.141592
int main(void)
{
    int r;
    double area, perimeter;
    scanf("%d", &r);
    area = PI * r * r;
    perimeter = PI * r * 2;
    printf("원의 면적은 %.3f이다.\n", area);
    printf("원의 면적은 %.3f이다.\n", perimeter);
    return 0;
}
```

입력 예

```
12
```

출력 예

```
원의 면적은 452.389이다.
원의 둘레는 75.398이다.
```

반지름 값을 키보드로부터 입력받아 정수형 변수 r에 저장한 후 원의 둘레와 면적을 계산하는 프로그램이다. 매크로 상수 PI의 값이 3.141592이므로 double형으로 인식되며, 따라서 모든 연산은 double형으로 연산이 수행되어 결과가 출력되는 것을 확인할 수 있다. 이때 변수 r의 값이 int형에서 double형으로 변하는 것을 형변환(cast)이라고 한다. 여기에서의 형변환은 작은 데이터 타입에서 큰 데이터 타입으로 변하는 것이기에 데이터의 값이 손실될 염려가 없다. 이러한 형변환은 데이터가 손실될 염려가 없어 컴파일러가 자동으로 형변환을 처리해 준다. 이러한 형태의 형변환을 자동 형변환 또는 묵시적(implicit) 형변환이라고 한다. 암시적 형변환이라고도 한다.

증감 연산자

증감 연산자는 피연산자를 1 증가하는 증가 연산자와 1 감소하는 감소 연산자 두 가지가 있는데, 모두 단항 연산자이다. 이 증감 연산자는 연산자의 위치에 따라 다시 전위(prefix, 전치) 연산자와 후위(postfix, 후치) 연산자로 나누어진다. 부호 연산자와 같이 피연산자의 앞에 사용하는 경우에는 전위 연산자라고 하고, 피연산자의 뒤에 위치한 단항 연산자를 후위 연산자라고 한다. 증감 연산자는 전위와 후위 모두 사용이 가능한데, 위치에 따라 연산의 결과가 달라지기 때문에 주의를 기울일 필요가 있다. 전위와 후위에 따른 증감 연산자의 연산의 특징은 아래의 표와 같다.

표 3-14 증감 연산자의 특징과 의미

증감 연산자	의미
++x	피연산자의 값을 1 증가시킨 후 연산 진행
x++	연산을 먼저 수행 후, 피연산자의 값 1 증가
--x	피연산자의 값을 1 감소시킨 후 연산 진행
x--	연산을 먼저 수행 후, 피연산자의 값 1 감소

전위 연산자를 사용한 ++x와 후위 연산자를 사용한 x++를 수행하면 두 경우 모두 x의 값은 1 증가한다. 그러나 이 연산식이 다른 연산에 사용하게 되는 경우 이 연산의 대푯값은 각각 다르다. x의 값이 5라고 할 때, ++x의 대푯값은 6이고 x++의 대푯값은 5이다. x의 값은 둘 다 6이다. 그 이유는 전위 연산자를 사용하는 경우에는 증감의 결과가 대푯값에 적용되지만, 후위 연산자는 증감 이전의 값이 대푯값이 되기 때문이다. 따라서, 증감 연산자를 사용할 때에는 다른 연산에 영향을 줄 수 있으므로 주의를 기울일 필요가 있다. 특히, 여러 개의 증감 연산식을 하나의 연산식에 작성하는 경우, 그 결과를 예측하기가 상당히 어려워지므로 가급적 분리하여 연산식을 사용할 것을 추천한다. 일부 연산식의 경우 IDE 또는 컴파일러에 따라 각기 다른 결과를 가지기도 하므로 주의가 필요하다. 아래

의 소스 3-17은 전위 증감 연산자와 후위 증감 연산자의 차이를 보여주는 예제이다.

소스 3-17

```
01 #include <stdio.h>
02 int main(void) {
03     int i = 5;
04     double d = 1.5;
05     printf("%d\n", i++);
06     printf("%d\n", i);
07     printf("%d\n", --i);
08     printf("%d\n", i);
09     printf("%f\n", d--);
10     printf("%f\n", d);
11     printf("%f\n", ++d);
12     printf("%f\n", d);
13     return 0;
14 }
```

출력 예

```
5
6
5
5
1.500000
0.500000
1.500000
1.500000
```

라인 5번은 후위 증가 연산자를 사용한 결과를 확인할 수 있다. 라인 6번에서는 후위 증가 연산 수행 이후 변수 `i`의 값이 어떻게 변경되었는지 확인할 수 있다. 후위 증가 연산자를 사용할 때 `i`의 값은 `1` 증가하여 6이 되었지만, 해당 연산식의 대푯값은 기존의 값 5를 유지하고 있음을 확인할 수 있다. 이어 라인 7번과 8번은 전위 감소 연산자를 사용한 예를 확인할 수 있다. 이 경우에는 연산 수행 결과와 대푯값이 모두 동일하게 5가 된 것을 확인할 수 있다. 그 이후의 문장은 `double`형 변수에 증감 연산자를 사용한 예를 확인할 수 있다.

대입 연산자

대입 연산자는 변수에 값을 할당 또는 대입하기 위해 사용하는 이항 연산자로 `=` 기호를 사용한다. =는 수학에서 같다라는 의미로 사용하지만 C 언어에서는 대입 연산자로 사용한다는 것을 기억해야 한다. = 연산자의 좌측에 위치한 피연산자를 l-value라고 하고, 우측에 위치한 피연산자를 r-value라고 한다. 쉽게 좌변과 우변이라고 하자. 대입 연산자의 우변에는 다양한 연산식을 사용할 수 있으나, 좌변에는 단 하나의 변수만 사용할 수 있다. 좌변에 연산식을 사용하면 우변의 값을 대입할 변수를 명확하게 확인할 수 없기 때문에 컴파일 에러를 발생한다. 대부분의 연산자는 일반적으로 좌측에서 우측으로 연산을 수행한다. 그러나 대입 연산자는 우측에서 좌측으로 연산을 수행한다. 하나의 연산식에 여러 개의 대입 연산자가 있는 경우, 연산자의 결합 법칙이 우에서 좌의 순서이므로 주의해야 한다. 반드시 하나의 변수를 좌변에 기입해야 한다. 아래의 예는 대입 연산자의 바른 예와 그른 예를 설명하고 있다.

표 3-15 대입 연산자의 사용 예시

바른 예	`int exch_rate = 1024, dollar = 100;`
	`int won = 0;`
	`won = dollar * exch_rate;`

그른 예	`10 = y;            // 10은 변수가 아니므로 컴파일 에러`
	`x + 1 = x;         // x + 1은 변수가 아니므로 컴파일 에러`
	`printf("xyz") = 10; // printf("xyz")는 변수가 아니므로 컴파일 에러`

C 언어에는 다른 연산자와 함께 연결하여 사용하는 축약 대입 연산자가 있다. a=a+b와 같은 형태의 연산을 간단하게 작성하기 위하여 a+=b와 같은 형태로 작성할 수 있다. 이때 +=는 축약 대입 연산자이다. 아래의 표는 축약 대입 연산자의 종류와 의미를 설명하고 있다.

표 3-16 축약 대입 연산자의 종류와 의미

축약 대입 연산자의 예	동일한 결과의 연산식
a+=b	a=a+b
a-=b	a=a-b
a*=b	a=a*b
a/=b	a=a/b
a%=b	a=a%b
a&=b	a=a&b
a|=b	a=a|b
a^=b	a=a^b
a<<=b	a=a<<b
a>>=b	a=a>>b

다음의 소스 3-18은 다음은 대입 연산자를 이용한 예제이다.

소스 3-18

```c
#include <stdio.h>
int main(void)
{
    int images = 523;
    int pages = 0;
    int imagePerPage = 4;
    pages = images / imagePerPage;
    images %= imagePerPage;
    printf("%d페이지 출력 후 %d개의 이미지가 남았네요.\n", pages, images);
    return 0;
}
```

출력 예

```
130페이지 출력 후 3개의 이미지가 남았네요.
```

관계(비교) 연산자

관계(비교) 연산자는 이항 연산자로 두 개의 피연산자의 값을 비교하여 참(true)인지 거짓(false)인지를 판단한다. C 언어에서는 참(true)은 `1`로 표현하고, 거짓(false)은 `0`으로 표현한다. 값으로 참/거짓을 판단할 때에는 각 데이터 타입의 `0`에 해당하는 모든 값은 거짓으로 판단하고, 그 이외의 모든 값은 참으로 판단한다. 관계 연산자는 두 피연산자의 값이 같은지, 다른지, 큰지, 작은지 등을 확인할 수 있다. 아래의 표는 관계 연산자의 예와 의미, 결과를 보여준다. 소스 3-19는 각각의 관계 연산자의 실행 예제이다.

표 3-17 관계 연산자의 종류와 의미

관계 연산자 예	의미	결과
a==b	a와 b가 같은가?	1(참) 또는 0(거짓)
a!=b	a와 b가 다른가?	1(참) 또는 0(거짓)
a>b	a가 b보다 큰가?	1(참) 또는 0(거짓)
a<b	a가 b보다 작은가?	1(참) 또는 0(거짓)
a>=b	a가 b보다 크거나 같은가?	1(참) 또는 0(거짓)
a<=b	a가 b보다 작거나 같은가?	1(참) 또는 0(거짓)

소스 3-19

```c
#include <stdio.h>
int main(void) {
    int in1, in2;
    scanf("%d %d", &in1, &in2);
    printf("%d == %d: %d\n", in1, in2, in1==in2);
    printf("%d != %d: %d\n", in1, in2, in1!=in2);
    printf("%d > %d: %d\n", in1, in2, in1>in2);
    printf("%d < %d: %d\n", in1, in2, in1<in2);
    printf("%d >= %d: %d\n", in1, in2, in1>=in2);
    printf("%d <= %d: %d\n", in1, in2, in1<=in2);
    return 0;
}
```

입력 예

```
3 5
```

출력 예

```
3 == 5: 0
3 != 5: 1
3 > 5: 0
3 < 5: 1
3 >= 5: 0
3 <= 5: 1
```

사용자가 입력한 두 개의 정수의 값을 다양한 관계 연산자를 활용하여 비교해 결과를 출력한다. `0`이 출력되면 거짓, `1`이 출력되면 참이다.

논리 연산자

논리 연산자는 참과 거짓을 이용한 논리 연산인 &&(AND)와 ||(OR), !(NOT) 세 가지가 있다. 이항 연산자인 &&와 ||, 단항 연산자인 !를 통해 논리적인 연산식을 만들 수 있다. 다음의 표는 각 논리 연산자에 대한 설명이다.

표 3-18 논리 연산자의 종류 및 설명

논리 연산자	설명
a && b	a와 b가 둘 다 참이면 참(1), 그 외엔 모두 거짓(0)
a || b	a와 b가 둘 다 거짓이면 거짓(0), 그 외엔 모두 참(1)
!a	a가 거짓이면 참(1), a가 참이면 거짓(0)

논리 연산자의 연산 결과는 참(1) 또는 거짓(0)이다. 결과가 참이면 1을, 거짓이면 0이 연산식의 대푯값이 된다. 논리 연산을 위해 변수의 참/거짓을 판단할 때에는 각 변수의 데이터 타입에 해당하는 0의 값은 거짓으로, 그 외의 모든 값은 참으로 간주한다. 각 데이터 타입에 해당하는 0의 값이란, 정수형은 0, 실수형은 0.0, 문자형은 '\0'(널문자, null)이다. 각 논리 연산자를 이용한 논리 연산식의 연산 예시는 아래의 표와 같다.

표 3-19 논리 연산자의 예시

A	B	A&&B	A||B	!A	!B
0	0	0	0	1	1
0	1	0	1	1	0
1	0	0	1	0	1
1	1	1	1	0	0

이와 같은 논리 연산자를 실제 C 프로그램에서 살펴보자. 아래의 소스 3-20는 논리 연산자 예제이다.

소스 3-20

```
01 #include <stdio.h>
02 int main(void)
03 {
04     char ch ='t';
05     int i = 10;
06     printf("%c는 c보다 크고 w보다 작다.: %d\n", ch, (ch>'c') && (ch<'w'));
07     printf("%d은 5보다 작거나 100보다 크다.: %d\n", i, (i<5) || (i>100));
08     return 0;
09 }
```

출력 예

```
t는 c보다 크고 w보다 작다.: 1
10은 5보다 작거나 100보다 크다.: 0
```

라인 6번은 char형 변수 ch의 값이 'c'보다 크면서 'w'보다 작은지 확인한다. 맞다면 1을 아니라면 0을 출력한다. 문자의 비교는 문자의 아스키 값을 기준으로 비교한다. 라인 7번은 int형 변수 i의 값이 5보다 작거나 100보다 크면 1을, 아니라면 0을 출력한다.

논리 연산자를 이용하여 연산식을 만들 때에는 한 가지 주의할 점이 있다. 바로 단축 평가(short circuit evaluation)이다. 컴파일러는 이항 논리 연산자의 좌변을 평가했을 때

논리 연산의 결과를 알 수 있는 경우, 우변을 평가하지 않는데 이것을 단축 평가라고 한다. 만약, a && b의 연산식에서 a가 거짓이라고 한다면, 어떠한 경우에도 이 연산식은 참이 될 수 없다. 따라서 b의 값을 확인하지 않는다. 만약, b의 위치에 변수가 아니라 또 다른 연산식이 있는 경우에는 해당 연산 자체가 수행되지 않는다. 다시 예를 들어, --a || b++과 같은 연산식에서 a의 값이 2인 경우 --a의 연산을 수행하면 a의 값이 1이 되며, 대푯값도 1이기 때문에 참이 된다. 그러면, --a || b++ 연산식의 대푯값은 항상 참이 되므로, 우변의 연산식을 수행할 필요가 없어져서 수행하지 않는다. 이 연산 수행 후 b의 값은 증가하지 않기 때문에 프로그래머의 의도와 다른 실행 결과를 보일 수 있다. 이러한 논리 연산자의 단축 평가를 이해하고 프로그래밍해야 소스 코드의 논리적인 오류를 최소화 할 수 있다. 가능하다면 논리 연산자를 사용하는 경우, 좌변과 우변의 연산식으로 값이 변경되는 경우는 미리 연산을 수행하고 변수에 저장하여 사용하는 것이 좋겠다. 아래의 소스 3-21은 단축 평가로 인한 연산 미수행 예제이다.

소스 3-21

```
01 #include <stdio.h>
02 int main(void)
03 {
04     int a = 1;
05     int b = 0;
06     printf("%d\n", --a && ++b);
07     printf("%d\n", --a || ++b);
08     printf("a = %d, b = %d\n", a, b);
09     return 0;
10 }
```

출력 예

```
0
1
a = -1, b = 0
```

라인 6번과 7번의 논리 연산식은 모두 단축 평가로 인해 우변의 연산식이 수행되지 않는다. 따라서 결과를 보면 변수 a의 값은 두 번 감소하였으나, 변수 b의 값은 전혀 변경되지 않음을 확인할 수 있다. 그럼 위의 소스 3-20의 코드를 단축 평가가 되더라도, 변수 b의 값이 증가할 수 있도록 변경해 보자.

코딩 3-1

소스 3-21의 코드에서 논리 연산의 단축 평가로 인하여 변수 b의 값이 증가하지 않는 문제를 아래의 빈칸을 채워 해결하시오.

```
#include <stdio.h>
int main(void)
{
    int a = 1;
    int b = 0;
    _______;
    _______;
    printf("%d\n", a && b);
    _______;
    _______;
    printf("%d\n", a || b);
    printf("a = %d, b = %d\n", a, b);
    return 0;
}
```

출력 예

```
0
1
a = -1, b = 2
```

비트 연산자

비트(bitwise) 연산자는 int형 정수를 2진수의 비트 단위로 연산을 수행하는 연산자이다. 비트 연산자에는 비트 단위로 논리 연산을 수행하는 비트 논리 연산자와 비트 단위로 자릿수를 이동하는 비트 이동(shift) 연산자가 있다. 비트 논리 연산자 중 단항 연산자인 ~를 제외하고는 모두 이항 연산자이다. ~는 각 비트 단위로 NOT 연산을 수행한다. 비트 논리 연산자에는 비트 NOT 연산자인 ~ 외에도 비트 AND 연산자인 &와 비트 OR 연산자인 |, 비트 XOR 연산자인 ^가 있다. 비트 이동 연산자에는 좌측으로 자릿수를 옮기는 << (left shift) 연산자와 우측으로 자릿수를 옮기는 >> (right shift) 연산자가 있다. 각각의 연산자의 동작은 다음의 표 3-20을 참조하자.

표 3-20 비트 연산자의 구분 및 설명

구분	비트 연산자	설명
비트 이동 연산자	x << y	x의 각 비트를 y만큼 왼쪽으로 이동
	x >> y	x의 각 비트를 y만큼 오른쪽으로 이동
비트 논리 연산자	x & y	x와 y의 각 비트 단위로 논리 AND 연산
	x | y	x와 y의 각 비트 단위로 논리 OR 연산
	x ^ y	x와 y의 각 비트 단위로 논리 XOR 연산
	~x	x의 각 비트 단위로 논리 NOT 연산

비트 NOT 연산자 `~`는 각 비트의 값이 `0`이면 `1`로, `1`이면 `0`으로 바꾸어 주는 역할을 한다. 비트 AND 연산자 `&`는 두 개의 피연산자의 각 비트값을 비교하여 둘 다 `1`이면 `1`, 아니면 `0`을 각 자리마다 출력한다. 비트 OR 연산자 `|`는 두 개의 피연산자의 각 비트값을 비교하여 둘 다 `0`이면 `0`, 아니면 `1`을 각 자리마다 출력한다. 비트 XOR 연산자인 `^`는 두 개의 피연산자의 각 비트값이 다르면 `1`, 같으면 `0`의 값을 각 자리마다 출력한다. 비트 논리 연산자는 정수형 데이터 타입만 피연산자로 사용할 수 있다. 기본적으로는 `int`형으로 연산이 수행된다고 생각하자. 아래는 비트 AND 연산자의 사용 방법과 연산 수행 과정을 설명하고 있다.

```
int x = 0x39;
int y = 0x1f;
int z = x & y;
```

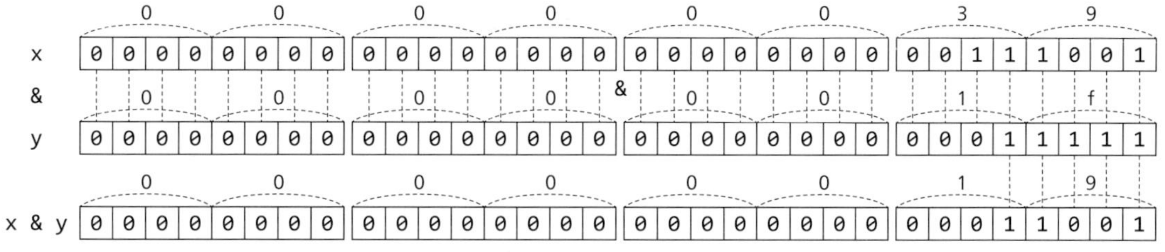

`int`형 변수의 같은 자리의 비트끼리 AND 연산을 수행한다. `0x39`(16진수 `39`)와 `0x1f`(16진수 `1f`)를 비트 AND 연산한 대푯값은 `0x00000019`(16진수 `19`)가 된다. 같은 자리의 비트끼리 연산을 수행하는 것을 알 수 있다. 그럼 이번엔 비트 OR 연산자의 사용 방법과 연산 수행 과정을 알아보자.

```
int x = 0x39;
int y = 0x1f;
int z = x | y;
```

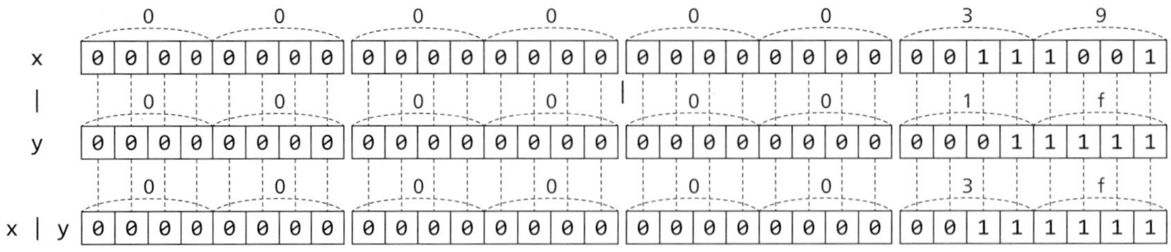

int형 변수의 같은 자리 비트끼리 OR 연산을 수행한다. 0x39와 0x1f를 비트 OR 연산한 대푯값은 0x0000003f가 된다. 두 개의 피연산자에서 같은 자리의 비트 중 하나라도 1이라면 결과 비트는 1이 된다. 이번에는 비트 XOR 연산자에 대해 알아보자.

```
int x = 0x39;
int y = 0x1f;
int z = x ^ y;
```

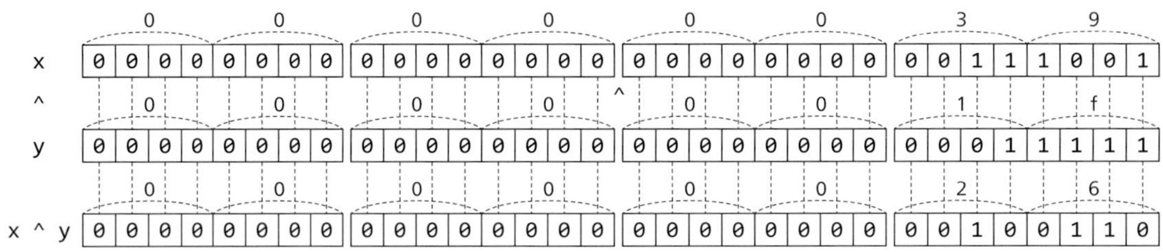

비트 XOR 연산자는 두 피연산자의 같은 자리 비트끼리 XOR 연산을 수행한다. XOR는 배타적 논리합(exclusive or)의 뜻으로 두 값이 같으면 0, 다르면 1을 출력하는 연산이다. 0x39와 0x1f를 비트 XOR 연산한 대푯값은 0x00000026이 된다. 두 피연산자의 같은 자리 비트가 서로 다른 비트, 즉 한쪽은 0이고 한쪽은 1인 경우 결과 비트가 1이 나오며, 아닌 경우 0이 나온다. 이제 마지막 비트 논리 연산자인 비트 NOT 연산자를 확인해 보자.

```
int x = 0x39;
int z = ~x;
```

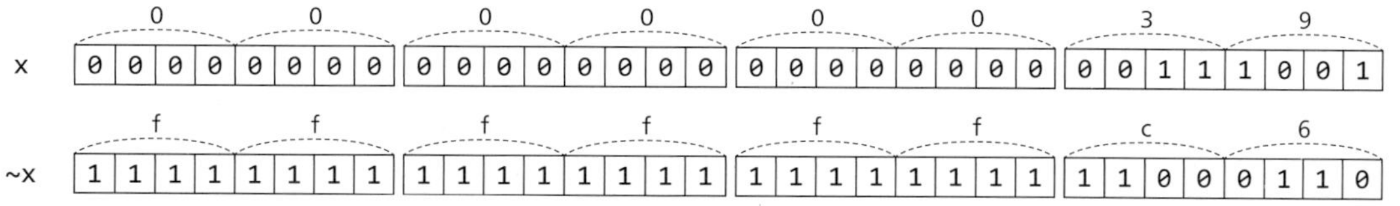

비트 NOT 연산자은 단항 연산자이므로 하나의 피연산자를 이용한다. int형 변수 x에 대한 비트 NOT 연산은 각 비트의 값들을 반전한다. 즉, 0은 1로, 1은 0으로 만든다. ~x 수행결과는 0xffffffc6이다. 지금까지 살펴본 비트 논리 연산자를 이용한 예제를 소스 3-22에서 살펴보자. 프로그램의 실행을 통해 비트 논리 연산자의 연산을 이해할 수 있을 것이다.

소스 3-22

```
#include <stdio.h>
int main(void)
{
    int x = 0x45;
    int y = 0xb4;
    printf("%0#8x & %0#8x = %0#8x\n", x, y, x & y);
    printf("%0#8x | %0#8x = %0#8x\n", x, y, x | y);
    printf("%0#8x ^ %0#8x = %0#8x\n", x, y, x ^ y);
    printf("~%0#8x = %0#8x", x, ~x);
    return 0;
}
```

출력 예

```
0x000045 & 0x0000b4 = 0x000004
0x000045 | 0x0000b4 = 0x0000f5
0x000045 ^ 0x0000b4 = 0x0000f1
~0x000045 = 0xffffffba
```

비트 이동 연산자는 좌변의 피연산자의 각 비트를 우변의 피연산자가 지정한 만큼 왼쪽 또는 오른쪽으로 이동시키는 연산자이다. <<는 비트들을 왼쪽으로 이동시키는데, 왼쪽으로 밀려나 4바이트 즉 32비트의 범위를 벗어난 비트들은 소멸하고, 오른쪽 하위 비트에 생성되는 빈자리는 모두 0으로 채운다. unsigned int형이라고 할 때 왼쪽으로 1만큼 이동하면 값은 2배가 된다. 즉 n비트 왼쪽으로 이동하는 것은 2^n을 곱하는 것과 같다. 단, unsigned int형 데이터 타입의 크기인 32비트의 범위를 벗어나지 않는 한도에서만 그렇다. 아래의 그림을 살펴보면, << 연산자의 동작을 이해할 수 있다.

0x00000039의 값을 가지는 변수 x의 값을 3칸 좌측으로 이동하면 0x000001c8이 된다.

```
int x = 0x39;
int y = x << 3;
```

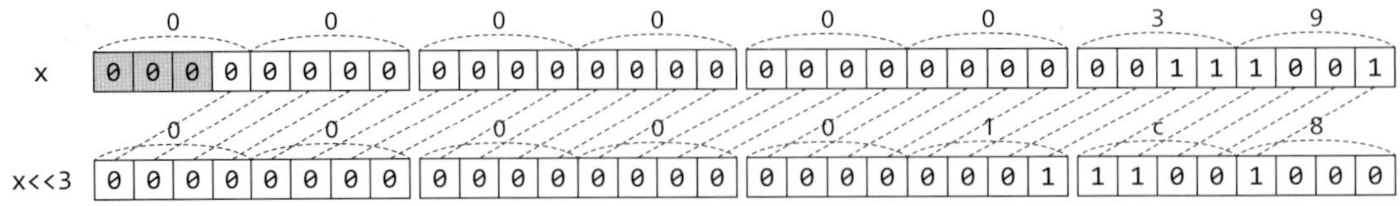

>> 연산자는 좌변 피연산자의 비트들을 우변의 값만큼 오른쪽으로 이동시킨다. 이때, 오른쪽으로 밀려난 비트들은 소멸하며, 빈칸이 되는 왼쪽 비트들은 0으로 채워지게 된다. 오른쪽으로 1만큼 이동하면 일반적으로 값은 1/2가 되고 n비트 오른쪽으로 이동한 결과는 2^n만큼 나눈 것과 같다. 아래의 그림을 보며 >> 연산의 수행 과정을 이해해 보도록 하자. 0x00000739의 값을 가지는 변수 x를 오른쪽으로 3칸 이동하면 0x000000e7의 값이 나오는 것을 확인할 수 있다.

```
int x = 0x739;
int y = x >> 3;
```

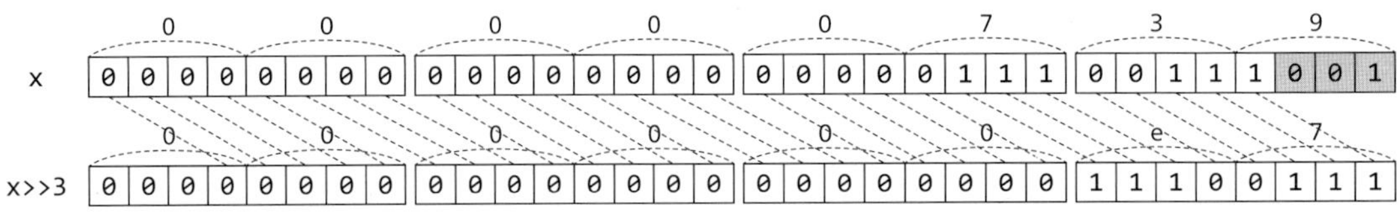

아래의 소스 3-23은 비트 이동 연산자의 수행 예제이다.

소스 3-23

```
#include <stdio.h>
int main(void)
{
    int x = 0x0739;
    int y = x << 3;
    int z = x >> 3;
    printf("%0#8x >> 3 = %0#8x\n", x, z);
    printf("%0#8x << 3 = %0#8x\n", x, y);
    return 0;
}
```

출력 예

```
0x000739 >> 3 = 0x0000e7
0x000739 << 3 = 0x0039c8
```

조건 연산자

조건 연산자는 C 언어에서 유일한 삼항 연산자이다. 흔히, 삼항 조건 연산자라고도 한다. 조건 연산자는 ?:를 사용한다. a ? b: c와 같이 사용한다. a의 값이 참이면 b가 이 연산식의 대푯값이 되고, 거짓이라면 c가 대푯값이 된다. 일반적으로 a의 위치에 조건식을 사용한다. 아래의 소스 3-24에서 삼항 조건 연산자의 사용 예를 살펴보자.

소스 3-24

```
01 #include <stdio.h>
02 int main(void) {
03     int x = -5;
04     int y = 8;
05     int z = 10;
06     int max;
07     x = x > 0 ? x: -x;
08     max = x > y ? x: y;
09     printf("x의 절댓값: %d\n", x);
10     printf("%d와 %d 중 큰 수는: %d\n", x, y, max);
11     printf("%d, %d, %d은 삼각형 %s.\n", x, y, z, z<x+y ? "이다" : "이 아니다");
12     return 0;
13 }
```

출력 예

```
x의 절댓값: 5
5와 8 중 큰 수는: 8
5, 8, 10은 삼각형 이다.
```

라인 7번을 보면 x > 0 ? x: -x와 같은 삼항 연산자의 사용 예를 볼 수 있다. 변수 x의 값이 0보다 크다면 이 연산식의 대푯값은 x의 값이 되고, 아니라면 -x값이 대푯값이 된다. 즉 이 연산식을 통하여 우리는 변수 x의 절댓값을 계산할 수 있다. 다음 라인 8번의 연산식은 x > y ? x: y이다. 변수 x의 값이 변수 y의 값보다 크다면 x의 값이 이 연산식의 대푯값이 되고, 아니라면 y의 값이 대푯값이 된다. 즉, x와 y 중 큰 값이 대푯값이 되어 변수 max에 저장된다. 라인 11번을 살펴보면, z<x+y ? "이다" : "이 아니다"의 연

산식을 확인할 수 있다. 변수 z의 값이 변수 x와 y의 합보다 크다면 문자열 "이다"가, 아니라면 문자열 "이 아니다"가 대푯값이 되어 printf() 함수에서 출력된다. 이렇게 조건을 두어 값을 선택할 때 삼항 조건 연산자를 이용한다.

코딩 3-2

한 개의 자연수를 키보드로부터 입력받아 삼항 조건 연산자를 이용하여 짝수인지 홀수인지 출력하는 프로그램을 완성하시오.

입력 예 1

```
100
```

출력 예 1

```
짝수
```

입력 예 2

```
3
```

출력 예 2

```
홀수
```

콤마 연산자

콤마 연산자는 여러 개의 연산식을 순차적으로 수행하고자 할 때 사용한다. 여러 개의 연산식을 ,(콤마)를 이용하여 여러 개 작성하면, 각각의 연산식을 좌측에서 우측으로 개별적으로 수행하고, 마지막의 연산 결과가 대푯값이 된다. 콤마 연산자는 타 연산자에 비해 상대적으로 우선순위가 가장 낮다. 다음의 그림을 통해 콤마 연산자에 대해 살펴보자.

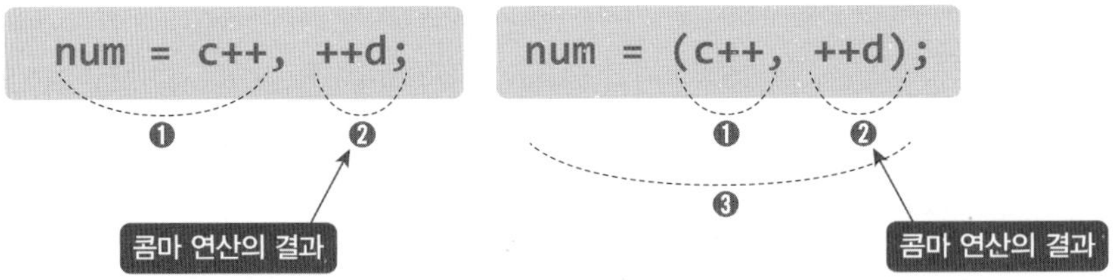

좌측의 그림은 콤마 연산자를 기준으로 num = c++ 연산식과 ++d의 연산식이 있다. 따라서 num = c++ 연산식을 먼저 수행하고, ++d 연산식을 수행하며, 전체의 대푯값은 ++d의 수행 결과가 된다. 우측의 그림은 콤마 연산자를 기준으로 좌측에는 c++ 연산식이, 우측에는 ++d 연산식이 있다. c++을 먼저 수행하고, ++d 연산식이 수행되며, (c++, ++d) 연산식의 대푯값은 ++d 연산식의 수행결과가 되어, 결국 num 변수에는 ++d의 대푯값이 저장된다. 아래의 소스 3-25와 3-26을 통해 확인해 보자.

소스 3-25

```
#include <stdio.h>
int main(void)
{
    int a = 1, b = 2;
    a = (++a, ++b);
    printf("%d", a);
    return 0;
}
```

출력 예

```
3
```

소스 3-26

```
#include <stdio.h>
int main(void)
{
    int a =1, b =2;
    a = ++a, ++b;
    printf("%d", a);
    return 0;
}
```

출력 예

```
2
```

형변환 연산자

형변환(cast)은 데이터 타입을 변경하는 것을 말한다. 앞에서 우리는 묵시적 형변환에 대해 살펴 보았다. 형변환은 두 가지 방식이 있는데, 한 가지는 이미 살펴본 묵시적(implicit) 형변환이고, 다른 하나는 이제 살펴볼 명시적(explicit) 형변환이다. 데이터의 손실이 발생할 가능성이 없고, 연산에 필요한 경우 자동으로 수행되는 묵시적인 형변환과는 달리 프로그래머가 데이터의 손실을 감수하고도 데이터의 형을 변환하고자 하는 경우 수행하는 것이 명시적 형변환이다. 먼저 아래의 소스 3-27을 살펴보자.

소스 3-27

```
01 #include <stdio.h>
02 int main(void)
03 {
04     int i = 321;
05     double d = 3.141592;
06     char ch;
07     ch = (char)i;
08     i = (int)d;
09     printf("%c\n", ch);
10     printf("%d\n", i);
11     return 0;
12 }
```

출력 예

```
A
3
```

int형 변수를 char형 변수에 할당하는 경우, 4바이트의 정수형 데이터를 1바이트의 정수형 변수에 저장하게 된다. 이러한 경우, 데이터의 손실이 발생할 가능성이 존재한다. 컴파일러에 따라 다르지만, 이런 경우 컴파일러는 데이터가 손실될 수 있음을 알리는 경고를 출력한다. 이때 프로그래머는 데이터의 손실을 감수하고 값을 할당하기 위해 명시적인 형변환을 수행한다. 라인 7번을 보면 int형 변수 i의 값을 char형 변수 ch에 할당하기 위하여 (char)을 변수 i 앞에 적어 주었다. 이는 변수 i의 값을 char형으로 변환하라는 명시적 형변환 연산자이다. 마찬가지로 라인 8번은 double형 변수 d의 값을 int형 값으로 변환하기 위해 (int)라고 작성해 준 것을 볼 수 있는데, 이 역시 형변환 연산자이다. 형변환 연산자는 전위 단항 연산자에 속한다.

sizeof 연산자

sizeof 연산자는 변수나 데이터 타입의 크기를 확인하는 연산자이다. 변수나 상수, 자료형 앞에 사용하는 전위 단항 연산자로 각 데이터 타입의 크기를 바이트 단위로 알려준다. 변수 i의 크기를 알고자 할 때에는 sizeof i와 같이 작성하면 된다. 만약, double형의 크기를 확인하고 싶다면 sizeof(double)이라고 하면 된다. 데이터 타입의 이름으로 크기를 알고자 할 때에는 반드시 ()괄호를 사용해야 한다. 다음의 소스 3-28은 sizeof 연산자의 활용 예제이다.

소스 3-28

```
#include <stdio.h>
int main(void)
{
    int i = 123;
    double d = 3.141592;
    char ch ='a';
    printf("char형 변수 ch: %lubytes\n", sizeof ch);
    printf("int형 변수 i: %lubytes\n", sizeof i);
    printf("double형 변수 d: %lubytes\n", sizeof d);
    printf("short: %lubytes\n", sizeof(short));
    printf("long long: %lubytes\n", sizeof(long long));
    printf("float: %lubytes\n", sizeof(float));
    printf("long double: %lubytes\n", sizeof(long double));
    return 0;
}
```

출력 예

```
char형 변수 ch: 1bytes
int형 변수 i: 4bytes
double형 변수 d: 8bytes
short: 2bytes
long long: 8bytes
float: 4bytes
long double: 16bytes
```

그 외의 연산자들

C 언어에는 지금까지 살펴본 연산자들 외에도 다양한 연산자가 존재한다. 자세한 내용은 해당 연산자가 사용되는 부분에서 자세하게 살펴보고, 아래의 표를 통해서는 연산자의 이름과 관련 내용만 간단하게 살펴보자. 주소 연산자는 이미 scanf() 함수에서 살펴보았지만, 다른 연산자는 추후 살펴보게 될 것이다. 이 연산자들은 모두 단항 연산자이다. []와 ., ->는 후위 단항 연산자이며, *와 &는 전위 단항 연산자이다.

표 3-21 그 외의 연산자의 종류 및 설명

연산자	연산자 이름	활용
[]	배열 첨자 연산자	배열에서 배열의 원소에 접근할 때 사용
.	직접 멤버 (접근) 연산자	구조체의 멤버 변수에 접근할 때 사용
->	간접 멤버 (접근) 연산자	구조체 포인터를 이용하여 멤버 변수에 접근할 때 사용
*	간접 연산자	주소를 이용하여 변수에 접근할 때 사용
&	주소 연산자	변수의 주소를 확인할 때 사용

연산자의 우선순위와 결합법칙

지금까지 우리는 C 언어에서 제공하는 다양한 연산자에 대해 공부해 보았다. 각각의 연산자의 역할과 사용 방법을 학습하는 것도 중요하지만, 정확한 연산식을 만들기 위해서는 각 연산자의 우선순위와 결합법칙에 대해서도 정확하게 이해할 필요가 있다. 연산자의 우선순위를 잘못 이해하고 연산식을 작성한 경우, 프로그래머가 의도한 결과가 아닌 엉뚱한 결과를 프로그램이 출력할 수도 있기 때문이다. 아래의 표는 C 언어에서 제공하는 모든 연산자의 우선순위와 결합법칙을 하나의 표로 정리한 것이다.

표 3-22 우선순위 및 결합법칙의 정리

<table>
<tr><th>우선순위</th><th>연산자 유형</th><th>연산자</th><th>결합법칙</th></tr>
<tr><td>1</td><td>괄호, 후위 단항 연산자, 참조 연산자</td><td>() [] . -> ++ --</td><td>→</td></tr>
<tr><td>2</td><td>전위 단항 연산자</td><td>! ~ ++ -- (type) * & sizeof</td><td>←</td></tr>
<tr><td>3</td><td>곱하기, 나누기, 나머지 산술 연산자</td><td>* / %</td><td rowspan="10">→</td></tr>
<tr><td>4</td><td>더하기, 빼기 산술 연산자</td><td>+ -</td></tr>
<tr><td>5</td><td>비트 이동 연산자</td><td>>> <<</td></tr>
<tr><td>6</td><td>비교 관계 연산자</td><td>< <= > >=</td></tr>
<tr><td>7</td><td>등가 관계 연산자</td><td>== !=</td></tr>
<tr><td>8</td><td>AND 비트 논리 연산자</td><td>&</td></tr>
<tr><td>9</td><td>XOR 비트 논리 연산자</td><td>^</td></tr>
<tr><td>10</td><td>OR 비트 논리 연산자</td><td>|</td></tr>
<tr><td>11</td><td>AND 논리 연산자</td><td>&&</td></tr>
<tr><td>12</td><td>OR 논리 연산자</td><td>||</td></tr>
<tr><td>13</td><td>조건 연산자</td><td>? :</td><td>←</td></tr>
<tr><td>14</td><td>대입 연산자</td><td>= += -= /= *= %= &= ^= |= >>= <<=</td><td>←</td></tr>
<tr><td>15</td><td>콤마 연산자</td><td>,</td><td>→</td></tr>
</table>

C 언어의 연산자는 위에서 보는 바와 같이 15단계의 우선순위를 가지고 있다. 가장 높은 우선순위인 1단계에서부터 가장 낮은 우선순위인 15단계까지의 우선순위가 정해져 있다. 동일한 우선순위의 연산자들이 있는 경우에는 위의 결합법칙을 따른다. 대부분의 연산자는 좌측에서 우측의 결합법칙에 따라 좌측에서 우측으로 연산을 수행하지만, 전위 단항 연산자와 삼항 조건 연산자, 대입 연산자는 우측에서 좌측으로 결합법칙이 동작한다. 전위 단항 연산자와 삼항 조건 연산자, 대입 연산자는 우측에서 먼저 연산을 시작하여 좌측으로 연산이 수행된다는 것을 정확히 이해하고 연산식을 만들어야 한다. 대부분의 연산식이 좌측에서 우측으로 결합법칙이 동작하기 때문에 혼돈하기 상당히 쉽다. 아래의 소스 3-29는 대입 연산자의 결합법칙을 보여주는 예제이다.

소스 3-29

```
01 #include <stdio.h>
02 int main(void)
03 {
04     int a, b, c, d, e;
05     a = b = c = d = e = 10;
06     printf("변수 a의 값은 %d\n", a);
07     return 0;
08 }
```

출력 예

```
변수 a의 값은 10
```

라인 5번을 보자. `a = b = c = d = e = 10;`에서 만약 결합법칙이 좌측에서 우측으로 동작한다면, `((((a = b) = c) = d) = e) = 10;`과 같이 동작해야 한다. 그러나 대입 연산자의 좌변에는 단 하나의 변수만 올 수 있다고 했다. 따라서, 이 문장은 에러를 발생하게 된다. 하지만, 대입 연산자의 결합법칙은 우측에서 좌측이다. 따라서, `a = (b = (c = (d = (e = 10))));`와 같이 동작한다. 변수 `e`에 `10`의 값이 할당되고, 다시 변수 `d`에 `10`이, 그리고 변수 `c`에 `10`의 순서로 `10`의 값이 연속적으로 할당되어 최종적으로 변수 `a`에 `10`의 값이 저장된다. 이 예제를 통하여 대입 연산자의 결합법칙이 우측에서 좌측임을 확인할 수 있다.

다양한 연산자의 활용

지금까지 우리는 C 언어의 연산자의 종류와 역할, 우선순위, 결합법칙 등을 살펴보았다. 이제 몇 가지 예제를 통하여 다양한 연산자를 활용하는 방법을 학습해 보도록 하자. 다음의 소스 3-30은 섭씨 온도를 화씨 온도로 변경하여 출력하는 프로그램의 예제이다.

소스 3-30

```
#include <stdio.h>
int main(void)
{
    double celsius, fahrenheit;
    scanf("%lf", &celsius);
    fahrenheit = celsius * (9.0/5.0) + 32;
    printf("섭씨 %.1f도는 화씨 %.1f도 입니다.\n", celsius, fahrenheit);
    return 0;
}
```

입력 예 1

```
10.5
```

출력 예 1

```
섭씨 10.5도는 화씨 50.9도 입니다.
```

입력 예 2

```
31.5
```

출력 예 2

```
섭씨 31.5도는 화씨 88.7도 입니다.
```

위 소스 3-30을 활용하여, 이제 반대로 화씨 온도를 입력하면 섭씨 온도를 출력하는 프로그램을 만들어 보자.

코딩 3-3

화씨 온도를 double형으로 입력받아 섭씨 온도로 변환하고 아래와 같이 출력하는 프로그램을 작성하시오.

입력 예 1

```
75.0
```

출력 예 1

```
화씨 75.0도는 섭씨 23.9도 입니다.
```

입력 예 2

```
23.5
```

출력 예 2

```
화씨 23.5도는 섭씨 -4.7도 입니다.
```

이번에는 원달러 환율과 원화를 입력하면, 환전 가능한 달러를 출력하는 프로그램을 만들어 보자. 아래 소스 3-31을 살펴보자. 원달러 환율은 1달러의 원화 가치라고 하자.

소스 3-31

```
#include <stdio.h>
int main(void)
{
    double wonDollarExchangeRate, dollar;
    int won;
    scanf("%lf %d", &wonDollarExchangeRate, &won);
    dollar = won / wonDollarExchangeRate;
    printf("%d원은 %.2f달러 입니다.\n", won, dollar);
    return 0;
}
```

입력 예

```
1166.36 1000000
```

출력 예

```
1000000원은 857.37달러 입니다.
```

위 소스 3-31을 참조하여, 원달러 환율(1달러에 대한 원화 가치)와 달러를 입력하면, 원화 금액을 출력하는 프로그램을 작성하시오.

코딩 3-4

원달러 환율(1달러에 대한 원화 가치)와 달러를 입력하면, 환전 가능한 원화를 출력하는 프로그램을 아래의 출력 예시를 참조하여 작성하시오.

입력 예 1

```
1166.36 1251.50
```

출력 예 1

```
1251.50달러는 1459699원 입니다.
```

입력 예 2

```
1166.00 53.25
```

출력 예 2

```
53.25달러는 62089원 입니다.
```

Q&A

- C Programming FAQs 참조(http://cinsk.github.io/ko/cfaqs/index.html)

프로그래밍 Q&A 12

Q printf()를 부를 때, 항상 (void)로 캐스팅하고 있는데, 왜 그럴까?

A printf()는 어떤 수치를 반환하지만, 대개의 경우 쓰이지 않는다. 어떤 컴파일러는 함수가 어떤 값을 반환 하는데, 값을 사용하지 않으면 경고를 출력한다. 따라서 (void)로 캐스팅해줌으로써, 이 반환 값을 무시한다는 것을 컴파일러에게 알려 경고를 출력하지 않게 할 수 있다.

Q 17.5 참고

프로그래밍 Q&A 13

Q 왜 scanf("%d",i)는 동작하지 않나?

A scanf()에 전달하는 인자는 항상 포인터여야 한다. 각각의 값이 변환될 때마다 scanf()는 여러분이 전달한 포인터가 가리키는 위치에 그 값을 저장한다. 그렇기 때문에, scanf("%d",&i)로 써야한다.

Q 12.12 참고

프로그래밍 Q&A 14

Q 다음 코드는 왜 동작하지 않나?

```
double d;
scanf("%f", &d);
```

A printf()와 달리, scanf()는 double 타입을 쓸 때에는 %lf를, float 타입을 쓸 때에는 %f를 쓴다. scanf()는 %f format을 보면 float를 가리키는 포인터를 받게 된다. 따라서 여러분이 준 double을 가리키는 포인터는 잘못된 것이다. %lf를 쓰거나 변수를 float으로 선언하기 바란다.

Q 12.12 참고

프로그래밍 Q&A 15

Q 컴파일러로 다음과 같은 코드를 실행하면 :

```
int i = 7;
printf("%d\n", i++ * i++);
```

'49'를 출력한다. 평가 순서에 상관없이, '56'을 출력해야 하지 않을까?

Q 증가(++), 감소(--) 연산자가 뒤에 쓰일 때에는 먼저 기존의 값을 계산한 다음, 증가/ 감소하게 된다. "after"라는 말이 쓰이긴 하지만 잘못 이해하고 있는 것이다. 즉 기존의 값을 만든 다음 바로 증가/감소를 할지, 아니면 다른 부분식을 평가하고 난 다음에 할지는 보장할 수 없다. 보장되는 것은 증가/감소 연산이 전체 수식이 끝나기 전에 이루어진다는 것뿐이다. 위의 코드에서는 컴파일러가 기존의 값으로 곱한 다음, 증가시키기 때문에 저런 결과가 나오는 것이다.

Q 3.2 참고

프로그래밍 Q&A 16

Q 괄호를 써서 평가 순서를 내가 원하는 대로 바꿀 수 있을까? 만약에 괄호를 쓰지 않더라도 알아서 되지 않나?

A 연산자 우선순위와 괄호는 수식 평가의 일부분만을 변경할 수 있다. 다음과 같은 수식에서

```
f() + g() * h()
```

우리는 곱셈이 덧셈보다 먼저 일어난다는 것을 알고 있다. 그러나, 세 개의 함수 중 어떤 함수가 먼저 호출될지는 알 수 없다. 즉, 우선순위는 평가에서 일부분 영향을 미치는 것이며, 각 피연산자의 평가 순서에 영향을 주지는 못한다. 부분식의 평가 순서가 중요할 때에는, 임시 변수를 만들고 각각 다른 문자로 나눠쓰는 것이 좋다.

Q 3.4 참고

연습문제

01 다음의 설명이 맞으면 ○, 틀리면 ×로 표시하시오.

- stdio.h는 printf(), scanf() 등과 같은 입출력 함수를 위한 헤더파일이다.
- scanf문을 사용할 때 입력할 변수의 형식 지정자는 생략할 수 있다.
- 한 개의 printf()문에서는 한 개의 형식 지정자만 사용할 수 있다.
- scanf()문을 사용하여 변수의 값을 키보드로부터 입력받으려면 변수 이름 앞에 &를 사용한다.
- 한 개의 scanf() 문장으로 여러 개의 변수 값을 입력받을 수 없다.
- printf()문에서 정수형 데이터를 8진수로 출력할 때 사용하는 형식 지정자는 %o이다.
- scanf()문에서 double형 실수를 입력받고자 할 때 형식 지정자 %lf를 이용한다.
- 키보드를 통해 데이터를 입력받고자 할 때 scanf()문을 사용한다.
- printf()문에서 문자를 출력할 때 사용하는 형식 지정자는 %s이다.
- %d는 double형 데이터를 출력하는 형식 지정자이다.
- 정수형 상수나 변수에 대해서는 자릿수를 맞추어 출력할 수 없다.
- 오른쪽의 연산값을 변수에 저장하는 연산자를 대입 연산자라 한다.
- 축약 연산자를 사용할 때 a=a*b;를 a=*b;로 나타낼 수 있다.
- 연산에 참여하는 변수나 상수를 피연산자라 한다.
- % 산술 연산자는 나눗셈 연산을 처리한다.
- 정수형 상수 간의 연산 결과는 항상 정수가 된다.
- 논리 연산자의 피연산자 두 개 중에서 왼쪽 피연산자만으로 논리 연산 결과가 결정된다면 오른쪽 피연산자는 평가하지 않는 방식을 단축 평가라 한다.
- 컴파일러가 자동으로 수행하는 형변환을 묵시적 형변환이라 한다.
- 사칙 연산자가 혼용된 연산식의 계산 순서는 항상 좌측에서 우측으로 이루어진다.
- 연산자에 따라 우선순위(priority)가 있다.
- 대입 연산자는 4=5-1;과 같이 사용할 수도 있다.

02 다음 printf()문을 보고 출력 폭에 맞게 정렬하시오.

```
printf("%+-6d\n",485);
```


03 데이터 형과 형식 제어 문자열이 잘못 표시된 것은?

❶ 실수형 %f ❷ 문자열 %c ❸ 정수형 %d ❹ 지수형 %e

04 출력결과의 화면에 123을 출력하는 문장이 아닌 것은?

❶ `printf("%d", 0123);`

❷ `printf("%d", 123);`

❸ `printf("%.f", 123.45);`

❹ `printf("%c%c%c", '1','2','3');`

05 다음의 형식 지정지 중 정수형으로 출력하는 것을 모두 고르시오.

❶ %d ❷ %c ❸ %f ❹ %i

06 scanf() 함수에 대해 잘못 설명한 것을 고르시오.

❶ 형식 지정자는 printf() 함수와 거의 동일하다.

❷ 입력할 변수의 개수는 여러 개를 입력받아도 된다.

❸ printf와 같이 문장(지시문)을 삽입할 수 있다.

❹ 입력할 변수 이름 앞에는 &를 붙인다.

07 정수형 변수 a, b에 대한 대입 연산자가 잘못 사용된 것은?

❶ a=3; ❷ a=b/a; ❸ b=b*a; ❹ a+b=a*b

08 정수형 변수 a와 b에 각각 7과 4가 저장되어 있다고 가정할 때, 다음 연산식의 결과 a는?

```
int a = 7, b = 4;
a = b-a/b;
```

❶ 1 ❷ 2 ❸ 3 ❹ 4

09 다음 연산식의 결과 a는?

```
int a = 10%3;
```

❶ 1 ❷ 2 ❸ 3 ❹ 4

10 연산자와 연산에 대한 설명 중 잘못된 것은?

❶ 덧셈 연산은 곱셈 연산보다 우선적으로 연산한다.

❷ a+=b;와 같이 연산자와 대입 연산자를 혼합한 연산자를 사용할 수 있다.

❸ 연산식에 괄호가 있으면 괄호 부분을 먼저 연산한다.

❹ 연산은 기본적으로 식의 좌측 방향에서 우측 방향으로 이동하며 이루어지는데 식에 사용된 연산자에 따라 연산의 순서가 달라진다.

11 변수에 저장된 값을 1 증가 또는 1 감소시키는 연산자는?

❶ 산술 연산자 ❷ 논리 연산자 ❸ 증감 연산자 ❹ 비트 연산자

12 다음의 축약 대입 연산자의 계산 과정을 단일 연산자를 이용하여 재작성하시오.

```
a+=b;
a*=b;
```

13 scanf() 함수를 이용하여 두 정수형 변수 x, y의 값을 키보드로부터 입력받아 이를 곱하여 출력하는 프로그램을 작성하고자 한다. 밑줄 친 부분을 완성하시오.

```
#include <stdio.h>
int main(void)
{
    int x, y;
    scanf(______________________________);
    printf("곱셈 결과는 %d\n", x*y);
}
```

14 다음의 프로그램을 작성하고 빌드한 후 실행하여 키보드로 정수 1234를 입력하고 엔터키를 눌렀다면 변수 x에 저장된 값은 얼마인가?

```
#include <stdio.h>
int main(void){
    int x;
    scanf("%3d",&x);
    printf("%d\n",x);
    return 0;
}
```

15 다음 C 언어 프로그램의 실행 결과를 쓰시오.

```
#include <stdio.h>
int main(void){
    int m = 10;
    m++;
    printf("%d\n", --m);
    --m;
    printf("%d\n", m++);
    return 0;
}
```

16 다음 형변환 연산을 보고 결과 값을 적으시오.

```
3.8 + (int) 5.7
7.0 / 2
```

17 다음 수식을 C 언어 연산식의 문장으로 표현하시오(단, 모든 영문자는 변수로 가정한다).

$$S = \frac{N(N+1)}{2}$$

18 다음 C 언어 프로그램의 실행 결과를 쓰시오.

```
#include <stdio.h>
int main(void){
    int a = 9;
    ((a % 3)==0) ? printf("3의 배수"): printf("3의 배수가 아님");
    return 0;
}
```

19 다음 C 언어 프로그램의 실행 결과를 쓰시오.

```
#include <stdio.h>
int main(void){
   unsigned char a = 4, b = 8;
   printf("%d\n", a << 1);
   printf("%d\n", b >> 1);
   return 0;
}
```

20 scanf() 함수를 이용하여 키보드로부터 입력한 문자와 이에 대한 ASCII 코드 값을 출력하는 프로그램을 작성하고자 한다. 밑줄 친 부분을 완성하시오.

```
#include <stdio.h>
int main(void) {
   char ch;
   printf("문자를 입력하고 Enter key를 누름 -> ");
   scanf(________________);
   printf("입력한 문자     : _______\n", ch);
   printf("ASCII 코드 값 : _______\n", ch);
   return 0;
}
```

21 다음과 같은 문장이 출력되도록 아래 프로그램의 밑줄 친 부분을 완성하시오. 단, 평균은 수식을 이용하여 구하도록 작성하시오.

```
두 수 90과 93의 평균은 91.5이며, 따라서 A학점입니다.
```

```
#include <stdio.h>
int main(void)
   printf("두수 ___과 ___의 평균은 _____이며, 따라서 ___학점입니다. \n",
                                        90, 93, ______, ______);
   return 0;
}
```

22 다음 프로그램에서 잘못된 부분을 찾아 올바르게 수정하시오.

```
#include <stdio.h>
int main(void) {
   printf(C 언어);
   return 0;
}
```

```
#include <stdio.h>
int main(void) {
   printf("%c","C 언어");
   return 0;
}
```

23 다음과 같은 실행 결과가 나오도록 프로그램의 밑줄 친 부분을 완성하시오.

```
#include <stdio.h>
int main(void)
{
   int a = 'a';
   printf("____\n", a);
   printf("____\n", a);
   return 0;
}
```

프로그래밍 연습

01 아래의 그림과 같은 결과를 출력하는 코드를 작성하시오.

```
buy list
----------------
carrot   1000won
toy      20000won
clothes  430000won
```

02 수를 입력하였을 때, 산술 연산을 하는 계산기 코드를 작성하시오.

- 산술 연산 (+, -, *, /)의 기능
- 산술 연산 결과 출력

03 두 개의 정수를 입력하였을 때, 두 정수 중 나중에 입력한 수만큼 먼저 입력한 정수를 비트 연산하는 코드를 작성하시오.

- -값일 경우 오른쪽 비트연산, +값일 경우 왼쪽 비트 연산을 수행
- 결괏값은 16진수로 출력

04 연도를 입력받고 해당 연도가 윤년인지 출력하는 코드를 작성하시오. (삼항 연산자 이용)

- 입력받은 연도가 4로 나누어 떨어지면 윤년
- 입력받은 연도가 4로 나누어 떨어지고 100으로 나누어 떨어지면 평년
- 입력받은 연도가 4, 100, 400으로 나누어 떨어지면 윤년
- 이외의 나머지 입력 연도는 평년이다

05 다음 수식을 계산하는 코드를 작성하시오.

- `(12 + 15) * 100`
- `20 * (100 - 12) / 3`
- `(12 - 3) / 4 * (3 + 5)`

06 C 프로그래밍 수업을 수강하는 5명의 학생의 성적을 처리하고자 한다. 각 학생의 중간고사 점수와 기말고사 점수, 출석 점수, 프로젝트 점수를 변수에 저장한다. `printf()`를 적절히 활용하여 5명의 성적을 하나의 표처럼 출력하시오. 단, 제일 뒤에는 총점을 출력한다. 총점은 100점 만점이며, 중간고사와 기말고사, 프로젝트는 30점 만점, 출석은 10점 만점이다. 아래의 출력 결과를 참조하시오.

```
## C 프로그래밍 점수 ##
========================================
  이름 중간고사 기말고사 출석 프로젝트 합계
----------------------------------------
홍길동       22       23   10       26   81
이순신       28       29   10       29   96
고주몽       25       26    8       28   87
유관순       30       28   10       29   97
임꺽정       10       12    6        8   36
----------------------------------------
```

04 제어문 – 조건문

4.1 제어문

제어문은 프로그램의 실행 흐름을 변경하여 선택적으로 프로그램을 실행할 수 있도록 하는 명령어이다. 지금까지 작성한 프로그램은 모두 하나의 방향으로 프로그램이 실행되었다면, 이제부터 동일한 프로그램을 실행하더라고 실행 방향이 달라 다른 결과를 출력할 수 있도록 한다. 프로그램의 실행 흐름을 제어하는 제어문에는 크게 조건문과 반복문, 분기문 세 가지로 나누어 볼 수 있다.

조건문(selection statement)은 주어진 조건에 따라 각기 다른 방향으로 프로그램이 수행되도록 함으로써 프로그램의 결과를 매번 다르게 출력할 수 있도록 할 수 있다. 조건 선택문, 또는 선택문이라고도 한다. 앞서 우리가 학습한 삼항 조건 연산자는 조건문을 간단하게 표현하는 방식이라고 이해하자. 삼항 조건 연산자를 이용하여 간단한 선택이 가능했지만, 조건문은 삼항 조건 연산자보다 복잡한 선택이 가능하다. 조건문의 종류에는 `if`문과 `switch`문이 있다. `if`문은 사용 방식에 따라 `if`문과 `if ~ else ~` 문, `if ~ else if ~` 문, 중첩(중복)된 `if`문으로 나누어 살펴 볼 수 있다. `switch`문은 `switch case`문이라고도 하는데 하나의 조건으로 여러 가지 선택을 수행할 수 있도록 한다.

반복문은 동일한 문장 또는 블록을 반복적으로 수행할 수 있도록 하는 명령문이다. 학생 100명의 성적을 처리하는 프로그램을 작성한다고 할 때, 학생 1명의 성적 처리 과정을 100번 수행하도록 하여 프로그램을 작성하는 방식이다. 이러한 반복문에는 `while`문과 `do ~ while`문, `for`문이 있다. 각각의 반복문은 그 특성에 따라 각기 다른 방식으로 사용하지만, 일반적으로 상호 변환이 가능하다.

분기문은 프로그램의 흐름을 제어할 때 사용하는데, 주로 조건문과 함께 사용되고, 반복문 내부에서 반복문을 벗어나기 위한 용도로 사용한다. 반복문에는 `continue`문과 `break`문, `goto`문 등이 있다.

분기문 중 break문은 이 장의 switch 설명에서 함께 사용되는 예제를 확인할 수 있다. 반복문과 분기문은 다음 장에서 자세히 공부해 보도록 하자. 이번 장에서는 조건문에 대해 자세히 알아보도록 하자.

4.2 조건문 if

다양한 조건문 중에서 가장 기본이라고 할 수 있는 if문을 살펴보도록 하자. if문은 주어진 조건을 만족하는 경우 다음에 오는 문장 또는 블록을 수행하는 명령어이다. 영어 "if ~"는 "만약 ~ 라면" 이라고 해석할 수 있다. 이 뜻에서 알 수 있듯이, "만약에 성인이라면, 성인 요금을 지불하세요" 라던지 "만약에 대학생이라면 학생 할인을 받으세요" 등과 같이 우리가 일상 생활에서 흔히 접할 수 있는 상황을 처리하는데 요긴하게 사용할 수 있는 문장이다. 이러한 특징으로 인해 프로그램에 주어진 조건을 주고, 조건을 만족했을 때 특정 명령을 수행할 수 있도록 할 수 있다. 아래의 예를 살펴보자.

```
만약 만18세 이상이라면
    투표권이 있다.
```

```
if (age >= 18)
    printf("투표권이 있다.\n");
```

위의 예에서처럼, 사람의 나이가 만18세를 넘은 경우 투표권이 있다고 알려주는 시스템이 있다고 하자. 한글로 작성한 문장에서 "만약"을 if로 변경하고, 조건을 조건 연산식으로 변경하여 괄호안에 작성한 후 조건에 부합할 때 실행해야 하는 문장을 작성해 주면 된다. 우리가 사용하는 자연어(한국어, 영어 등) 문장을 C 언어 문법에 맞게 수정하면 프로그램 코드로 사용이 가능하다.

이번에는 다른 예 한 가지를 살펴보자. 우리가 일상생활에서 흔히 만날 수 있는 자판기이다. 자판기는 동전을 넣고 원하는 음료수를 선택하여 구매할 수 있는 자동화 기계이다. 먼저 동전이나 지폐를 투입하고, 투입 금액이 음료수 구매에 충분한 금액이 되면 음료수를 선택할 수 있는 버튼이 활성화 된다. 이 역시 조건문으로 구현이 가능하다. 또한, 어떤 음료수가 선택 되었는지에 따라 음료수를 배출하는 과정과 음료수를 구매하고 남은 거스름돈을 배출하는 과정 역시 조건문으로 구현이 가능하다. 반환해야 하는 잔액이 670원이라고 할 때, 자판기는 10원짜리 67개를 반환하는 것이 아니라, 동전의 개수가 가장 적은 방식을 선택하여 500원 1개, 100원 1개, 50원 1개, 10원 2개로 배출할 것이다. 이러한 동작도 조건문을 이용하여 충분히 구현할 수 있다. 다음의 순서도는 자판기의 동작 순서를 나타낸 것이다.

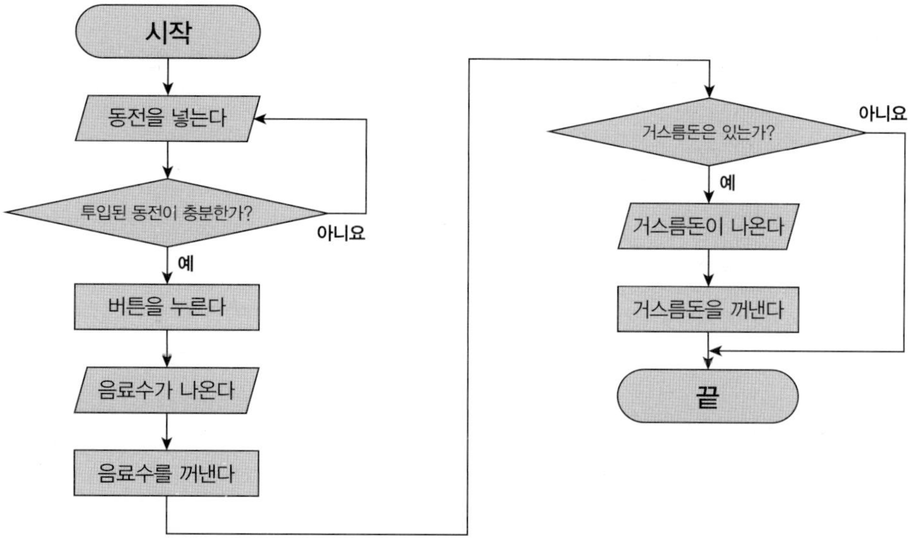

그림에서 마름모꼴로 표현된 부분이 조건문이다. 주어진 조건에 따라 참과 거짓을 판별하고 그에 따라 프로그램의 진행 흐름을 바꾸어 주는 것을 확인 할 수 있다. 이러한 조건문에서 무엇보다 중요한 것은 앞에서 살펴본 연산자(관계 연산자, 논리 연산자 등)를 적절히 활용하여 조건에 맞는 조건식을 만들어 내는 것이다. 조건식이 명확하지 않은 경우, 프로그램은 프로그래머가 의도한 대로 동작할 수 없다. 만약, 놀이동산에서 만 2세부터 6세 까지는 유아로 정의하고, 유아의 입장료를 5,000원이라고 한다면, (age >= 2 && age <=6)과 같은 조건식을 만들어야 한다. 만약, >= 연산자가 아닌 > 연산자를 사용하면 만2세의 유아들이 포함되지 않아 전혀 다른 결과를 가질 수도 있다. 이러한 조건에서 프로그래밍을 처음 시작하는 사람들의 가장 흔한 실수는 수학의 조건식을 프로그래밍 조건식과 착각하여 (2 <= age <= 6)과 같이 작성하는 것이다. 이 조건식은 연산자 우선순위에 의해 ((2 <= age) <= 6)로 동작한다. 만약, 입장객의 나이가 20살이라고 할 경우, (2 <= age)의 조건식은 참이 되어 대푯값이 1이 된다. 따라서, (1 <= 6)의 조건식이 되며, 이 조건식은 참으로 판별하게 되어, 대푯값이 1이 된다. 결국 만20세의 입장객이 유아 요금을 지불하고 놀이동산에 입장하게 되는 것이다. 또 한 가지 자주하는 실수는 대입 연산자와 비교 연산자를 혼돈하여 발생한다. 대입 연산자 =와 비교 연산자 ==는 다른 연산자이며, 조건식에는 특정 변수의 값이 상수값과 같은지 비교하는 경우에는 ==을 사용해야 한다. 적절한 조건식을 만들기 위한 연습을 해보자. 아래의 표에는 조건과 조건을 만족하는 조건식의 예를 보이고 있다. 조선식 예를 참조하여 빈 칸에 적절한 조건식을 만들어 보자.

표 4-1 조건에 따른 조건식의 예시

조건	조건식
2세 이상 6세 이하	`(age >= 2 && age <= 6)`
90점 이상 100점 이하	`(score >= 90 && score <= 100)`
80점 이상 90점 미만	
잔액이 500원 보다 크거나 같다면	`(balance >= 500)`
숫자가 홀수라면	`(num % 2)`
숫자가 5의 배수라면	`(num % 5 == 0)`
숫자가 짝수라면	
온도가 25도 이상이라면	
BMI가 18.5 이상 23 미만 (단, BMI는 체중의 제곱 곱하기 신장)	`(kg*kg*m >= 18.5 && kg*kg*m < 23)`
BMI가 23 이상 25 미만 (단, BMI는 체중의 제곱 곱하기 신장)	
연봉이 4,000만원을 이하이고, 소유 자동차가 2000cc 미만인자 (단, 자녀가 2명 이상이거나 집을 소유하지 않은 경우 예외)	`((salary <= 40000000 && car < 2000) || (children >= 2 || house == 0))`
학점이 3.5 이상이고, 수강신청 학점이 10학점 이상이라면 (단, 소득분위가 3분위 이하면 예외)	
비밀번호가 2020과 같다면	`(pinNum == 2020)`
비밀번호가 2020과 같지 않다면	
상대 챔피언의 공격력이 내 챔피언의 방어력보다 작거나 같으면	`(enermyAttack <= myDefence)`
상대 챔피언의 체력이 내 챔피언 공격력 - 상대 챔피언의 방어력 보다 작다면	
연도가 4의 배수이면서 100의 배수가 아니거나, 400의 배수인 경우	

if문

먼저 가장 기본적인 조건문인 `if`문에 대해 알아보자. if문은 조건식이 참이면(0이 아니면) 다음에 오는 문장 또는 블록을 실행되며, 조건이 거짓이면(0이면) 다음의 문장 또는 블록을 실행하지 않고 다음으로 진행된다. `if`문의 기본 문법과 순서도는 다음과 같다.

```
if(조건식) {
   문장;
}
다음 문장;
```

```
if(조건식)
   문장;
다음 문장;
```

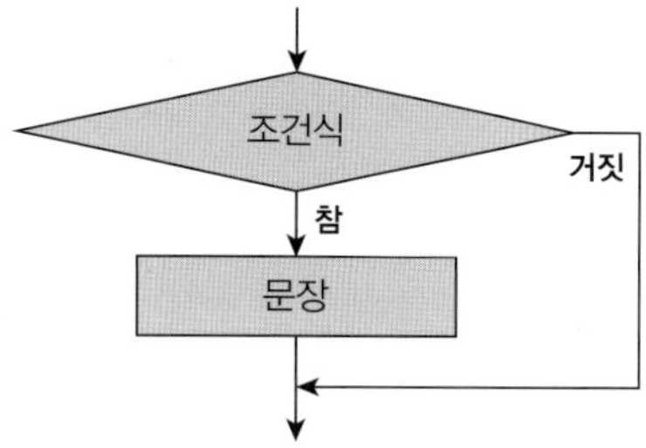

if문의 조건식의 참과 거짓은 조건식의 연산 결과가 0이면 거짓으로, 0이 아니면 참으로 간주한다. 이를 이용하여 조건식을 구성하자. 만약, 조건식으로 (score = 87)을 사용한다면, 이 연산식의 대푯값은 87이 되므로 참으로 간주한다. 참인 경우에는 if문에 이웃한 문장 또는 블록을 수행한 후, "다음 문장;"을 수행하지만, 거짓인 경우에는 이웃한 문장을 실행하지 않고 "다음 문장;"으로 넘어간다. 다음의 소스 4-1은 if문을 사용한 프로그램 예제이다.

소스 4-1

```
01 #include <stdio.h>
02 int main(void)
03 {
04    int num = -10;
05    if (num < 0)        //관계연산자 조건식
06       printf("음수입니다.");
07    return 0;
08 }
```

출력 예

```
음수입니다.
```

위의 예제 코드는 num 변수에 저장된 값이 음수인 경우 "음수입니다."를 출력하는 프로그램이다. 라인 5번에 if문에서 조건식으로 num < 0을 사용하여 0보다 작은 값이 들어오면 음수로 처리하도록 한다. 아래의 소스 4-2는 또 다른 if문 예제이다.

소스 4-2

```
#include <stdio.h>
int main(void)
{
    int price = 500000;
    int month;
    printf("여행 희망 월을 입력하세요:");
    scanf("%d", &month);
    if (month == 7 || month == 8)
        price = 900000;
    printf("경비는 %d원입니다.", price);
    return 0;
}
```

입력 예

```
8
```

출력 예

```
여행 희망 월을 입력하세요: 8
경비는 900000원입니다.
```

위 예제 코드는 패키지 여행 상품의 기본 가격을 50만원으로 정하고, 여름 휴가 성수기인 7월과 8월에는 요금을 90만원을 받도록 하는 프로그램이다. 여행을 희망하는 월을 month 변수에 저장하고, 해당 월이 7월 또는 8월인 경우에는 성수기에 해당하므로 가격을 90만원으로 변경하여 출력하는 프로그램이다.

소스 4-3

```
#include <stdio.h>
int main(void)
{
    int num;
    if (!scanf("%d", &num))
        printf("입력 실패");
    return 0;
}
```

입력 예

```
d
```

출력 예

```
입력 실패
```

위의 예제 코드는 scanf() 함수의 반환값(리턴값)을 조건식으로 사용하는 예제이다. scanf()함수는 입력받은 수의 개수를 반환하므로, 정상적인 입력이 처리되면 1 이상의 값이 반환된다. 따라서 scanf() 앞에 !(not)연산자를 사용하여 입력받은 값의 개수가 0인 경우에만 참이 되도록 설정하여, 입력이 되지 않는 경우에만 "입력 실패"를 출력할 수 있도록 프로그램을 작성하였다.

지금까지의 예제는 모두 if문의 조건식이 참인 경우 실행할 문장을 작성하는 방법을 다루었다. 조건식이 참인 경우 하나의 문장을 수행하는 경우도 있지만, 대부분의 경우에는 여러 문장을 수행해야 한다. 이때에는 여러 개의 문장을 블록으로 묶어서 사용한다. 블록은 {}(중괄호)로 묶어 사용한다. 문장이 하나인 경우에도 블록을 사용하면 프로그램의 가독성이 높아지므로 가급적 블록을 사용하도록 하자. 다음 소스 4-4는 블록을 이용한 if문 예제이다.

소스 4-4

```
01 #include <stdio.h>
01 int main(void)
01 {
01    int drinkPrice = 800, money;
01    printf("돈을 넣어주세요:");
01    scanf("%d",&money);
01    if (money >= drinkPrice) {
01       printf("음료수를 마실 수 있습니다.\n");
01       printf("가격은 %d원입니다.\n", drinkPrice);
01    }
01    return 0;
01 }
```

입력 예

```
1000
```

출력 예

```
음료수를 마실 수 있습니다.
가격은 800원입니다.
```

위 예제 프로그램은 금액을 입력받아 음료수 가격 이상인 경우 음료수를 살 수 있음을 출력하고, 음료수의 가격을 출력하는 프로그램이다. 라인 7번의 if문에서 조건식으로 금액이 음료수의 가격보다 크거나 같다는 조건을 주어 프로그램을 작성하였다.

if ~ else ~ 문

앞에서는 조건식이 참인 경우에 실행할 문장 또는 블록을 지정하여 실행하였다. 이번에는 조건식이 참인 경우에 실행할 문장 또는 블록과 거짓인 경우에 실행할 문장 또는 블록을 지정하여 처리 할 수 있는 `if ~ else ~` 문에 대해 살펴보자. `if ~ else ~` 문은 조건식이 참일 때와 거짓일 때 각각 다른 문장(블록)을 실행한다. 예를 들어, 키가 140cm 이상인 사람만 이용 가능한 놀이기구가 있다면, 140cm 미만인 사람은 탑승 불가라고 출력하고, 140cm 이상인 사람에게는 탑승 가능이라고 출력할 수 있다. 우리가 일반적으로 이야기 할 때, "만약 신장이 140cm 이상이라면 탑승 가능, 아니라면 탑승 불가"와 같이 표현 하듯이 만약을 `if`로 아니라면을 `else`로 표현한 것이라고 생각하면 쉽다.

```
만약 신장이 140cm 이상이라면
    탑승 가능
아니라면
    탑승 불가
```

```
if (height >= 140)
    printf("탑승 가능\n");
else
    printf("탑승 불가\n");
```

아래의 그림은 `if ~ else ~` 문의 기본 문법과 순서도로 나타낸 것이다.

```
if(조건식) {
   참 실행 문장;
} else {
   거짓 실행 문장;
}
```

```
if(조건식)
    참 실행 문장;
else
    거짓 실행 문장;
```

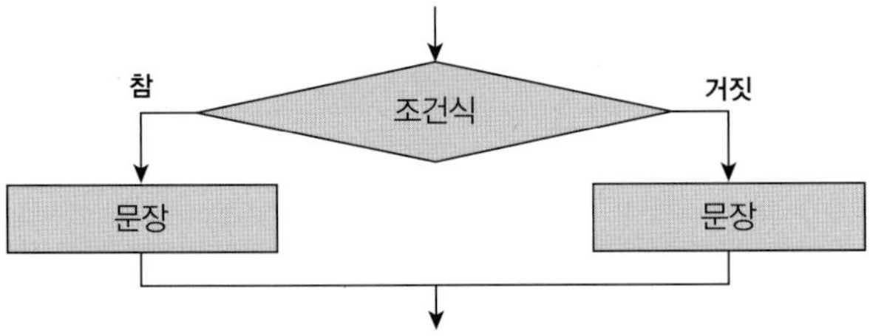

if ~ else ~ 문의 사용 예제를 소스 4-5에서 살펴보자.

소스 4-5

```
01 /* 읽어 들인 정숫값 B는 A의 약수인가? */
02 #include <stdio.h>
03 /* 약수 판정 - A % B의 값이 0이면 약수 */
04 int main(void)
05 {
06     int a, b;
07     printf("2개의 정수를 입력하세요.");
08     scanf("%d %d", &a, &b);
09     if (a % b)
10         printf("%d는 %d의 약수가 아닙니다.\n",b,a);
11     else
12         printf("%d은(는) %d의 약수입니다.\n",b,a);
13     return 0;
14 }
```

입력 예

```
12 4
```

출력 예

```
2개의 정수를 입력하세요. 12 4
4은(는) 12의 약수입니다.
```

위 프로그램은 정숫값 2개를 키보드 입력으로 받아 변수 a와 b에 저장하고, b가 a의 약수인지를 판단한다. 만약, 변수 a와 b에 각각 9와 3이 입력된 경우, b가 a의 약수이므로 "3은(는) 9의 약수입니다."를 출력한다. 만약, 변수 a와 b에 각각 10과 4가 입력된 경우, b가 a의 약수가 아니므로 "4은(는) 10의 약수가 아닙니다."를 출력한다. 이런 조건식은 라인 9번에서 확인할 수 있다. 변수 a를 변수 b로 나눈 나머지값을 이용하면, 나누어 떨어지는 경우에는 0이, 그렇지 않은 경우에는 다른 값이 대푯값이 된다. 이는 0은 거짓, 그 외의 값은 참으로 인식하기 때문에 약수인지 아닌지를 판단할 수 있는 것이다.

다음의 소스 4-6은 두 정숫값의 차를 구해서 출력하는 프로그램이다.

소스 4-6

```
01 #include <stdio.h>
02 int main(void)
03 {
04    int a, b, difference;
05    printf("2개의 수를 입력하세요.");
06    scanf("%d %d", &a, &b);
07    if (a > b)
08       difference = a - b;
09    else
10       difference = b - a;
11    printf("두 값의 차이는 %d입니다. \n", difference);
12    return 0;
13 }
```

입력 예

```
12 10
```

출력 예

```
2개의 수를 입력하세요. 12 10
두 값의 차이는 2입니다.
```

라인 7번의 `if`문에서 변수 `a`와 `b`의 크기를 비교하였다. 변수 `a`가 큰 경우에는 `a-b`의 결과를 `difference` 변수에 저장하고, 그렇지 않은 경우에는 `b-a`의 결과를 `difference` 변수에 저장한다. `difference` 변수의 값은 라인 12번에서 출력한다. 작은 수에서 큰 수를 빼는 경우에는 음수가 나오기 때문에, 이를 방지하기 위하여 항상 큰 값에서 작은 값을 뺄 수 있도록 프로그램을 작성한 것이다. 이 코드와 동일한 동작을 하는 코드는 다른 방식으로도 작성할 수 있다.

다음의 소스 4-6-1을 살펴보자.

소스 4-6-1

```
#include <stdio.h>
int main(void)
{
   int a, b, difference;
   printf("2개의 수를 입력하세요.");
   scanf("%d %d", &a, &b);
   difference = a - b;
   if (difference < 0)
      difference = - difference;
   printf("두 값의 차이는 %d입니다. \n", difference);
   return 0;
}
```

입력 예

```
12 10
```

출력 예

```
2개의 수를 입력하세요. 12 10
두 값의 차이는 2입니다.
```

동일한 결과를 출력하는 프로그램이라 할지라도 위 예제와 같이 다양한 방법으로 구현할 수가 있다. 마치 우리가 친구에게 같이 밥 먹으로 가자고 이야기 할 때, "밥 먹자" 또는 "밥 먹으러 가자", "밥 먹을래", "같이 식사하러 갈까?" 등 다양한 표현 방식이 있는 것처럼, 컴퓨터 프로그램도 다양한 방식으로 표현이 가능하다. 앞에서 살펴본 소스 4-6과 소스 4-6-1은 `if ~ else ~` 문으로 구현되었지만, 이를 앞 장에서 배운 삼항 조건 연산자를 이용하여 구현하는 것도 가능하다. 일반적으로 `if ~ else ~` 문은 삼항 조건 연산자와 상호 변환이 가능하다. 그러나 삼항 조건 연산자로 표현하는 경우 코드를 읽고 이해하기 어려울 수 있기 때문에 간단하지 않다면 표현하지 않는 것이 좋다고 생각한다. 아래의 소스 4-6-2와 소스 4-6-3은 각각 소스 4-6과 소스 4-6-1을 삼항 조건 연산자로 구현한 것이다.

소스 4-6-2

```
#include <stdio.h>
int main(void)
{
    int a, b, difference;
    printf("2개의 수를 입력하세요.");
    scanf("%d %d", &a, &b);
    difference =(a>b)?a-b:b-a;
    printf("두 값의 차이는 %d입니다. \n", difference);
    return 0;
}
```

입력 예

```
12 10
```

출력 예

```
2개의 수를 입력하세요. 12 10
두 값의 차이는 2입니다.
```

소스 4-6-3

```
#include <stdio.h>
int main(void)
{
    int a, b, difference;
    printf("2개의 수를 입력하세요.");
    scanf("%d %d", &a, &b);
    difference = a - b;
    difference = (difference>0)?difference:-difference;
    printf("두 값의 차이는 %d입니다. \n", difference);
    return 0;
}
```

입력 예

```
12 10
```

출력 예

```
2개의 수를 입력하세요. 12 10
두 값의 차이는 2입니다.
```

지금까지 살펴본 예제들을 기반으로 아래의 코딩 4-1과 4-2를 풀어 보도록 하자.

코딩 4-1

아래의 코드는 두 수를 입력 받아, 큰 수를 먼저 출력하는 소스 코드이다. 아래의 코드에서 빈 칸을 완성하여 프로그램을 완성하시오.

```
#include <stdio.h>
int main(void) {
    int a, b;                          //정수형 변수를 입력받기 위한 a, b 변수 선언
    int tmp = 0;                       //임시로 값을 저장하는 tmp 변수 선언
    scanf("%d %d", &a, &b);
    if (_______) {
                                       //a,b 중 큰 수를 a에 저장하기 위한 조건문
        tmp = a;                       //a값을 임시저장 변수인 tmp에 저장
        a = b;                         //b값을 a에 저장
        b = tmp;                       //임시저장된 tmp값을 b에 저장
    }
    printf("입력받은 수 중 큰 수는 %d이고 작은 수는 %d입니다.\n", a, b);
    return 0;
}
```

입력 예

```
5 7
```

출력 예

```
입력받은 수 중 큰 수는 7이고 작은 수는 5입니다.
```

코딩 4-2

운전면허 필기시험 점수를 입력하고 "합격" 또는 "불합격"을 출력하는 프로그램을 작성하시오. (단, 70점 이상이면 합격)

입력 예 1

```
89
```

출력 예 1

```
합격
```

입력 예 2

```
30
```

출력 예 2

```
불합격
```

if ~ else if ~ 문

if ~ else ~문은 하나의 조건에 대하여 참인 경우와 거짓인 경우를 나누어 실행하고자 할 때 사용한다. 조건이 두 가지로 나누어 진 경우에는 큰 문제없이 사용할 수 있으나, 3개 이상으로 나누어진 경우에는 if ~ else ~만으로는 프로그램을 구현하기 어렵다. 이번에는 3개 이상으로 구분해서 수행해야 하는 프로그램을 작성할 때 유용하게 사용할 수 있는 if ~ else if ~ 문에 대해 살펴보자. 첫 번째 if문의 조건식이 거짓인 경우, 다시 else if의 조건식을 넣어 다시 참과 거짓을 판별하여 수행할 수 있다. 다음은 if ~ else if ~ 문을 사용 방법과 순서도이다.

```
if(조건식1){
   문장1;
} else if (조건식2){
   문장2;
} else {
   문장3;
}
```

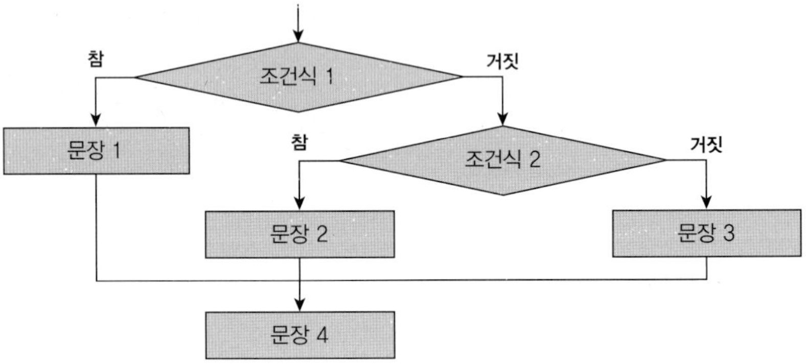

첫 번째 조건을 만족하여 참인 경우에는 문장 1을 수행하고, 거짓인 경우에는 다시 두 번째 조건을 확인하여 참인 경우 문장 2를 거짓인 경우에는 문장 3을 수행한다. 예를 들어 어떤 놀이동산의 입장 요금이 성인 요금과 청소년 요금, 어린이 요금으로 나누어져 있다고 하자. 이 경우 조건식 1은 나이가 만 18세 이상인지를 비교하고, 조건식 2는 나이가 만 13세 이상인지를 비교하여, 문장1은 성인요금을 문장2는 청소년 요금을, 문장 3은 어린이 요금을 처리하도록 할 수 있다. 이와 같이 여러 구간으로 나누어져 있는 조건을 처리해야 하는 경우 if ~ else if ~ 문을 사용할 수 있다. else if는 if문 다음에 위치해야 하며, else if에도 if가 존재하기 때문에 계속해서 else if를 사용할 수 있다. 다음의 소스 4-7은 놀이동산 요금 예제이다.

소스 4-7

```
#include <stdio.h>
int main(void) {
   int age, fee;
   scanf("%d", &age);
   if (age >= 18) {
      fee = 10000;
   }
   else if (age >= 13) {
      fee = 8000;
   }
   else
   {
      fee = 5000;
   }
   printf("요금은 %d원입니다.", fee);
   return 0;
}
```

입력 예

```
15
```

출력 예

```
요금은 8000원입니다.
```

앞서 설명한 놀이동산 입장료 문제를 `if ~ else if~` 문을 이용하여 프로그램으로 만들어 보았다. 일반적으로 `if ~ else if~` 문은 연속적인 구간에서 특정 값이 어느 구간에 속하는지를 결정하는데 매우 유용하다. 대학교 성적은 학점으로 구분하여 표시한다. 90점 이상은 A, 80점 이상 90점 미만은 B, 70점 이상 80점 미만은 C, 60점 이상 70점 미만은 D, 60점 미만은 F로 성적을 처리한다. 이러한 성적 처리도 C 프로그램을 이용하여 처리할 수 있다. 다음의 소스 4-8은 성적 처리 예제이다.

소스 4-8

```c
#include <stdio.h>
int main(void) {
    int score = 0;
    printf("C프로그래밍 점수 입력: ");
    scanf("%d", &score);
    if (score >= 90) {
        printf("당신의 학점은 A입니다.\n");
    }
    else if (score >= 80) {
        printf("당신의 학점은 B입니다.\n");
    }
    else if (score >= 70) {
        printf("당신의 학점은 C입니다.\n");
    }
    else if (score >= 60) {
        printf("당신의 학점은 D입니다.\n");
    }
    else {
        printf("당신의 학점은 F입니다.\n");
    }
    return 0;
}
```

입력 예

```
90
```

출력 예

```
C프로그래밍 점수 입력: 90
당신의 학점은 A입니다.
```

성적 처리 알고리즘을 C 프로그램으로 구현해 보았다. 5가지 구간으로 나누어져 있는 성적 처리 구간을 `if ~ else if ~` 문을 이용하여 처리할 수 있음을 확인하였다. 이제 지금까지 살펴본 예제들을 이용하여 다음의 코딩 4-3과 4-4, 4-5를 수행해 보자.

코딩 4-3

BMI(Body Mass Index)는 체중과 신장을 이용하여 비만의 정도를 계산하는 방법이다. 체중(kg)과 신장(m)을 입력 받아 아래의 BMI 지수 계산공식과 BMI 지수 표를 참조하여 비만 정도를 출력하는 프로그램을 작성하시오.

```
BMI 지수 = 체중(kg) / (신장(m) * 신장(m))
```

BMI	비만여부
18.4 미만	저체중
18.5 이상, 23.0 미만	정상
23.0 이상, 25.0 미만	과체중
25.0 이상, 30.0 미만	경도비만
30.0 이상	중등도비만

입력 예 1

```
65.053 1.72
```

출력 예 1

```
정상
```

입력 예 2

```
69.051 1.72
```

출력 예 2

```
과체중
```

코딩 4-4

다음을 참고로 표준입력으로 받은 월(month)에 해당하는 분기를 출력하는 프로그램을 작성하시오.

```
1사분기: 1, 2, 3월 / 2사분기: 4, 5, 6월
3사분기: 7, 8, 9월 / 4사분기: 10, 11, 12월
```

입력 예 1

```
1
```

출력 예 1

```
1사분기
```

입력 예 2

```
8
```

출력 예

```
3사분기
```

코딩 4-5

정수 2개와 연산자를 입력하여 연산식의 값을 구하는 프로그램을 작성하시오. 입력 순서는 정수 연산자 정수의 순서이며, 허용 가능한 연산자는 +와 -, *, /, %이다. 이 이외의 연산자가 입력 된 경우에는 "연산을 수행할 수 없습니다"를 출력하시오. 단, / 연산자가 입력된 경우 두 번째 정수가 0이면 "0으로 나눌 수 없습니다"를 출력하시오.

입력 예 1

```
4 / 2
```

출력 예 1

```
4 / 2 = 2
```

입력 예 2

```
6 * 2
```

출력 예 2

```
6 * 2 = 12
```

입력 예 3

```
6 & 2
```

출력 예 3

```
연산을 수행할 수 없습니다.
```

중첩 if문

프로그램으로 구현해야 하는 조건이 복잡한 경우에는 논리 연산자를 이용하여 복합적인 조건식을 구현하여 사용하거나 여러 개의 if문을 사용하여 구현하는 경우도 존재한다. 이번에는 여러 개의 if문을 중복하여 사용하는 중첩(nested) if문에 대하여 알아보자. 중첩 if문은 하나의 if문 안에 또 다른 if문을 사용하는 것을 말한다. 어떤 놀이동산이 있다고 하자. 이 놀이동산은 성인 요금과 미성년 요금이 다르다. 성인 요금은 다시 어르신 요금과 일반 요금으로 나누어져 있다. 미성년 요금도 청소년 요금과 어린이 요금, 영유아 요금이 각각 다르다고 하자. 이 경우 하나의 if문을 사용하여 성인과 미성년을 구분하는 조건식을 만들어 구분할 수 있다. 이때 구분된 성인을 다시 두 가지 요금으로 구분하고자 하는 경우 다시 if문을 이용하여 처리해야 한다. 또, 지역 거주자의 경우 1000원의 요금을 할인한다고 하자. 이러한 경우에는 중첩 if문과 추가적인 if문을 사용해서 해결해야 한다.

위의 예시에서 어르신 요금은 5000원, 일반 요금은 10000원, 청소년 요금은 8000원, 어린이 요금은 6000원, 영유아 요금은 3000원 이라고 하자. 이 요금제를 프로그램으로 작성하면 아래의 소스 4-9와 같다.

소스 4-9

```
#include <stdio.h>
int main(void)
{
    int age, fee =0;
    char localPeople;
    scanf("%d %c", &age, &localPeople);
    if (age >=18) {
        if (age >=65) fee =5000;
        else fee =10000;
    } else {
        if (age >=13) fee =8000;
        else if (age >=7) fee =6000;
        else fee =3000;
    }
    if (localPeople =='Y') fee -=1000;
    printf("요금은 %d원입니다.", fee);
    return 0;
}
```

입력 예 1

```
15 Y
```

출력 예 1

```
요금은 7000원입니다.
```

그럼 이번에는 중첩 if문을 이용한 문제인 코딩 4-6을 풀어보자.

코딩 4-6

정수 3개를 입력받아 그 중 가장 큰 수를 출력하는 프로그램을 작성하시오.

입력 예 1

```
3 1 4
```

출력 예 1

```
4
```

입력 예 2

```
5 8 1
```

출력 예 2

```
8
```

다수의 if문을 사용하거나 중첩 if문의 사용하는 경우 if ~ else ~의 사용에는 주의가 필요하다. else가 어떤 if에 속하는지를 명확히 하지 않아 문제가 발생할 수 있다. 흔히 dangling else 문제라고 부른다. 두 개 이상의 if문에 하나의 else가 사용된 경우 이 else가 어떤 if와 짝을 이루어 동작하는지 명확히 해야 한다. 보통 중괄호를 이용하여 각 if문의 범위를 명확히 하면 대부분 해결 할 수 있다. 프로그램을 작성할 때 잘못된 들여쓰기로 인하여 소스 코드를 읽는 사람으로 하여금 명확하게 이해하지 못하는 경우도 종종 발생한다. 다음의 예를 살펴보자.

표 4-2 dangling else 문제 예시

A

```
#include <stdio.h>
int main()
{
    int age;
    scanf("%d", &age);
    if(age>=18)
        if(age>=65)
            printf("그룹1\n");
    else
        printf("그룹2\n");
    return 0;
}
```

B

```
#include <stdio.h>
int main()
{
    int age;
    scanf("%d", &age);
    if(age >=18)
        if(age>=65)
            printf("그룹1\n");
        else
            printf("그룹2\n");
    return 0;
}
```

C

```
#include <stdio.h>
int main()
{
    int age;
    scanf("%d", &age);
    if(age >=18) {
        if(age>=65)
            printf("그룹1\n");
    }
    else
            printf(“그룹2\n");
    return 0;
}
```

앞의 표에서 A의 경우를 보면, 마치 else가 첫 번째 if문과 짝을 이루는 것처럼 들여쓰기를 했다. 그러나, 이 경우 else는 가장 인접한 if인 두 번째 if와 짝을 이루게 된다. 실제 프로그램의 동작은 B의 코드와 같다. 따라서 들여쓰기를 하는 경우 B와 같이 작성해야 한다. 그러나, 그룹 1은 65세 이상을 의미하고, 그룹 2는 미성년자를 의미하는 것이라고 할 때, A와 B는 잘못 작성된 코드이다. A는 들여쓰기로 미루어 보면 원래 의도에 맞게 코딩한 것으로 볼 수도 있으며, 실제 동작은 B와 동일하기 때문에 잘못 작성된 것이다. 따라서 이런 문제를 발생하지 않도록 하기 위해 C와 같이 명확하게 중괄호를 이용하여 범위를 정해 주어야 한다. C는 첫 번째 if문과 else문이 쌍을 이루어 동작하도록 작성된 것이다. 이와 같은 dangling else 문제는 if문을 사용하여 작성하는 코드를 명확하게 작성하면 해결 할 수 있다.

그럼 이번에는 다양한 if문을 활용하여 코딩 4-7을 풀어보자.

코딩 4-7

두 실수 x, y에 표준입력으로 값을 입력받아 다음과 같은 연산을 출력하는 프로그램을 작성하시오.

- x와 y 모두 양수일 때, x + y
- x는 양수이고, y는 0 또는 음수일 때, x - y
- x는 0 또는 음수이고, y는 양수일 때, -x + y
- x와 y 모두 0 또는 음수일 때, -x - y

입력 예 1

```
25.23 65.13
```

출력 예 1

```
90.360000
```

입력 예 2

```
-36.4782 94.235
```

출력 예 2

```
130.713200
```

입력 예 3

```
72.5214 -14.2563
```

출력 예 3

```
86.77700
```

4.3 조건문 switch

switch문은 switch ~ case ~문이라고도 하는데, 하나의 정수형 변수의 값을 이용하여 여러 케이스 중 선택적으로 프로그램을 수행할 수 있도록 한다. if문의 경우에는 조건식의 참과 거짓에 의하여 프로그램의 흐름을 변경했지만, switch문은 정수형 변수 값을 이용하여 여러 경우의 수에 따라 프로그램의 흐름을 변경할 수 있다. 이때 정수형 값을 이용하는데, 문자형 값을 포함한다. 다음은 switch문의 형식이다.

```
switch(정수식){
case 정숫값1 :
    문장1;
    break;
case 정숫값2 :
    문장2;
    break;
default :
    문장n;
    break;
}
```

switch 다음의 괄호 안에는 정수형 변수 또는 정수를 대푯값을 가지는 수식이 올 수 있다. 정수형 값을 가질 수 있으면 사용할 수 있으므로, 문자형인 char형도 사용이 가능하다. switch문으로 수행할 문장들은 중괄호 내부에 작성하는데, 여기에서 case, break, default와 같은 키워드를 함께 사용한다. case의 정수값과 정수식의 결과가 같은 경우, 다음의 문장을 수행한다. 정수식의 값이 같은 case의 문장을 만나면 이후의 모든 문장을 수행한다. 만약 정수식의 값과 정숫값2가 같으면 문장2와 그 이후의 문장을 모두 수행한다. 이 경우 다른 case의 문장들도 수행하게 되는데, 이를 방지하고자 break 키워드를 이용하여 switch문을 벗어나게 한다. break는 현재 자신을 둘러싼 블록을 벗어날 수 있도록 하는 분기문이다. 다른 사용법은 다음 장에서 살펴보기로 하고, 여기서는 우선 switch문에서 다른 case의 문장을 수행하지 않기 위해 빠져나가는 기능을 가진다고 생각하자. case 다음에는 항상 정숫값(문자 포함)을 적고 콜론(:)을 적어야 한다. default는 다른 모든 case에 해당하지 않는 경우에 수행하는 부분으로, 정수식의 값이 case의 값과 대응하지 않는 경우 default 다음의 문장을 수행한다. 어디에 위치해도 상관은 없으나, 일반적으로 가장 마지막에 작성한다. if ~ else if~문으로 표현한 코드는 대개의 경우 switch문으로도 표현이 가능하다. 물론, 반대의 경우도 가능하다. 프로그래머의 취향에 따라 if ~ else if~문과 switch문을 선택할 수 있다. 그러나 일반적으로

switch문의 경우 모든 경우에 대한 동일한 실행 시간을 가지는 반면에 if ~ else if ~ 의 경우 조건 비교의 횟수가 각 상황마다 다르기 때문에 동일한 시간을 보장하기 어렵다. 따라서 모든 선택에 대한 동일한 수행 시간을 보장해야 하는 경우에는 switch문의 사용이 권장되기도 한다. 특히, 게임의 입력에 따른 동작을 선택하는 경우에 switch문이 사용된다. 다음의 소스 4-10은 switch 예제 프로그램이다.

소스 4-10

```
#include <stdio.h>
int main(void)
{
   int select;
   printf("메뉴 선택 (1:사과주스 2:딸기주스 3:키위주스 4:오렌지주스): ");
   scanf("%d", &select);
   switch (select) {
      case 1:
         printf("사과주스 3000원\n");
         break;
      case 2:
         printf("딸기주스 3500원\n");
         break;
      case 3:
         printf("키위주스 4000원\n");
         break;
      case 4:
         printf("오렌지주스 2500원\n");
         break;
      default:
         printf("없는 메뉴입니다.\n");
   }
   return 0;
}
```

입력 예

```
2
```

출력 예

```
메뉴 선택 (1:사과주스 2:딸기주스 3:키위주스 4:오렌지주스): 2
딸기주스 3500원
```

위 소스는 switch문을 사용하여 메뉴를 입력하는 프로그램 예제이다. 이와 같이 메뉴를 선택하는 형태의 프로그램을 구성하는데 switch문을 주로 이용한다. 이번에는 키보드 입력에 따라 다른 공격을 하는 게임 캐릭터를 프로그램으로 작성해 보자. 소스 4-11은 게임의 전사 캐릭터의 공격 기능을 키보드 입력에 따라 동작하도록 간단하게 구현해 본 것이다.

소스 4-11

```
#include <stdio.h>
int main(void)
{
    char key;
    scanf("%c", &key);
    switch (key) {
        case 'a':
            printf("Attack!\n");
            break;
        case 'q':
            printf("Spear!\n");
            break;
        case 'w':
            printf("Shield!\n");
            break;
        case 'e':
            printf("Assault!\n");
            break;
        case 'r':
            printf("Starfall!\n");
            break;
    }
    return 0;
}
```

입력 예

```
q
```

출력 예

```
Spear!
```

이제는 앞에서 if ~ else if ~문을 이용하여 작성한 프로그램을 switch문을 이용하여 어떻게 바뀌는지 살펴보도록 하자. 다음의 소스 4-12은 간단한 계산기 프로그램 예제이다.

소스 4-12

```c
#include <stdio.h>
int main(void)
{
    int op1, op2;
    char op;
    scanf("%d %c %d", &op1, &op, &op2);
    switch (op) {
        case '+':
            printf("%d %c %d = %d\n", op1, op, op2, op1+op2);
            break;
        case '-':
            printf("%d %c %d = %d\n", op1, op, op2, op1-op2);
            break;
        case '*':
            printf("%d %c %d = %d\n", op1, op, op2, op1*op2);
            break;
        case '/':
            if(op2!=0) printf("%d %c %d = %d\n", op1, op, op2, op1/op2);
            else printf("Can not divide by 0!\n");
            break;
        case '%':
            printf("%d %c %d = %d\n", op1, op, op2, op1%op2);
            break;
        default:
            printf("Wrong operator!\n");
    }
    return 0;
}
```

입력 예 1

```
7 % 2
```

출력 예 1

```
7 % 2 = 1
```

입력 예 2

```
5 ^ 2
```

출력 예 2

```
Wrong operator!
```

입력 예 3

```
10 / 0
```

출력 예 3

```
Can not divide by 0!
```

이 예제는 앞선 코드 4-5의 답을 switch문을 이용하여 다시 작성한 것이다. 본인이 if ~ else ~문을 이용한 소스 코드와 이 코드를 비교해 보기를 바란다.

switch문에서 break를 의도적으로 사용하지 않는 경우가 있다. 일반적으로 다른 case와 중복 실행되지 않도록 break문을 모든 case 마다 사용하지만, 여러 개의 case를 하나로 묶어서 프로그램을 실행하고자 하는 경우에는 생략하여 프로그램을 작성하기도 한다. 만약 break문을 생략하면, 해당하는 case문 이후의 모든 문장들을 모두 처리한다. break문을 만나지 않는 경우 switch문 내의 모든 문장을 실행하게 된다. 다음의 소스 4-13은 break를 고의로 생략하여 switch문을 작성한 예제이다.

소스 4-13

```
#include <stdio.h>
int main(void)
{
   int score;
   scanf("%d", &score);
   switch (score/10) {
      case 10:
      case 9:
         printf("%d점은 A입니다.\n", score);
         break;
      case 8:
         printf("%d점은 B입니다.\n", score);
         break;
      case 7:
         printf("%d점은 C입니다.\n", score);
         break;
      case 6:
         printf("%d점은 D입니다.\n", score);
         break;
      default:
         printf("%d점은 F입니다.\n", score);
         break;
   }
   return 0;
}
```

입력 예

```
65
```

출력 예

```
65점은 D입니다.
```

라인 7번을 보면 break문을 생략하고 바로 `case 9:`를 실행하도록 하고 있다. 라인 6번에서 `score/10`을 실행하여 `10`의 자리 이상의 값만을 이용하여 각각의 케이스를 처리할 수 있도록 하였다. 따라서 각각의 케이스는 100점일 때, 90점대일 때, 80점대일 때, 70점대일 때, 60점대일 때로 나누어 실행하도록 하였다. 100점일 때와 90점대일 때에는 모두 A의 성적을 받으므로 `case 10:`에 break문을 생략하여 함께 실행이 가능하도록 문장을 구성하였다. 이번에는 소스 4-14를 살펴보도록 하자.

소스 4-14

```
01 #include <stdio.h>
02 int main(void)
03 {
04     int month;
05     scanf("%d", &month);
06     switch (score/10) {
07        case 3: case 4: case 5:
08           printf("Spring\n", score);
09           break;
10        case 6: case 7: case 8:
11           printf("Summer\n", score);
12           break;
13        case 9: case 10: case 11:
14           printf("Fall\n", score);
15           break;
16        case 12: case 1: case 2:
17           printf("Winter\n", score);
18           break;
19        default:
20           printf("Wrong month\n", score);
21           break;
22     }
23     return 0;
24 }
```

입력 예

```
10
```

출력 예

```
Fall
```

이 예제는 월을 입력하여 각각의 계절을 출력하는 프로그램이다. case문에 break문을 생략하여 세 개의 case를 하나의 계절을 출력할 수 있도록 프로그램을 구성하였다. 그럼 예제를 참고하여 다음의 코딩 4-8을 풀어보자.

코딩 4-8

월(month)을 정수로 입력받아, 해당 월이 며칠까지 있는지 출력하는 프로그램을 작성하시오. 단, 평년이라고 가정하시오.

입력 예 1

```
2
```

출력 예 1

```
28
```

입력 예 2

```
30
```

출력 예 2

```
30
```

입력 예 3

```
12
```

출력 예 3

```
31
```

Q&A

- C Programming FAQs 참조(http://cinsk.github.io/ko/cfaqs/index.html)

프로그래밍 Q&A 17

Q 어떤 사람들은 `if(x==0)`을 쓰지 않고 `if(0==x)`와 같은 코드를 쓰는데, 그 이유는 무엇인가?

A 다음과 같은 실수를 하는 것을 막기 위함이다.

```
if(x = 0)
```

상수를 == 연산자의 왼쪽에 쓰는 습관을 들이면, 다음과 같은 실수를 했을 때, 컴파일러에서 에러가 발생한다.

```
if(0 = x)
```

어떤 사람들은 이런 방식을 쓰는 것을 외우는 것보다 두 개의 ==를 쓰는 것을 외우는 것이 쉽기 때문에, 이러한 방식을 좋아하지 않는다(operand가 상수일 경우에만 도움이 됨).

Q 17.4 참고

연습문제

01 다음의 C 언어에 대한 설명 중 맞으면 ○, 틀리면 ×로 표시하시오.

- 프로그램의 실행 흐름에서 순차적인 실행뿐 아니라 선택과 반복 등 순차적인 실행을 변형하여 프로그램의 실행 순서를 제어하는 것을 조건문이라고 한다.
- 관계 연산의 결과는 참이면 1, 거짓이면 0의 값을 갖는다.
- switch에서 default는 생략될 수 없다.
- 변수 a에 저장된 값이 변수 b에 저장된 값과 같은가는 (a=b)로 나타낸다.
- if문 내부에 if문이 존재하면 중첩된 if문이라고 한다.
- switch()문은 조건식보다는 값을 기준으로 판단하는 경우에 사용된다.
- 여러 개의 조건식을 동시에 판단할 때 논리 연산자를 사용한다.
- switch()문의 default는 case에 의해 분류되지 않은 경우를 처리한다.

02 다음 프로그램을 실행하였을 경우의 출력 결과는?

```
int a=0;
if (a)
   printf("Seoul Style\n");
else
   printf("Suwon Style\n");
```

❶ Seoul Style ❷ Suwon Style

03 다음 프로그램이 실행되고 난 후의 x의 값은?

```
int x=5;
if (x==5)
   x *= 2;
else
   x /= 2;
```

❶ 20 ❷ 4 ❸ 10 ❹ 1

04 다음 프로그램을 실행하였을 경우의 출력 결과는?

```
int c=2;
switch (c) {
   case 1: printf("A");
   case 2: printf("B");
   case 3: printf("C");
   default: printf("F");
}
```

05 다음 swith(exp) {...}; 문장에 대한 설명 중 옳지 않은 것은?

❶ 연산식 exp의 결과는 정수형 또는 문자형이어야 한다.

❷ case 다음의 값도 정수형 또는 문자형이어야 한다.

❸ case 다음에 정수형 또는 문자형이면 변수도 올 수 있다.

❹ default는 선택적이다.

06 100점 만점의 정수형 점수(jumsu)에 대해서 보기와 같이 학점을 출력하는 프로그램을 작성하려 한다. 밑줄 친 부분을 완성하시오.

```
int score =                    ;
switch (score) {
   case 10:
   case 9:
      printf("A\n");
      break;
   case 8:
      printf("B\n");
      break;
   case 7:
      printf("C\n");
      break;
   case 6:
      printf("D\n");
      break;
   default:
      printf("F\n");
}
```

점수범위 — 출력학점		
100~90점	→	A
89~80점	→	B
79~70점	→	C
69~60점	→	D
59~ 0점	→	F

07 다음 프로그램의 출력 결과를 적으시오.

```
#include <stdio.h>
int main(void)
{
   int noise = 100;
   switch ( (noise-1) / 10 ) {
      case 1: case 2: case 3: case 4:
         printf("조용한 정도\n"); break;
      case 5: case 6:
         printf("대화 정도\n"); break;
      case 7: case 8:
         printf("전화벨 정도\n"); break;
      case 9: case 10: case 11:
         printf("매우 거슬리는 소음\n"); break;
      case 12: case 13: case 14: case 15:
         printf("비행기 소음\n"); break;
   }
   return 0;
}
```

프로그래밍 연습

01 점의 좌표(x, y)가 다른 두 점으로 만들어진 직사각형 내의 점인지 검사하는 프로그램을 작성하시오.

- 점의 좌표(x, y)와 다른 두 점의 좌표(x1, y1), (x2, y2)를 입력받는다.
- 검사하여 직사각형 내에 해당 점이 있다면 True를 출력, 아니라면 False를 출력

02 석진이가 식당에서 음식을 먹으려 한다. 이때 석진이가 가진 금액을 입력하고 내야할 돈을 입력한다. 그랬을 때 잔돈으로 오만 원, 만 원, 천 원, 백 원, 십 원짜리가 각각 몇 개씩 받으면 되는지 계산하는 프로그램을 작성하시오.

- 석진이가 가진 돈이 내야 할 돈보다 적으면 "돈이 부족합니다." 출력

03 돈을 입력받아 달러는 원으로 원은 달러로 변환하는 프로그램을 작성하시오.

- `switch`문 사용하여 해결
- 표준 입력 시 "1000 w": 1000원을 달러로 변환, "1000 d": 1000달러를 원화로 변환
- 1원 = 0.00087 달러, 1달러 = 1152원

04 연도를 입력받고 해당 연도가 윤년인지 출력하는 코드를 작성하시오.(`if`문 사용)

- 입력받은 연도가 4로 나누어 떨어지면 윤년
- 입력받은 연도가 4로 나누어 떨어지고 100으로 나누어 떨어지면 평년
- 입력받은 연도가 4, 100, 400으로 나누어 떨어지면 윤년
- 이외의 나머지 입력 연도는 평년이다.

05 제어문 – 반복문

5.1 반복문 개요

- 위키백과 반복문 참조(https://ko.wikipedia.org/wiki/반복문)

반복문(iteration statement)은 제어문 중 하나로, 프로그램 소스 코드 내 특정 부분의 코드를 반복적으로 수행 하고자 할 때 사용한다. 1부터 10까지의 합을 구하는 프로그램을 만들고자 할 때, 1에서부터 10까지의 숫자를 하나하나 입력해서 숫자를 더하는 연산식을 만들면 된다. 이때, 하나의 변수에 1의 값을 저장하고, 1씩 증가하면서 값을 더하는 프로그램을 만들 수 있다면 보다 간단하게 프로그램을 작성할 수 있을 것이다. 물론, 1에서 10까지의 값을 더하는 것은 고작 10개의 숫자를 더하는 프로그램이므로 쉽게 프로그램 입력이 가능하다. 만약 1부터 1,000,000까지의 값을 더해야 한다고 해보자. 백만 개의 숫자를 일일이 입력해서 숫자를 더하는 것은 상당히 어려운 일일 것이다. 이런 경우에 우리는 반복문을 이용하여 1부터 백만까지의 숫자를 반복적으로 더하도록 프로그램을 작성할 수 있다.

일상생활에서 우리는 반복적인 작업이나 일을 쉽게 만날 수 있다. 버스 정류장에서 내가 타고자 하는 버스를 기다리고 있을 때 우리는 반복적인 작업을 수행한다. 내가 있는 버스 정류장에 원하는 버스가 접근하고 있는지를 검사하고, 보이지 않는다면 스마트폰 게임을 즐기거나 다른 일을 한다. 그리고 다시 검사하고 다른 일을 하는 것을 반복한다. 버스가 접근하고 있음을 확인하면, 반복하던 일을 멈추고 버스 탑승 준비를 할 것이다. 이와 같이 반복적인 비교를 통해서 주어진 조건에 따라 일을 반복하고, 반복조건을 벗어나는 경우 해당 반복 작업을 중단하는 등을 프로그램으로 작성하는 경우 우리는 반복문을 사용한다. 2000m 장거리 달리기를 해야 하는 경우를 생각해 보자. 육상 트랙을 한 바퀴 달리면 400m를 달릴 수 있다. 즉, 400m 트랙 달리기를 5회 반복하면 우리는 2000m 장기리 달리기를 완주 할 수 있다. 이와 같이 주어진 횟수만큼 작업을 반복하는 일을 프로그램으로 작성하는 경우에도 반복문을 사용할 수 있다. 이러한 반복적인 작업을 반복(repeat)라고 하기도 하고 순환(loop) 또는 루틴(routine)이라고 부르기도 한다. 반목문을 이용하여 반복적인 작업을 수행할 때 우리는 이러한 단어들을 사용하기도 한다.

C 언어를 이용하여 프로그램을 작성하는 과정에서 반복문은 매우 중요한 요소 중 하나이다. 실제로 우리가 사용하는 소프트웨어에서 반복문을 사용하지 않는 프로그램은 거의 없다고 생각해도 무방할 것이다. C 언어에서는 반복문을 위해 while문과 do ~ while문, for문 세 가지 명령어를 제공한다. 세 가지 모두 반복적인 작업을 수행하는 프로그램을 작성할 수 있으나, 일반적으로 사용 용도는 조금씩 다르다. while문과 do ~ while문은 반복의 횟수를 명확하게 알 수 없는 경우에 주로 사용한다. 앞의 예시에서 버스를 기다리는 작업처럼 탑승을 희망하는 버스가 도착할 때까지 몇 번 버스의 접근을 검사해야 하는지 사전에 예측하기는 쉽지 않다. 이러한 경우에 대부분의 프로그래머들은 while문이나 do ~ while문을 선택하여 반복문을 구성한다. 반면에 for문은 반복의 횟수를 알 수 있을 때 주로 사용한다. 앞의 예에서 2000m 달리기의 예시처럼 400m 트랙을 5회 달려야 한다는 것을 알 수 있는 경우에 사용할 수 있다. 장거리 달리기의 거리가 변화하는 경우에도 입력값에 따라 2000m 또는 5000m와 같은 입력값을 기준으로 횟수를 반복이 시작하기 전에 특정할 수 있는 경우에도 사용한다.

while문과 do ~ while문 모두 반복의 횟수를 특정할 수 없을 때 주로 사용한다고 설명하였다. 그럼 이 두 반복문은 어떠한 차이가 있을까? while문은 반복의 여부를 사전에 검사하는 방식인 반면, do ~ while문은 반복 수행해야 하는 문장들을 수행한 이후에 반복 조건을 검사한다. 따라서 while문의 반복 문장들은 단 한 번도 실행되지 않을 가능성이 있지만, do ~ while문은 적어도 한 번은 반복 문장들을 실행할 수 있다. 보통 사용자의 입력이 프로그램의 조건에 부합하는지 검사하는 기능을 구현하는 데에 do ~ while문을 많이 사용한다. 사용자의 입력을 적어도 한 번은 수행해야 그 값을 프로그램에서 사용할 수 있기 때문이다. 보통 이런 사용자 입력값 검사는 센티널 검사(sentinel test) 또는 센티널 루프(sentinel loop)라고 한다.

C 언어로 프로그램을 작성하면서 단순한 문장을 반복적으로 입력하게 되는 경우가 있다. 동일한 문장을 여러 차례 출력하는 프로그램을 작성하는 경우, 동일한 문장을 반복해서 입력하거나 복사 붙여넣기 작업을 수차례 반복하며 "더 쉽고 간단한 방법은 없을까?"라고 누구나 고민할 것이다. 동일한 문장을 여러 줄에 출력하는 프로그램이나 연속적인 숫자를 출력하는 프로그램을 작성하는 경우 이런 생각이 들 것이다. 다음은 단순한 문장을 반복적으로 출력하는 프로그램의 출력 예시이다.

```
Hello World!!!
Hello World!!!
Hello World!!!
```

위와 같은 출력을 하는 프로그램을 만들기 위해서는 동일한 printf() 문장을 세 번 반복해서 입력해야 한다. 지금 예시는 3번 출력하는 것이지만, 예를 들어 100번 혹은 1000번의 출력이 필요한 경우라면 단순 반복 작업을 오랜 시간 수행해야 한다. 다행스럽게도 C 언어에서는 이런 프로그램을 만들기 위한 반복문을 제공하고 있다. 다음의 소스 5-1은 1월부터 12월까지 일을 출력하는 프로그램 예제이다.

소스 5-1

```c
#include <stdio.h>
int main(void)
{
    int i = 1;
    printf("%d월\n", i++);
    printf("%d월\n", i++);
    printf("%d월\n", i++);
    printf("%d월\n", i++);
    printf("%d월\n", i++);
    printf("%d월\n", i++);
    printf("%d월\n", i++);
    printf("%d월\n", i++);
    printf("%d월\n", i++);
    printf("%d월\n", i++);
    printf("%d월\n", i++);
    printf("%d월\n", i++);
    return 0;
}
```

출력 예

```
1월
2월
3월
4월
5월
6월
7월
8월
9월
10월
11월
12월
```

1월부터 12월을 출력하기 위해서 정수형 변수 i를 선언하고, i의 값을 1씩 증가하면서 1월부터 12월까지 출력하는 프로그램 코드이다. 만약 1월부터 12월까지 출력하는 것이 아니라 1월 1일부터 12월 31일까지 출력해야 한다면 어떨까 생각해 보자. 무려 365개(윤년의 경우 366개)의 `printf()` 문장을 작성해야 할 것이다. 그러나 우리가 그럴 일은 없을 것이다. 반복문을 이용하여 간단하게 프로그램을 작성할 수 있으니 말이다.

5.2 반복문 while

- 위키백과 while loop 참조(https://ko.wikipedia.org/wiki/While_루프)
- wikipedia Sentinel value 참조(https://en.wikipedia.org/wiki/Sentinel_value)

C 언어에서 제공하는 반복문 중 첫 번째로 `while`문을 살펴보도록 하자. `while`문은 주어진 조건이 참인 경우 반복 문장을 수행하고 다시 돌아와 조건을 비교하는 방식으로 동작한다. 조건식이 참인 경우에만 반복 문장을 수행하며, 거짓인 경우에는 `while`문 다음의 문장으로 이동하여 프로그램을 수행한다. 우리가 이미 공부한 `if`문에 반복적인 검사과정이 추가된 형태라고 생각하면 쉽게 이해 할 수 있다. 먼저 다음의 `while`문 작성 방법과 순서도를 살펴보도록 하자. 그림은 `while`문의 형식과 제어 흐름을 나타내는 그림이다.

```
while(조건식) {
    반복 문장;
}
다음 문장;
```

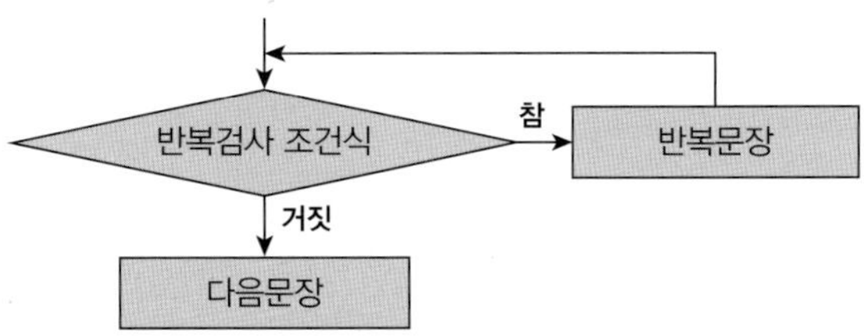

이미 학습한 `if`문과 동일한 형식으로 작성한 다는 것을 한 눈에 확인 할 수 있다. 단지 `if` 대신에 `while`이라고 적어 주기만 한다. "while"이라는 영어 단어를 우리말로 해석하면 "~하는 동안에"라고 할 수 있다. 즉, 조건식이 만족하는 동안에 또는 조건식이 참인 동안에, 반복 문장을 계속 수행하라는 의미로 생각하면 쉽게 이해 할 수 있을 것이다. 순서도에서 볼 수 있듯이 반복 검사를 위한 조건식을 판단하여 참인 경우 반복문장 또는 블록을 수행하고 다시 반복 검사 조건식으로 돌아가는 실행 흐름을 가지고 있다. 거짓인 경우에는 해당 루틴을 벗어나 다음 문장을 수행하게 된다.

앞 절에서 반복문의 필요성을 이야기 하면서 `"Hello World!!!"`를 세 번 반복하여 출력하는 프로그램을 언급한 바 있다. 아래의 코드는 printf() 함수를 3번 사용하지 않고, while문을 이용하여 3번 "Hello World!!!"를 출력하는 프로그램 예제이다. 소스 5-2를 살펴보자.

소스 5-2

```
01 #include <stdio.h>
02 int main(void)
03 {
04     int i = 1;
05     while (i < 4) {
06         printf("Hello World!!!\n");
07         i++;
08     }
09     return 0;
10 }
```

출력 예

```
Hello World!!!
Hello World!!!
Hello World!!!
```

라인 4번에서 선언한 정수형 변수 i는 반복하는 실행 횟수를 세어, 3번만 실행 할 수 있도록 제어하는 용도로 사용한다. 우리는 이러한 변수를 반복 제어 변수라고 부르기도 한다. 일반적으로 반복문에서 반복 제어를 위해 사용하는 변수들은 i 또는 j, k를 주로 사용한다. 반복 제어 변수를 i 또는 j, k를 반드시 사용해야 하는 것은 아니지만, 많은 프로그래머들이 습관처럼 사용하고 있어, 해당 이름의 변수를 반복 제어 변수로 사용하는 것이 프로그램의 소스 코드를 이해하는 데 도움을 주기도 한다. 이 변수들을 반복 제어 변수에 사용하는 이유는 특별한 이유가 있는 것은 아니다. 단지 포트란(FORTRAN)이라고 하는 프로그래밍 언어에서는 정수형 변수로 i와 j, k, l, m, n으로 시작하는 이름이 허용되었기에, 많은 프로그래머들이 이 알파벳을 정수형 변수로 사용하였고, 반복문에 반복 제어 변수로 이 변수들을 그대로 사용하던 습관이 지금까지 이어져 내려오고 있다고 한다. 영어 단어 "index"에서 첫 두 글자가 i와 n이어서 알파벳 i부터 n까지를 정수형 변수로 주로 사용한다는 이야기도 있다. 반드시 i와 j, k와 같은 변수들을 사용할 필요는 없다. 그러나, 많은 프로그래머들은 이 변수들을 만나면 자연스레 반복문에서 반복 제어를 위한 변수로 사용할 것이라고 생각하게 될 것이라는 사실은 기억해두자. 다시 소스로 돌아가서, while문의 조건식은 세 번의 반복이 끝나면 거짓이 되어 반복을 종료 할 수 있도록 해야 한다. 이에 따라 초깃값이 1인 변수 i의 값을 한 번 출력 할 때마다 1씩 증가시키고, 조건식은 (i<4)로 작성하여 변수 i의 값이 1, 2, 3인 경우에는 정상적으로 문장을 출력하다가, 4가 되는 순간 조건식이 거짓이 되어 while 반복문을 빠져 나갈 수 있도록 하였다. 라인 7번의 i++; 문장은 한 번 printf() 문장을 통해 출력을 수행할 때 마다 변수 i의 값을 1씩 증가 하게 하여, 몇 번 출력했는지 계산이 가능하도록 하는 기능을 수행한다. 이 문장이 없다면, i의 값은 변하지 않게 되고, while 문의 조건식은 항상 참이 되어 무한히 "Hello World!!!"를 출력하는 프로그램이 될 것이다.

소스 5-3은 다음은 앞 절의 소스 5-1을 while문을 이용하여 구현한 프로그램 예제이다. 1월에서 12월까지 순서대로 동일한 결과를 출력하는 프로그램을 while문을 이용하여 작성한 예제이다.

소스 5-3

```c
#include <stdio.h>
int main(void)
{
   int i = 1;
   while (i < 13) {
      printf("%d월\n",i);
      i++;
   }
   return 0;
}
```

출력 예

```
1월
2월
3월
4월
5월
6월
7월
8월
9월
10월
11월
12월
```

소스 5-2와 마찬가지로 소스 5-3에서도 반복 제어를 위한 변수 i를 라인 4번에 선언하고 초깃값을 1로 설정하였다. 1월부터 12월까지 출력하는 프로그램이므로 1의 초깃값을 설정하고, while문의 조건식에서 12월까지 출력할 수 있도록 (i < 13)으로 작성하였다. 매 월을 출력한 후 i의 값을 1씩 증가 시켜 12월 까지 출력하고, 변수 i의 값이 13이 되면, while문의 조건식이 거짓이 되어 반복이 종료된다.

사실 소스 5-2와 5-3은 while문을 사용하는 전형적인 예제라고 보기는 어렵다. 앞 절에서 설명하였듯이 while문은 반복되는 횟수를 특정할 수 없는 경우에 주로 사용하는데, 이 두 예제는 모두 3회와 12회로 반복되는 횟수를 알고 있는 경우이다. while문을 이용한 반복문의 특성을 이해하기 위한 예제로 생각하자. 이제 전형적으로 while문을 사용한 반복문 예제를 살펴보도록 하자. 아래의 소스 5-4는 사용자의 키보드 입력을 정수형으로 읽어 들여, 해당 값이 0인 경우 반복을 종료하는 조건을 가진 while문 예제이다.

소스 5-4

```
#include <stdio.h>
int main(void)
{
   int n = 1;
   int sum = 0;
   int count = 0;
   double avg;
   while (n != 0) {
      scanf("%d", &n);
      if (n % 2 == 0) {
         sum += n;
         count++;
      }
   }
   printf("%d\n", sum);
   avg = (double)sum / count;
   printf("%.2f\n", avg);
   return 0;
}
```

입력 예

```
10 3 4 5 2 3 0
```

출력 예

```
16
4.00
```

위 예제는 사용자로부터 정숫값을 입력받아, 짝수인 입력받은 값의 합계와 평균을 계산하여 출력하는 프로그램이다. 사용자의 입력은 0을 입력받을 때까지 계속해서 정수를 계속 입력받다가 0이 입력되면 입력된 수 중 홀수의 합과 평균을 출력하는 코드를 작성한 것이다. 라인 4번의 변수 n은 사용자 입력값을 저장하기 위한 변수이다. 사용자 입력값이 0인 경우 반복을 종료하는 조건식을 사용해야 하므로 초깃값을 0이 아닌 값인 1로 설정한다. 라인 5번의 정수형 변수 sum은 사용자 입력 값 중에서 짝수 값의 합을 구하기 위한 변수로 0의 값으로 초기화하였다. 누적 합계를 계산하기 위해서 반드시 0으로 초기화해야 정확한 합계를 계산할 수 있다. 라인 6번의 count 변수는 사용자가 입력한 값이 짝수인 경우 1씩 증가하여 전체 짝수의 수를 계산하기 위한 변수이다. 평균을 계산하기 위해서는 짝수의 합을 짝수의 수로 나누어 주어야 하기 때문에 필요한 변수이다. 입력된 값 중 짝수의 수를 세어야 하기 때문에 0으로 초기화해야 한다. 라인 7번의 double형 변수 avg는 평균을 계산하기 위해 사용한다. 실수인 평균값을 저장하기 위해 double형으로 선언한다. 짝수의 합을 짝수의 수로 나누어 계산하여 값을 저장할 예정이므로 별도의 초깃값은 필요하지 않다. 라인 8번은 반복 수행을 위한 while문이다. while문의 조건식은 (n != 0)으로 작성한다. 0이 아닌 값이 입력되는 경우에는 짝수인지 홀수인지 판단하고, 짝수인 경우 합계와 그 수를 세는 반복 문장을 수행한다. 0의 값이 입력되면, 반복을 종료해야 하므로 0인 경우에만 거짓으로 판단할 수 있도록 조건식을 작성한다. 라인 9번에서는 scanf()를 이용하여 변수 n에 사용자 입력값을 저장한다. 사용자로부터 입력받은 변수 n의 값은 라인 10번에서 짝수인지 판단하는 if문을 거쳐 짝수인 경우 합계를 저장하기 위한 변수 sum에 n의 값을 더해주고, 짝수의 수를 세기 위해 count변수를 1 증가시켜 준다. 해당 내용은 라인 11번과 12번에 작성되어 있다. while문의 반복 문장인 라인 9번에서 14번까지의 블록은 반복적으로 수행되며, 사용자로부터 0의 값이 입력되면 while문을 빠져나와 라인 15번을 수행하게 된다. 라인 16번은 변수 sum의 값을 double형으로 형변환하고 이를 변수 count값으로 나누어 avg 변수에 저장함으로써 평균값을 계산한다. 변수 sum의 값을 double형으로 형변환하는 이유는 정수를 정수로 나눈 값은 정수값이 되기 때문에, 소숫점 이하의 값이 손실되는 것을 방지하기 위해, double형 나누기 int형 연산을 수행하여 연산 결과가 double형이 될 수 있도록 하기 위함이다. 합계와 평균값은 라인 15와 17에서 printf() 함수를 이용하여 출력한다.

이번에는 사용자로부터 입력받은 값 이하의 3 거듭제곱 값을 출력하는 프로그램을 만들어 보자. 소스 5-5를 살펴보자.

소스 5-5

```
01 /* 입력한 정숫값 이하의 3의 거듭제곱을 오름차순으로 출력 */
02 #include <stdio.h>
03 int main(void)
04 {
05    int threePow = 3, limit;
06    printf("양의 정수를 입력하세요: ");
07    scanf("%d", &limit);
08    while (threePow <= limit) {
09       printf("%d ", threePow);      // 3 거듭제곱 값을 출력
10       threePow *= 3;                // 3 거듭제곱 값 계산
11    }
12    printf("\n");                    // 줄 바꿈
13    return 0;
14 }
```

입력 예

```
40
```

출력 예

```
양의 정수를 입력하세요: 40
3 9 27
```

라인 5번의 정수형 변수 threePow는 3의 거듭제곱을 계산하기 위한 변수로 3의 1승인 3을 초깃값으로 설정하였다. 또한, 사용자로부터 출력 최댓값을 입력받기 위한 limit 변수를 선언하였다. 사용자로부터 입력받은 값을 limit 변수에 저장하고, 라인 8번의 while문을 통해 limit을 넘지 않는 3의 거듭제곱 값을 출력하기 위해 조건식을 (threePow <= limit)로 작성한다. 만약 거듭제곱 값이 사용자가 입력한 limit를 초과하는 경우에는 반복이 종료된다. 라인 10번은 3의 거듭제곱 값을 구하기 위해 threePow 변수에 3을 곱한다. while문 내부에서 반복횟수에 따라 threePow 변수의 값이 변경된다. 1회 반복 시에는 3의 1승 값을 출력하고 3의 2승을 계산하고, 2회 반복 시에는 3의 2승 값을 출력 후 3의 3승 값을 계산한다. 3회차에는 3의 3승값 출력, 3의 4승값 계산, 4회차에는 3의 4승값 출력, 3의 5승값 계산하여 n번째 반복 시에는 3의 n승값 출력 후 3의 n+1승 값을 계산하게 된다. 그럼 지금까지 살펴본 while문 예제를 바탕으로 아래의 코딩 5-1을 수행하도록 하자.

코딩 5-1

반복문 while문을 사용하여 0부터 100이하의 5의 배수를 출력하는 프로그램을 작성해보자.

출력 예

```
0 5 10 15 20 25 30 35 40 45 50 55 60 65 70 75 80 85 90 95 100
```

5.3 반복문 do ~ while

이제 do ~ while문에 대해 알아보도록 하자. do ~ while문은 while문과 매우 유사하지만 반복 조건을 검사하는 순서가 다르다. while문의 경우 반복 시작 시점에 조건식을 판단하여 참인 경우 반복 문장을 수행하고, 거짓인 경우 반복을 벗어나지만, do ~ while문의 경우 반복문장을 수행한 후 조건식을 판단하여 참인 경우 다시 반복문장을 수행하고, 거짓인 경우 아래의 다음 문장을 수행한다. 따라서, while문의 경우 조건식에 따라 단 한번도 반복 문장을 수행하지 않는 경우가 발생할 수 있으나, do ~ while문은 적어도 한 번은 반복 문장을 수행하게 된다는 점이 다르다. 아래에서 do ~ while문을 사용하는 형태와 순서도를 확인할 수 있다.

```
do {
    반복문장;
} while(조건식);
다음 문장;
```

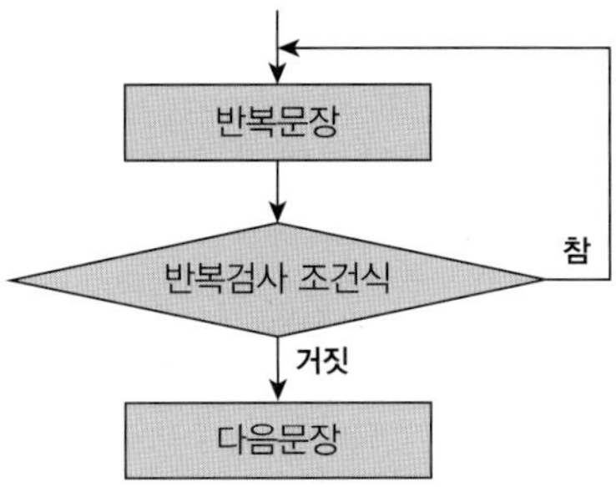

사용 형태에서 보는 바와 같이 do 다음에 반복하고자 하는 블록이 위치하고, 그 이후에 while과 조건식이 위치한다. 여기에서 중요하게 기억해야 하는 것은 조건식 뒤에 ;(세미콜론)을 반드시 적어 주어야 한다는 것이다. ;을 넣지 않으면 컴파일 단계에서 에러가 발생하게 되므로 주의가 필요하다. 순서도와 사용 형태에서 보는 바와 같이 먼저 반복 문장을 수행하고 조건식을 판단하여 참이면 다시 반복 문장을 수행하고, 거짓이면 다음 문장을 수행할 수 있는 흐름을 가진다. do ~ while문도 while문과 유사하게 반복 횟수를 특정하기 어려운 경우에 사용한다. 다음의 소스 5-6은 do ~ while문을 이용하여 1부터 10까지 출력하는 프로그램 예제이다.

소스 5-6

```
01 #include <stdio.h>
02 int main(void)
03 {
04    int i = 1;
05    do {
06       printf("[inloop]%d\n", i++);
07    } while (i<=10);
08    printf("[outloop] i = %d\n", i);
09    return 0;
10 }
```

출력 예

```
[inloop]1
[inloop]2
[inloop]3
[inloop]4
[inloop]5
[inloop]6
[inloop]7
[inloop]8
[inloop]9
[inloop]10
[outloop] i = 11
```

라인 4번에서는 반복 제어를 위한 변수 i를 선언하고 1로 초기화 한다. 1부터 10까지의 값을 출력하기 위해 초깃값을 1로 한다. 라인 5번에서 7번은 do ~ while 반복문이다. 먼저 라인 6번의 printf() 문장을 수행하며 i의 값을 출력하고, 값을 1 증가시킨다. 후위 증가 연산자를 사용하였으므로 i의 값을 먼저 출력하고, 증가한다. 라인 7번의 조건식인 (i<=10)을 판단하여 참이면 다시 반복문장을 수행하기 위해 라인 5번으로 돌아가고, 거짓인 경우 다음 문장인 라인 8번을 수행한다. i의 값을 순차적으로 출력하기 때문에 1부터 1씩 증가하며 출력하다가, 10이 되면, 조건식을 비교한 후 10을 출력하고 11이 되며, 이후 조건식에서 거짓이 되어 반복문을 빠져나와 i의 값을 출력한다. 반복문 밖에서 출력하는 i의 값은 조건식을 만족하지 못하는 값인 11이 된다.

다음의 소스 5-7은 두 개의 정수를 입력받아 작은 수부터 큰 수까지의 모든 수의 합을 구하는 프로그램 예제이다.

소스 5-7

```c
01 #include <stdio.h>
02 int main(void)
03 {
04     int from, to, i, temp;
05     int sum = 0;
06     printf("From: ");
07     scanf("%d", &from);
08     printf("To: ");
09     scanf("%d", &to);
10     if (from > to) {
11         temp = from;
12         from = to;
13         to = temp;
14     }
15     i = from;
16     do {
17         sum = sum + i;
18         i = i +1;
19     } while (i <= to);
20     printf("Total from %d to %d is %d.\n", from, to, sum);
21     return 0;
22 }
```

입력 예

```
40
```

출력 예

```
From: 10
To: 40
Total from 10 to 40 is 775.
```

정수형 변수 from과 to에 두 정수의 값을 입력받아, 두 정수 중 작은 값을 from에 큰 값을 to에 저장한 후, from에서부터 to까지 1씩 증가하며 모든 수를 더하여 출력하는 프로그램이다. 라인 10번에서 14번은 from이 to보다 큰 경우 값을 교환하는 스왑(swap)을 수행한다. 이후 작은 값인 from의 값을 반복 제어 변수 i에 저장하고, do ~ while문에서 i의 값을 sum 변수에 더하고, 1씩 증가한다. 조건식에서 i의 값이 to 이하인지를 비교하여 반복을 수행하고, to의 값을 초과할 때 반복문을 종료하고, 총 합계를 출력하는 라인 20번을 수행한다.

앞의 5-1 절에서 do ~ while문은 센티널 검사에 주로 사용한다고 설명하였다. 먼저 센티널 값(sentinel value)에 대해 알아보자. 일반적으로 센티널 값이란 프로그래밍에서 루프 또는 재귀 함수(추후 학습할 예정)의 종료 조건을 표현하기 위한 특별한 값이라는 의미로 플래그(flag) 값, 트립(trip) 값, 불량(rogue) 값, 신호(signal) 값, 더미 데이터(dummy data)이라고도 한다. 센티널 값은 전체 입력값의 크기를 지정하지 않았을 때 입력의 끝을 판단하기 위해 사용하는 값이다. 즉, 사용자의 입력 시에 종료 조건을 명시하기 위한 값이다. 앞의 소스 5-4의 while문의 조건식을 보면 사용자가 0의 값을 입력할 때 까지 지속적으로 값을 입력받는 것을 볼 수 있는데, 이때 0이 센티널 값이 된다. 이러한 센티널 값을 검출하여 입력을 종료하는 루틴을 센티널 루프 또는 센터널 검사라고 한다. 간혹 사용자 입력 값이 유효 데이터의 범주에 속하는지 확인하기 위한 방법으로 사용하기도 한다. 이러한 센티널 검사는 사용자의 입력을 전제로 작성하기 때문에 적어도 한 번은 수행하여 사용자의 입력을 받을 수 있는 do ~ while문을 이용한 반복문이 적합하다. 이때 센티널 값을 설정하는 것이 매우 중요한데, 일반적으로는 사용자 입력에서 절대로 등장하지 않는 값을 선택하는 것이 좋다. 다음의 소스 5-8은 do ~ while문을 이용한 센티널 검사를 구현한 예제이다.

소스 5-8

```
#include <stdio.h>
int main(void)
{
    int n;
    do {
        printf("Input a positive number or 0(Quit): ");
        scanf("%d", &n);
    } while (n!=0);
    printf("Teminated...");
    return 0;
}
```

입력 예

```
10
20
0
```

출력 예

```
Input a positive number or 0(Quit): 10
Input a positive number or 0(Quit): 20
Input a positive number or 0(Quit): 0
Teminated...
```

do ~ while문의 조건식에서 보는바와 같이 센티널 값을 0으로 설정한 센티널 검사 예제이다. 양의 정수를 입력받다가 0이 입력되면 프로그램을 종료하도록 작성하였다. 이제 지금까지의 예제들을 참고하여 다음의 코딩 5-2와 5-3을 수행해 보자.

코딩 5-2

양의 정숫값을 입력으로 받아 자릿수를 출력하는 프로그램을 do while문과 while문을 이용하여 각각 작성하시오.
힌트: 10진수는 나누기 10을 하면 자리수가 한자리 줄어든다.

입력 예

```
202010
```

출력 예

```
6자리
```

코딩 5-3

0을 제외한 정수를 계속 입력받아 입력 받은 값 중 모든 양수의 값을 곱하시오. 단, 0이 입력되면 현재까지 곱한 값을 출력하고 프로그램을 종료 하시오.

입력 예

```
-2 5 -50 10 2 -1 0
```

출력 예

```
100
```

5.4 반복문 for

이번에는 C 언어에서 제공하는 마지막 반복문인 for문에 대하여 살펴보자. 앞서 5-1절에서 for문은 반복 횟수를 아는 경우에 주로 사용한다고 설명하였다. 주어진 횟수만큼 반복 문장을 반복하는 경우에 주로 사용하기 때문에 while문이나 do ~ while문에 비해 조금은 복잡한 구조를 가지고 있다. 반복 제어 변수의 초기화할 수 있는 초기식과 반복 횟수를 제어하는 조건식, 1회 반복할 때 마다 반복 제어 변수의 값을 변경하는 증감식을 포함하기 때문에 처음 접하는 경우 복잡해 보이기도 하지만 while문이나 do ~

while문에 비해 편리하게 사용할 수 있다는 장점이 있다. 실제로 C 언어로 반복문을 작성할 때 가장 높은 빈도로 for문을 사용한다. 다음은 for문의 작성 형태와 순서도이다.

```
for(초기식; 조건식; 증감식) {
    반복문장;
}
다음 문장;
```

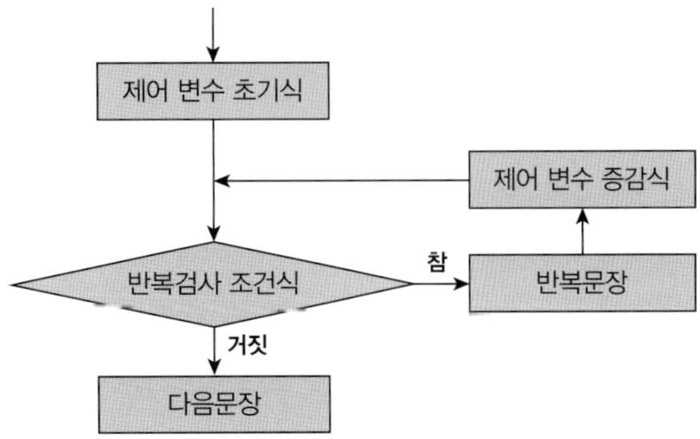

for문은 지금까지 살펴본 다른 반복문과 달리 일반적으로 반복문에 연계된 반복 제어 변수를 사용한다. 이 반복 제어 변수의 초기화와 비교 및 증감을 위한 별도의 문법이 정의되어 있어 다른 반복문과는 확연하게 구분된다. for문 이후 괄호 안에는 초기식과 조건식, 증감식을 작성하는데 각각 ;(세미콜론)으로 구분되어 있으며, 모두 생략이 가능하다.

- 초기식: 반복 안에서 사용할 반복을 제어하기 위한 변수를 초기화 할 수 있다.
- 조건식: 반복문 내부의 반복 문장을 실행하기 전에 검사하여 참이면 반복 문장을 수행하고 거짓이면 반복을 종료한다.
- 증감식: 반복문 내부의 반복 문장을 수행한 후 실행하는 문장으로 반복 제어 변수의 값을 증감하는 용도로 사용한다.

아래의 소스 5-9는 앞서 살펴본 소스 5-2를 for문으로 구현한 예제이다. 소스 5-2는 while문으로 작성되었으나 동일한 동작을 하는 프로그램을 for문으로 작성한 예제이다.

소스 5-9

```c
#include <stdio.h>
int main(void) {
    int i;
    for(i = 1; i <= 3; i++) {
        printf("Hello World!!!\n");
    }
    return 0;
}
```

출력 예

```
Hello World!!!
Hello World!!!
Hello World!!!
```

for문을 이용한 위의 소스 5-9를 while문으로 작성한 소스 5-2와 비교해 보면 반복문 자체는 조금 더 복잡해 보이지만 전체 코드는 더 간단하게 작성되어 있다. for문과 while문으로 작성한 동일한 동작을 하는 코드를 직접 비교해 보면 아래와 같다.

for문	while문

for(i = 1; i <= 3; i++)
{
   printf("Hello World\n");
}
	int i = 1;
	while(i <= 3)
	{
	   printf("Hello World!!!\n");
	   i++;
	}

위의 그림은 for문과 while문으로 작성된 동일한 기능의 두 코드의 동작을 반복 횟수에 따른 동작을 이해하기 쉽게 그림으로 설명한 것이다. 변수 i를 1로 초기화하고 조건문을 통해 해당 변수가 조건을 충족한다면 블록 내의 반복문장을 실행한다. 반복문장 실행이 끝나면 증감식을 통해 변수 i의 값이 변하고 다시 조건문을 검사하게 된다. 이후 조건문이 거짓이 될 때까지 반복하게 되고 조건문의 결과가 거짓이 나왔을 때, 반복을 종료하고 다음 문장으로 넘어가게 된다. 다음의 소스 5-10은 while문으로 작성된 소스 5-3을 for문을 이용하여 구현한 프로그램 예제이다.

소스 5-10

```
#include <stdio.h>
int main(void) {
   int i;
   for (i = 1; i <= 12; i++) {
      printf("%d월\n", i);
   }
   return 0;
}
```

출력 예

```
1월
2월
3월
4월
5월
6월
7월
8월
9월
10월
11월
12월
```

반복 제어 변수 i를 초기화하고, 반복 검사하며, 변수의 값을 1 증가시키는 세 개의 문장을 for문 하나에서 모두 처리하여 간단하게 코드를 작성할 수 있다. for문의 초기식과 조건식, 증감식을 보면 이 반복문이 어떻게 동작하는지 한눈에 볼 수 있다. 이 예제의 for문을 읽어 보면 "i는 1부터 12까지 1씩 증가하면서 반복하라"와 같이 읽을 수 있다. 이와 같이 for문을 읽으면 한눈에 반복문을 파악할 수 있다.

아래의 소스 5-11은 구구단에서 한 개의 단을 출력하는 프로그램 예제이다.

소스 5-11

```c
#include <stdio.h>
int main(void) {
   int dan, i;
   printf("출력할 구구단 입력: ");
   scanf("%d", &dan);
   for (i=1; i<=9; i++) {
      printf("%d * %d = %d\n", dan, i, dan*i);
   }
   return 0;
}
```

입력 예

```
7
```

출력 예

```
출력할 구구단 입력: 7
7 * 1 = 7
7 * 2 = 14
7 * 3 = 21
7 * 4 = 28
7 * 5 = 35
7 * 6 = 42
7 * 7 = 49
7 * 8 = 56
7 * 9 = 63
```

위의 예제는 정수 하나를 입력받아 해당 구구단을 for문을 이용해 출력한다. i는 1부터 9까지 1씩 증가하면서 반복하기 때문에 1부터 9까지 곱하는 결과를 출력할 수 있다. 그러나 이 코드는 일반적인 구구단과 달리 모든 정수에 대해 출력한다. 만약 우리가 아는 일반적인 구구단만 출력하고자 한다면 아래의 소스 5-12와 같이 수정할 수 있다.

소스 5-12

```c
#include <stdio.h>
int main(void) {
   int dan, i;
   do {
      printf("출력할 구구단(2~9) 입력: ");
      scanf("%d", &dan);
   } while (dan<2 || dan>9);
   for (i=1; i<=9; i++) {
      printf("%d * %d = %d\n", dan, i, dan*i);
   }
   return 0;
}
```

입력 예

```
10
7
```

출력 예

```
출력할 구구단(2~9) 입력: 10
출력할 구구단(2~9) 입력: 7
7 * 1 = 7
7 * 2 = 14
7 * 3 = 21
7 * 4 = 28
7 * 5 = 35
7 * 6 = 42
7 * 7 = 49
7 * 8 = 56
7 * 9 = 63
```

다음의 소스 5-13은 양의 정수 하나를 입력받아 1부터 입력받은 수까지의 합을 출력하는 프로그램 예제이다.

소스 5-13

```
01 #include <stdio.h>
02 int main(void)
03 {
04    int i, n;
05    int sum=0;
06    printf("Input n: ");
07    scanf("%d", &n);
08    for (i=1; i<=n; i++)
09       sum += i;
10    printf("Sum from 1 to %d is %d.\n", input_i, sum);
11    return 0;
12 }
```

입력 예

```
10
```

출력 예

```
Input n: 10
Sum from 1 to 10 is 55.
```

라인 9번에서 9번을 보면 중괄호의 블록이 생략되어 있다. 이 경우에는 단 하나의 문장을 반복 문장으로 사용한다는 의미이다. 따라서 라인 9번이 유일한 반복 문장이 된다.

하지만 이 예제 코드는 다른 형태로도 작성할 수 있다. for문의 초기식과 증감식에 하나의 식만을 사용하지 않고 콤마 연산자(,)를 이용하여 다수의 문장을 사용하는 것이다. 아래의 예와 같이 초기식에서 변수 i와 sum을 모두 초기화 할 수도 있다.

```
for(i=1, sum=0; i<=100; i++) {
    sum += i;
}
```

위의 예시처럼 초기식에 콤마연산자를 이용하는 경우 여러 개의 변수를 초기화할 수 있다. 초기식 뿐만 아니라 증감식도 여러 개의 문장을 사용하거나 다양한 연산식을 사용할 수 있다. 예를 들어, 소스 5-13의 증감식 i++을 i=i+1 또는 ++i, i+=1 등과 같은 형태로 작성할 수 있다. 뿐만 아니라 보다 복잡한 형태의 연산식도 사용할 수 있다. 아래의 예시는 증감식에 반복 제어 변수의 증가와 합계를 구하는 연산식을 한 번에 작성한 것이다.

```
for(i=1, sum=0; i<=100; sum+=i++)
```

아래의 소스 5-14는 위 두 예시가 실제로 동작 가능함을 보이는 프로그램 예제이다.

소스 5-14

```
#include <stdio.h>
int main(void) {
    int i, n;
    int sum;
    printf("Input n: ");
    scanf("%d", &n);
    for (i=1, sum =0; i<=n; sum+=i++) ;
    printf("Sum from 1 to %d is %d.\n", n, sum);
    return 0;
}
```

입력 예

```
100
```

출력 예

```
Input n: 100
Sum from 1 to 10 is 5050.
```

위의 프로그램은 반복문장 없이 소스 5-13과 동일하게 동작한다. for문 제일 끝에 ;(세미콜론)이 없는 경우에는 다음에 오는 printf() 문을 반복 문장으로 인식하기 때문에 반드시 필요하다. 세미콜론이 어색하다면 빈 블록({})를 적어 주어도 좋다.

앞에서 언급한 바와 같이 for문은 주로 반복횟수를 제어하는 제어변수와 초기식, 조건식, 증감식을 이용하여 반복을 수행한다. while문은 반복횟수가 아닌 조건에 따라 반복을 결정하는 코드에 적합하다. 그러나 두 반복문은 서로 변환이 가능하다. 아래 그림은 for문과 while문의 구조를 비교하여 보여준다.

```
이전문장
for(초기식; 조건식; 증감식)
{
   문장;
}
다음문장;
```

↔

```
이전문장
초기화식;
While(조건식)
{
   문장;
   증감식;
}
다음문장;
```

다음의 소스 5-15는 하나의 양수를 입력받아 0 이상부터 입력값 이하까지의 모든 홀수를 출력하는 프로그램을 for문과 while문으로 비교하여 작성한 프로그램 예제이다.

소스 5-15

```c
#include <stdio.h>
int main(void)
{
   int i, no;
   printf("A positive integer : ");
   scanf("%d", &no);
   printf("Results of for : ");
   for (i=1; i<=no; i +=2)
      printf(" %d", i);
   printf("\n");
   printf("Results of while : ");
   i=1;
   while (i<=no) {
      printf(" %d", i);
      i+=2;
   }
   printf("\n");
   return 0;
}
```

입력 예

```
10
```

출력 예

```
A positive integer: 10
Results of for : 1 3 5 7 9
Results of while : 1 3 5 7 9
```

위 예제의 출력 예를 보면 알 수 있듯이 for문과 while문은 동일한 동작을 하도록 작성할 수 있다. 그럼 지금까지 학습한 내용을 바탕으로 다음의 코딩 5-4를 수행하자.

코딩 5-4

양수 하나를 입력으로 받아 입력값 모든 약수를 출력하고 총 약수의 개수를 출력하는 프로그램을 for문을 이용하여 작성하시오.

입력 예

```
10
```

출력 예

```
Divisors of 10: 1 2 5 10
Number of Divisors of 10: 4
```

5.5 분기문

지금까지 제어문 중 조건문과 반복문을 모두 살펴보았다. 이제는 제어문 중 분기문(jump statements)에 대하여 알아보도록 하자. 분기문은 프로그램의 수행 흐름을 코드 내 특정 위치로 분기(jump)하는 기능을 수행한다. C 언어에서 지원하는 분기문에는 break문과 continue문, goto문, return문이 있다. 지난 4장의 switch문을 학습하면서 우리는 이미 break문을 사용하였다. switch문의 블록을 빠져나가 다음 문장을 수행하기 위해 사용한다는 것을 이미 알고 있다. continue문은 break문과 달리 블록을 빠져나가는 것이 아니라 다음 반복으로 이동한다. goto문은 사전에 지정해 둔 프로그램 내의 특정 위치로 프로그램의 실행 흐름을 변경한다. return문은 이미 main() 함수 종료 즉, 프로그램의 종료를 위해 사용하고 있다. 이 return문은 현재 실행중인 함수를 종료하고 이 함수를 호출한 곳으로 돌아간다. 이제 break문을 비롯하여 continue문, goto문을 차례대로 자세히 알아보도록 하자. return문은 8장 함수에서 자세히 다루기로 하자.

break문

반복문 내부에서 반복을 종료하기 위해 break문을 이용할 수 있다. 반복문 뿐만 아니라 현재 break문을 포함하고 있는 블록을 빠져나가는 기능을 가지고 있다. 만약 반복문 내부에 반복문이 있는 중첩 반복문의 경우에는 현재 break문을 포함하는 가장 작은 내부 반복문을 종료한다. 중첩 반복문에 대한 내용은 잠시 후에 다시 살펴보도록 하자. 아래의 그림은 for문과 while문, do ~ while문에서의 break문을 사용한 예이다.

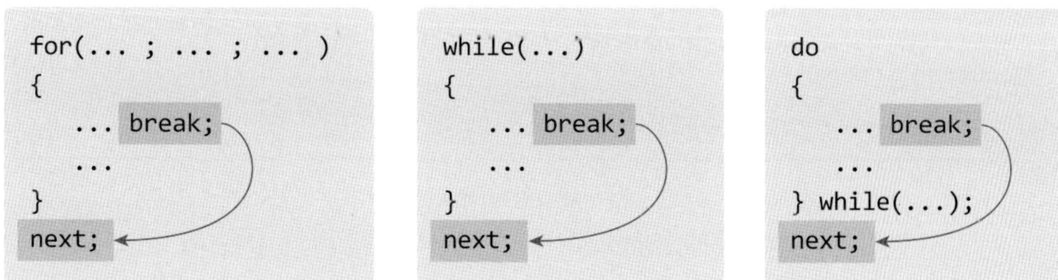

각각의 반복문 내부에서 break문을 만나는 경우 그림에서 보는 바와 같이 각각의 반복문을 빠져나와 next; 로 표현되어 있는 다음 문자를 수행하게 된다. 여러분들의 이해를 돕기 위해 그림을 이렇게 표현하였지만, 엄밀하게 이야기하자면 반복문의 반복 문장을 둘러 싼 블록의 끝 중괄호인 } 바로 다음으로 프로그램의 실행 흐름이 변경된다. 그러나 동작 자체는 그림과 큰 차이가 없으므로 위의 그림과 같이 이해해도 무방하다. 다음의 소스 5-16은 while문을 이용한 반복문을 break문을 이용하여 빠져나오는 예제 프로그램이다.

소스 5-16

```
#include <stdio.h>
int main(void)
{
   int n;
   while (1) {
      printf("Input an integer: ");
      scanf("%d", &n);
      if (n==0) break;
      printf("%d is inputed.\n", n);
   }
   printf("Terminated.");
   return 0;
}
```

입력 예

```
5
-1
0
```

출력 예

```
Input an integer: 5
5 is inputed.
Input an integer: -1
-1 is inputed.
Input an integer: 0
Terminated.
```

라인 5번에서 반복 조건으로 (1)이 사용되었다. 0의 값은 거짓을, 그 외의 값은 참을 의미하므로 이 while문의 조건은 항상 참이 되어 영원히 반복한다. 이러한 반복을 무한 반복이라고 한다. 무한 반복에 대해서는 잠시 후에 더 자세히 알아보도록 하자. 라인 7번의 scanf()문을 이용하여 변수 n에 사용자의 입력값이 저장되고, n의 값이 0인 경우에는 라인 8번의 조건문을 통해 break문이 실행된다. 따라서 라인 11번 문장으로 이동하여 프로그램을 수행하게 된다.

continue문

continue문은 현재 수행중인 반복을 중지하고 다음 반복 수행으로 프로그램의 진행 방향을 변경하는 명령어이다. 현재 실행 중인 반복 문장들은 무시되며 다음 단계의 반복이 처음부터 실행한다. 즉, continue 아래에 위치하는 모든 반복 문장들은 실행되지 않는다. 아래의 그림은 for문, while문, do ~ while문에서 continue문을 수행하는 경우 이동하는 문장의 위치를 설명한다.

```
for(num=0 ; num<10 ; num++ )
{
   ...
   continue;
   ...
}
```

```
while( num<10 )
{
   ...
   continue;
   ...
}
```

```
do
{
   ...
   continue;
   ...
} while ( num<10 );
```

그림에서 보는 바와 같이 for문의 경우에는 다음 단계의 반복을 수행하기 위해 증감식으로 이동하고, while문은 앞의 조건식으로, do ~ while문은 뒤의 조건식으로 각각 이동한다. 이로 인하여 continue문 뒤에 위치한 반복 문장들은 실행되지 않는다. 그림은 여러분들이 이해하기 쉽도록 표현하였다. 엄밀하게 설명하면, 세 반복 모두 반복문의 반복 문장을 둘러 싼 블록의 끝 중괄호인 } 바로 앞으로 프로그램의 실행 흐름이 변경된다. 그러나 실제 동작 흐름은 그림과 큰 차이가 없으므로 그림과 같이 기억하는 편이 쉽다. 다음의 소스 5-17은 for문 내부에서 continue문을 이용하여 1에서 50까지의 정수 중에서 짝수들만 출력하는 프로그램이다.

소스 5-17

```
01 #include <stdio.h>
02 #define MAX 50
03 int main(void)
04 {
05     int i;
06     printf("Even numbers from 1 to %d: ",MAX);
07     for (i=1; i<=MAX; i++) {
08         if (i % 2) continue;
09         printf("%d ", i);
10     }
11     return 0;
12 }
```

출력 예

```
Even numbers from 1 to 50: 2 4 6 8 10 12 14 16 18 20 22 24 26 28 30 32 34 36 38
40 42 44 46 48 50
```

라인 7번에서 10번은 i의 값이 1에서 MAX까지 1씩 증가하면서 수행하는 반복문이다. MAX는 50의 값을 가지는 매크로 상수이므로 1부터 50까지 1씩 증가한다. 반복을 수행하면서 i의 값을 2로 나눈 나머지가 1이 되는 경우 라인 8번의 continue문이 수행된다. 즉, i가 홀수인 경우에는 continue문이 수행되며, 이로 인하여 라인 9번의 문장은 수행되지 않고 다음 반복으로 넘어간다. 만약 i가 짝수라면, continue문은 수행되지 않으므로 라인 9번의 printf() 문장이 수행되어 i의 값을 화면에 출력하게 된다. 결국 이 프로그램은 1 이상 50 이하의 모든 짝수를 화면에 출력한다. 지금 살펴본 예제를 이용하여 아래의 코딩 5-5를 수행해 보자.

코딩 5-5

continue문을 사용하여 1부터 20까지의 정수중 3의 배수가 아닌 수를 출력하는 프로그램을 작성해보자.

출력 예

```
1 2 4 5 7 8 10 11 13 14 16 17 19 20
```

goto문

goto문은 프로그램상의 특정 위치로 프로그램의 실행 흐름을 변경하는 명령어이다. goto문으로 이동할 위치는 goto문 바로 뒤에 레이블(label)을 적어 표시한다. 레이블은 식별자의 한 종류로 변수명 또는 함수명과 같이 사용자가 이름을 정하여 사용해야 하며, 식별자 생성 규칙을 따른다. 다만 레이블을 정의할 때에는 반드시 레이블 이름 뒤에 :(콜론)을 붙여야 한다. 우리는 이미 이러한 레이블을 사용한 적이 있다. 바로 switch문에서 사용한 case:와 default:이다. 이 둘 또한 switch문에서 동작하는 사전에 정의된 레이블이다. goto문을 이용하면 편리하게 프로그램의 흐름을 바꿀 수 있다. 여러 개의 반복문으로 둘러싸여 있는 경우 한 번에 모든 반복문을 빠져 나올 수 있기 때문에 매우 편리하지만, 그러나 프로그램의 소스 코드를 읽고 이해하는 데에 장애물이 된다. 일반적으로 goto문의 사용은 권장되지 않는다. 정말 부득이한 경우에만 사용하도록 하자. 다음의 소스 5-18은 goto문을 이용하여 "Hello world!!!"를 3번 출력하는 예제이다.

소스 5-18

```
#include <stdio.h>
int main(void)
{
    int number = 0;
loop:
    printf("Hello World!!!\n");
    if (++number < 3) goto loop;
    return 0;
}
```

출력 예

```
Hello World!!!
Hello World!!!
Hello World!!!
```

라인 5번은 loop: 라는 레이블을 정의한 것이다. 코드를 보면 알 수 있듯이, 레이블은 일반적으로 들여쓰기를 하지 않고 작성한다. 그 이유는 소스 코드를 읽을 때 레이블의 위치를 빠르게 찾을 수 있도록 하기 위함이다. 라인 7번을 보면 number의 값이 3보다 작은 경우 goto loop를 수행하도록 하였다. 이를 통하여 라인 5번에서 7번까지 세 번 반복하는 동작을 수행하게 된다. goto문을 이용하여 특정 레이블로 이동하는 문장을 작성할 때에는 레이블 뒤에 :을 붙이지 않는다는 것을 명심하자.

5.6 무한 반복문

- 나무 위키 무한 루프 참조(https://namu.wiki/w/무한%20루프)

반복문의 조건식이 항상 참이 되어 영원히 종료하지 않고 무한히 반복되는 반복문을 무한 반복문 또는 무한 루프라고 한다. 프로그래머가 의도적으로 작성하지 않은 무한 반복문은 논리적인 오류로 간주되지만, 프로그래머가 의도적으로 무한 반복문을 만드는 경우가 종종 있다. 앞서 살펴본 센티널 검사를 수행하는 반복문이 대표적인 의도적으로 만든 무한 반복문이다. 무한 반복문을 생성할 때 가장 중요한 것은 적절한 종료 조건을 만들고, 조건을 만족할 때 반복문을 종료하고 빠져 나올 수 있어야 한다는 것이다. 만약, 의도적으로 무한 반복문을 만들었다고 할지라도 타당한 종료 조건을 만들지 않았다면 이 프로그램은 영원히 종료되지 않는 논리적 오류를 가진 프로그램이 된다. 아래는 for문과 while문, do ~ while문을 이용하여 무한 반복문을 만드는 대표적인 사례를 보여준다.

```
for(;;) {
    ...
}
```

```
for( ;1; ) {
    ...
}
```

```
while(1) {
    ...
}
```

```
do {
    ...
} while(1);
```

for문을 이용하여 무한 반복문을 만드는 경우에는 조건식을 생략하거나 조건식을 항상 참이 되도록 함으로써 만들 수 있다. 위의 두 번째 예는 조건식에 상수 1을 넣어 항상 참이 되도록 한 것이다. while문과 do ~ while문을 이용하여 무한 반복문을 만들 때에는 조건식을 항상 참이 되도록 하면 된다. for문과는 달리 조건식을 생략하는 것은 불가능하다. 조건식을 생략하면 컴파일 단계에서 에러 메시지를 마주하게 될 것이다. 앞서 언급하였듯이 무한 반복문 생성에 있어 가장 중요한 부분은 탈출 조건을 생성하고, 조건이 만족했을 때 반복문을 종료할 수 있어야 한다. 반복문의 종료 또는 탈출은 보통 break문이나 goto문, return문 등의 분기문을 이용한다. 일반적으로는 break문을 가장 많이 사용한다. 다음 소스 5-19는 간단한 자판기의 메뉴 구성으로 사용자가 음료수를 선택하면 선택한 음료수를 출력하고 프로그램을 종료하고, 메뉴에 없는 것을 선택하면 제대로 선택할 때까지 반복하는 예제이다.

소스 5-19

```
#include <stdio.h>
int main(void)
{
   int select;
   do    {
      printf("[1] Cola\n");
      printf("[2] Orange Juice\n");
      printf("[3] Mango Juice\n");
      printf("[4] Ginger Beer\n");
      printf("[5] Coffee\n");
      printf("Select beverage: ");
      scanf("%d", &select);
      if (select <= 5 && select >= 1) break;
   } while (1);
   printf("Your choice is %d.\n", select);
   return 0;
}
```

입력 예

```
6
5
```

출력 예

```
[1] Cola
[2] Orange Juice
[3] Mango Juice
[4] Ginger Beer
[5] Coffee
Select beverage: 6
[1] Cola
[2] Orange Juice
[3] Mango Juice
[4] Ginger Beer
[5] Coffee
Select beverage: 5
Your choice is 5.
```

이 예제는 do ~ while문을 이용하여 무한 반복문을 생성하고, 적절한 메뉴 선택을 한 경우에는 반복문을 탈출 할 수 있도록 프로그램을 작성하였다. 메뉴 구성에 없는 번호를 선택하는 경우에는 다시 메뉴를 선택하도록 하고, 적절한 메뉴를 선택한 경우에는 선택한 메뉴의 번호가 출력되고 프로그램이 종료된다. 이러한 패턴은 사용자가 다양한 선택 중 하나를 고르는 프로그램 인터페이스에 자주 사용되니 잘 기억해 두도록 하자. 아래의 소스 5-20은 while문을 이용하여 무한 반복문을 만들고, 음수가 입력되면 반복문을 종료할 수 있도록 하는 예제이다.

소스 5-20

```
#include <stdio.h>
int main(void)
{
    int sum = 0, n;
    while (1) {
        printf("Input 0 or positive value: ");
        scanf("%d", &n);
        if (n < 0) break;
        sum += n;
    }
    printf("Accumulated value: %d\n", sum);
    return 0;
}
```

입력 예

```
10
20
5
7
-1
```

출력 예

```
Input 0 or positive value: 10
Input 0 or positive value: 20
Input 0 or positive value: 5
Input 0 or positive value: 7
Input 0 or positive value: -1
Accumulated value: 42
```

while문을 이용하여 무한 반복문을 만들고 입력되는 모든 수를 누적하여 더한다. 만약 음수가 입력되면 반복을 종료하고 현재까지 누적된 값을 출력하고 프로그램을 종료한다. 아래의 소스 5-20-1은 소스 5-20의 코드를 for문으로 변경한 것이다.

소스 5-21

```
#include <stdio.h>
int main(void)
{
    int sum = 0, n;
    for (;;) {
        printf("Input 0 or positive value: ");
        scanf("%d", &n);
        if (n < 0) break;
        sum += n;
    }
    printf("Accumulated value: %d\n", sum);
    return 0;
}
```

입력 예

```
10
20
5
7
-1
```

출력 예

```
Input 0 or positive value: 10
Input 0 or positive value: 20
Input 0 or positive value: 5
Input 0 or positive value: 7
Input 0 or positive value: -1
Accumulated value: 42
```

지금까지 학습한 내용을 바탕으로 아래의 코딩 5-6을 수행해 보도록 하자.

코딩 5-6

무한 반복문을 이용하여 Hello World!!!를 10번 출력하는 코드를 작성하시오

출력 예

```
Hello World!!!
Hello World!!!
Hello World!!!
Hello World!!!
Hello World!!!
Hello World!!!
Hello World!!!
Hello World!!!
Hello World!!!
Hello World!!!
```

5.7 중첩 반복문

반복문 내부에 또 다른 반복문이 있는 것을 중첩 반복문 또는 다중 반복문이라고 한다. 다음 그림은 for문 내부에 for문이 있는 이중 for문 형태의 중첩 반복문의 예이다. 외부 for문의 반복 제어 변수로 i를, 내부의 for문 반복 제어 변수로 j를 사용한다. 외부 반복에서 i는 1에서 5까지 1씩 증가하며 반복하며, 내부 반복에서 j는 1부터 3까지 1씩 증가하며 반복한다. i의 값이 1일 때 내부 반복문은 j가 1에서 3까지 반복되고, 다시 i의 값이 2일 때 내부 반복문은 j가 1에서 3까지 반복된다. 즉, 외부 반복문의 횟수는 5회, 내부 반복문의 횟수는 3회 이므로 내부 반복문 안의 반복 문장들은 총 15회 수행하게 된다.

```
for(i=1; i<=5;i++)
{
   for(j=1;j<=3;j++
   {
      . . .
   }
}
```

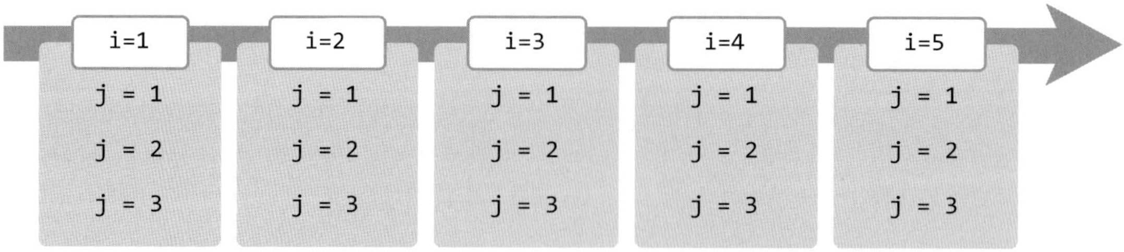

위 그림을 보면서 이중 for문의 수행 과정을 살펴보도록 하자. 처음에는 반복 제어 변수 i와 j의 값이 어떻게 변경되는지 하나하나 적어가면서 따라가보도록 하자. 처음에는 낯설어 어렵게 느껴질 수 있지만, 조금만 천천히 생각해 보면 쉽게 동작 과정이 이해가 될 것이다. 다음의 소스 5-22는 이중 for문으로 별표를 이용하여 사각형을 그리는 예제이다.

소스 5-22

```
#include <stdio.h>
int main(void)
{
   int i, j;
   for (i=1; i<=5; i++) {
      for (j=1; j<=5; j++) {
         printf("*");
      }
      printf("\n");
   }
   return 0;
}
```

출력 예

```
*****
*****
*****
*****
*****
```

내부의 for문은 한 줄에 다섯 개의 별을 출력하는 반복문이다. 외부의 for문은 5줄의 별표를 출력하는 반복문이다. 한 줄에 다섯 개의 별을 찍는 과정을 다시 5번 반복하면 위와 같이 5행 5열의 별표 사각형이 완성된다. 위 소스 코드를 보고 한 단계씩 반복 제어 변수 i와 j의 값 변경을 적어가면서 살펴보도록 하자.

다음 그림은 조금 더 복잡한 형태의 이중 for문을 설명하고 있다. 외부 for문의 반복 제어 변수 i는 1부터 5까지 1씩 증가하면서 반복을 수행하고, 내부 for문의 반복 제어 변수 j는 1부터 i까지 1씩 증가하면서 반복을 수행한다. 따라서, i의 값이 1인 경우에는 내부 반복문은 1회 수행하고, 2인 경우에는 2회, 3인 경우에는 3회, 5인 경우에는 5회 수행하게 된다. 따라서 내부 for문 안의 반복 문장들은 1+2+3+4+5회 즉 15회 수행하게 된다.

```
for(i=1; i<=5;i++)
{
   for(j=1;j<=3;j++)
   {
      . . .
   }
}
```

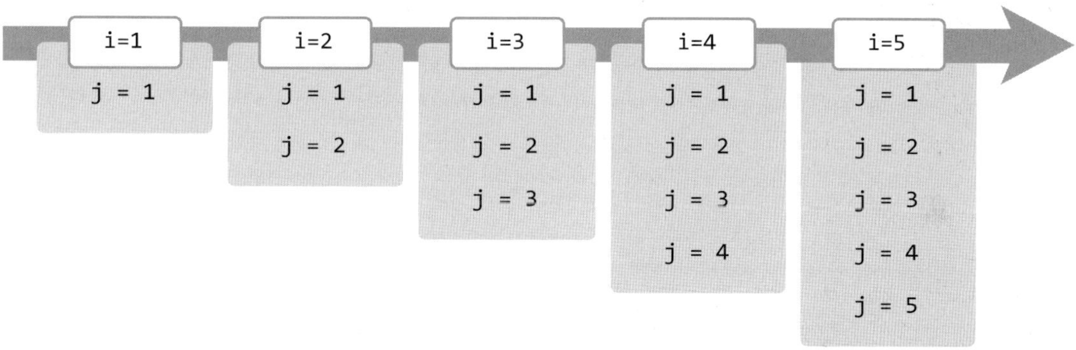

다음의 소스 5-23은 위 그림의 이중 for문을 이용하여 별표를 그렸을 때 어떤 그림이 출력되는지 확인하기 위한 예제이다.

소스 5-23

```
#include <stdio.h>
int main(void)
{
   int i, j;
   for (i=1; i<=5; i++) {
      for (j=1; j<=i; j++) {
         printf("*");
      }
      printf("\n");
   }
   return 0;
}
```

출력 예

```
*
**
***
****
*****
```

위의 프로그램은 중첩된 for문에서 내부 반복문이 외부 반복문에 의존해 반복 횟수를 결정하는 좋은 예이다. 1행에는 1개의 별을, 2행에는 2개의 별을, 3행에는 3개의 별을, 4행에는 4개의 별을, 마지막으로 5행에는 5개의 별을 출력하여 직각삼각형 모양의 별을 완성하였다. 중첩 반복은 반복문이 2개 겹쳐 있으면 이중 반복문이라고 하며, 3개 겹쳐 있으면 삼중 반복문이라고 한다. 일반적인 프로그램에서는 3중 반복문 정도까지만 사용한다. 그 이상의 중첩 반복문은 프로그램을 읽기 어렵게 하기 때문에 빈번하게 사용하지는 않는다. 동영상 파일을 다루는 프로그램의 경우에는 4중에서 5중 반복문을 사용하기도 한다.

지금까지 학습한 내용을 바탕으로 아래의 코딩 5-7을 수행해 보도록 하자.

코딩 5-7

표준 입력된 정수와 중첩 for문을 이용하여 피라미드 모양의 별찍기 코드를 작성하시오.

입력 예 1

```
3
```

출력 예 1

```
  *
 ***
*****
```

입력 예 2

```
4
```

출력 예 2

```
   *
  ***
 *****
*******
```

앞에서 우리는 구구단 중 한 개의 단을 출력하는 프로그램을 작성한 바 있다. 이번에는 8개 단 모두 출력하는 프로그램을 작성해 보도록 하자. 다음의 소스 5-24는 구구단을 모두 출력하는 프로그램 예제이다.

소스 5-24

```
#include <stdio.h>
int main(void)
{
    int i, j;
    for(i=2; i<=9; i++) {
        printf("##%2d단##\n", i);
        for(j=1; j<=9; j++) {
            printf("%d * %d = %-2d\n", i, j, i*j);
        }
        printf("\n");
    }
}
```

출력 예

```
## 2단##
2 * 1 = 2
2 * 2 = 4
2 * 3 = 6
2 * 4 = 8
2 * 5 = 10
2 * 6 = 12
2 * 7 = 14
2 * 8 = 16
2 * 9 = 18

## 3단##
3 * 1 = 3
3 * 2 = 6
3 * 3 = 9
3 * 4 = 12
3 * 5 = 15
3 * 6 = 18
3 * 7 = 21
3 * 8 = 24
3 * 9 = 27
```

```
... 생략 ...

## 9단##
9 * 1 = 9
9 * 2 = 18
9 * 3 = 27
9 * 4 = 36
9 * 5 = 45
9 * 6 = 54
9 * 7 = 63
9 * 8 = 72
9 * 9 = 81
```

- C Programming FAQs 참조(http://cinsk.github.io/ko/cfaqs/index.html)

프로그래밍 Q&A 18

Q 왜 아래 loop는 항상 한 번만 실행될까?

```
for (i = start; i <end; i ++);
{
   printf("%d\n", i);
}
```

A for를 쓴 문장의 마지막 뒤에 실수로 붙인 세미콜론 때문에, for가 반복할 문장(statement)은 "null statement"가 된다. 중괄호로 둘러싼 블록은, 얼핏 보기에는 for가 반복할 코드로 보이지만, 사실은 for와 무관한, 그냥 다음 statement일 뿐이다.

Q 16.1 참고

프로그래밍 Q&A 19

Q 어떤 사람들은 goto가 악마와도 같다고 말하면서 절대로 쓰지 말라고 하는데, 너무 과장된 말이 아닐까?

A 프로그래밍 스타일이란, 글을 쓰는 스타일과 같이 정형화된 것이 아니기 때문에, 절대적인 규칙으로 제정될 수 없는 것이다. goto 문장은 남용되면 유지/보수/관리하기 힘들 정도의 복잡한, 이른바 스파게티 코드를 만들어 낼 수 있다. 그렇다고, 아무런 생각 없이 goto 문장을 무조건 금지하는 것이 즉각 좋은 코드를 만들어 내는 것도 아니다. 물론 goto문을 전혀 쓰지 않고도 코드를 만들 수 있다.

대부분의 프로그래밍 스타일에 관한 "규칙"은 규칙이라는 단어보다는 "안내지침"이란 단어로 보는게 더바람직 하다. 또한 이러한 규칙들이 왜 만들어졌는 가를 이해하는 것이 더 중요하다. 이러한 규칙에 대한 이해 없이, 무조건 어떤 구조를 배척하는 것은 원래 규칙이 의미하고자 한 것과 오히려 반대되는 결과를 만들어낼 수 있다.

Q 17.10 참고

연습문제

01 다음의 C 언어에 대한 설명 중 맞으면 ○, 틀리면 ×로 표시하시오.

- for문은 기본적으로 초기식, 조건식, 증감식을 사용한다.
- C 언어는 while, do while, for each 세 가지 종류의 반복 구문을 제공한다.
- do while문의 조건식이 거짓이라도 적어도 한 번은 반복한다.
- for문에서 반복 조건을 아예 제거하면 오류가 발생한다.
- 반복문 내부에 반복문이 또 있는 구문을 중첩된 반복문이라 한다.
- for문으로 작성한 반복문은 while문으로 변환할 수 없다.
- break문은 반복 내부에서 반복문 종료할 때 쓴다.
- continue문은 break문과 달리 반복을 중단시키지 않고 다음 반복으로 이어준다.
- goto문은 레이블이 위치한 다음 문장으로 실행 순서를 이동하는 문장이다.
- break, continue, goto문은 제어문이라고 할 수 있다.

02 다음 설명 중 틀린 것은?

❶ for문에서 초기 값은 생략할 수 있다.
❷ for문과 while문은 조건식에 따라 반복하지 않을 수도 있다.
❸ do while문은 적어도 한 번은 반복한다.
❹ 반복문은 조건식이 참인 경우에 반복을 중단한다.

03 다음 부분 소스에서 문법 오류가 없는 것은?

❶ do while(i<5)　　❷ while(int i=0; i<5)
❸ for(i<5)　　❹ for(int i=1; i<5;i++)

04 다음 중 문법 오류가 발생 하는 것은?

❶ for(; ;)　　❷ do while(1);　　❸ for(; 1;)　　❹ while();

05 반복문 while문을 사용하여 0부터 20가지의 3의 배수를 출력하는 프로그램을 작성해 보시오.

```
int n=0,max=20;
while(______________){
   printf("%4d",n);
   (______________);
}
   printf("\n");
```

출력결과

0 3 6 9 12 15 18

06 다음 프로그램의 반복문을 실행하였을 경우, 출력결과를 보기에서 고르시오.

```
#include <stdio.h>
int main(void)
{
   int i = 0, sum = 0, mult = 1;
   while (++i <= 5) {
      if (i % 2) sum += i;
      else mult *= i;
   }
   printf("합: %d 곱: %d\n", sum, mult);
   return 0;
}
```

❶ 합: 9 곱: 8 ❷ 합: 16 곱: 8 ❸ 합: 9 곱: 48 ❹ 합: 16 곱: 48

07 다음 프로그램은 1+2+ . . . +n의 합을 계산하되 n까지의 합이 최초로 100을 넘으면 중단하고, 그때의 n값과 합계를 출력하는 프로그램이다. 프로그램의 밑줄 친 부분을 완성하시오.

```
int n=1, sum=0;
do
{
   sum = sum+n;
   if(____________) break;
   _________________;
} while(1);
printf("sum=%d n=%d\n",sum,n);
```

08 다음 프로그램의 구구단 중에서 1단과 2단을 연속해서 출력하는 프로그램이다. 밑줄 친 부분을 완성하시오.

```
#include <stdio.h>
void main()
{
   int i, j;
   for (i=1; ___________; i=i+1)
      for (j=1; ___________; j=j+1)
         printf("%d*%d=%d\n", i, j, i*j);
```

프로그래밍 연습

01 소스 5-22는 우리가 일반적으로 보는 구구단 표의 모습이 아니다. 우리가 일반적으로 알고 있는 2단부터 9단까지 가로 형태의 구구단 표를 출력하는 프로그램을 작성하시오.

02 표준입력으로 입력한 정수를 이용하여 반복문을 이용하여 총 5가지의 별 삼각형을 만드는 코드를 작성하시오

❶ 왼쪽 아래가 직각인 삼각형

❷ 왼쪽 위가 직각인 삼각형

❸ 오른쪽 아래가 직각인 삼각형

❹ 오른쪽 위가 직각인 삼각형

❺ 표준입력으로 입력한 정수가 높이인 피라미드 모양의 삼각형

03 1부터 100까지 정수 중에서 소수(prime number)를 출력하는 코드를 작성하시오.

- 소수는 약수가 1과 자신뿐인 수

04 1부터 100까지 정수 중에서 2, 7, 9의 배수를 제외한 수를 한 행에 5개씩 출력하는 코드를 작성하시오.

05 아래의 식을 참고로 섭씨 온도(C)를 화씨 온도(F)로 변환하는 프로그램을 작성하시오.

- F = (9.0 / 5.0) * C + 32
- 섭씨온도가 −10부터 100까지 10씩 증가, 이 때의 화씨온도를 구하여 출력하는데, 온도는 모두 정수형태로 출력

06 다음 조건을 만족하는 프로그램을 작성하시오.

- 표준입력으로 출력 개수와 줄바꿈 개수를 입력받아 '*'와 '/'를 교대로 출력하는 코드를 작성하시오.
- 단, 홀수 행 앞은 '*', 짝수 행 앞은 '/'로 시작한다.

07 반복문을 이용하여 입출력 예와 같이 동작하는 프로그램을 작성하시오.

입력 예: 3

출력 예:

```
  *
 **
***
```

입력 예: 4

출력 예:

```
   *
  **
 ***
****
```

08 반복문을 이용하여 입출력 예와 같이 동작하는 프로그램을 작성하시오.

입력 예: 3

출력 예:

```
  *
 ***
*****
 ***
  *
```

입력 예: 4

출력 예:

```
   *
  ***
 *****
*******
 *****
  ***
   *
```

09 연도를 입력하면 해당 연도의 달력을 출력하는 프로그램을 출력 예를 참고하여 작성하시오.

출력 예:

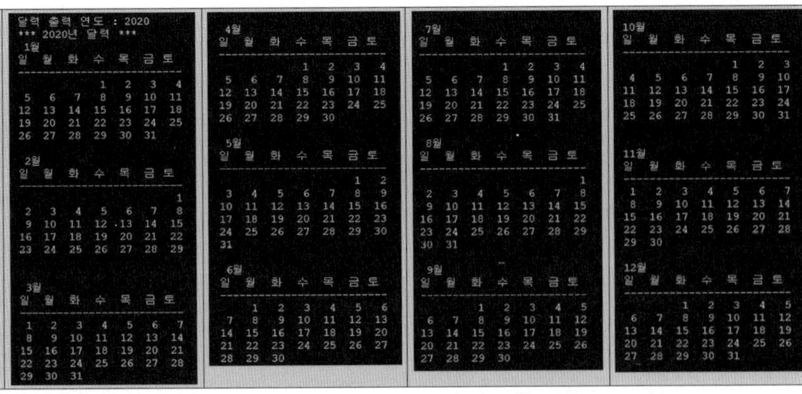

```
달력 출력 연도 : 2020
*** 2020년 달력 ***
 1월
일  월  화  수  목  금  토
----------------------------
             1   2   3   4
 5   6   7   8   9  10  11
12  13  14  15  16  17  18
19  20  21  22  23  24  25
26  27  28  29  30  31

 2월
일  월  화  수  목  금  토
----------------------------
                         1
 2   3   4   5   6   7   8
 9  10  11  12  13  14  15
16  17  18  19  20  21  22
23  24  25  26  27  28  29

 3월
일  월  화  수  목  금  토
----------------------------
 1   2   3   4   5   6   7
 8   9  10  11  12  13  14
15  16  17  18  19  20  21
22  23  24  25  26  27  28
29  30  31

 4월
일  월  화  수  목  금  토
----------------------------
             1   2   3   4
 5   6   7   8   9  10  11
12  13  14  15  16  17  18
19  20  21  22  23  24  25
26  27  28  29  30

 5월
일  월  화  수  목  금  토
----------------------------
                     1   2
 3   4   5   6   7   8   9
10  11  12  13  14  15  16
17  18  19  20  21  22  23
24  25  26  27  28  29  30
31

 6월
일  월  화  수  목  금  토
----------------------------
     1   2   3   4   5   6
 7   8   9  10  11  12  13
14  15  16  17  18  19  20
21  22  23  24  25  26  27
28  29  30

 7월
일  월  화  수  목  금  토
----------------------------
             1   2   3   4
 5   6   7   8   9  10  11
12  13  14  15  16  17  18
19  20  21  22  23  24  25
26  27  28  29  30  31

 8월
일  월  화  수  목  금  토
----------------------------
                         1
 2   3   4   5   6   7   8
 9  10  11  12  13  14  15
16  17  18  19  20  21  22
23  24  25  26  27  28  29
30  31

 9월
일  월  화  수  목  금  토
----------------------------
         1   2   3   4   5
 6   7   8   9  10  11  12
13  14  15  16  17  18  19
20  21  22  23  24  25  26
27  28  29  30

10월
일  월  화  수  목  금  토
----------------------------
                 1   2   3
 4   5   6   7   8   9  10
11  12  13  14  15  16  17
18  19  20  21  22  23  24
25  26  27  28  29  30  31

11월
일  월  화  수  목  금  토
----------------------------
 1   2   3   4   5   6   7
 8   9  10  11  12  13  14
15  16  17  18  19  20  21
22  23  24  25  26  27  28
29  30

12월
일  월  화  수  목  금  토
----------------------------
         1   2   3   4   5
 6   7   8   9  10  11  12
13  14  15  16  17  18  19
20  21  22  23  24  25  26
27  28  29  30  31
```

06 배열

6.1 배열의 개요

- 위키피디아 배열 참조

C 프로그래밍 교과목을 수강하는 학생 30명의 성적과 평균 점수를 출력하는 프로그램을 작성한다고 생각해 보자. 합계를 계산하기 위한 변수와 평균을 구하기 위한 변수 외에도 각 학생의 성적을 저장하기 위한 30개의 변수를 선언하여 사용해야 할 것이다. 30명의 성적을 일일이 30개의 변수에 저장하고, 합계를 구하기 위한 변수와 더해 합계를 구해야 하며, 다시 30으로 나누어 평균을 구해 평균을 저장하기 위한 변수에 저장해야 한다. 하나하나의 변수에 대하여 합계를 구하고, 성적을 출력하는 과정을 30번 작성해야 한다. 만약 수강 학생의 수가 100명이라면 어떻게 될까? 프로그램을 작성하는 과정은 상당히 고된 일이 될 것이다. 우리는 앞의 장에서 반복문을 학습하였다. 반복되는 작업들을 반복문을 이용하여 쉽게 프로그램으로 구현할 수 있다. 그러나 30명의 성적을 저장하고 있는 변수를 반복적으로 처리할 수 없다. 각 성적이 `score01` 과 `score02`, `score03` 등의 변수에 저장되어 마지막 30번째 학생의 성적이 `score30` 변수에 저장되어 있다고 하자. 이 각각의 변수는 독립적인 변수이기 때문에 반복문 내부에서 변수를 바꾸어가며 출력하고, 합계를 구할 수는 없다. 동일한 데이터 타입을 가지는 30개의 각기 다른 변수를 반복문에서 사용할 수 있도록 하나의 변수처럼 사용하면서도 30개의 각각의 값을 개별적으로 접근하여 사용할 수 있도록 하여 반복문에서 사용할 수 있도록 할 수 있다면, 보다 편리하게 프로그램을 작성할 수 있을 것이다. 이제부터 그 방법에 대해 살펴보도록 하자.

배열(array)이란 다수의 동일한 타입의 데이터를 저장하기 위해 연속적인 메모리의 공간을 할당받아 사용하는 구조를 말한다. 즉, 동일한 데이터 타입의 변수를 여러 개 이어 붙여 사용하는 형태와 유사하다. 단순히 저장 공간만을 연속적으로 붙여 사용하는 것이 아니라, 각각의 공간의 위치에 따라 번호를 부여하여 접근할 수 있도록 하는 데이터(자료) 구조이다. 배열은 동일한 데이터 타입의 변수들을 하나로 모아서 관리할 수 있도록 한다고 생각하면 쉽게 이해할 수 있을 것이다. 이때 각각의 변수들을 원소(element, 요소)라고 한다. 앞의 30명의 학생 성적을 처리하는 프로그램에서 30개의 변수를 배열로 정의하여 사용한다면, 각각의 변수는 하나의 원소로 대응하여 총 30개의 원소를 가지는 배열이 된다. 이때 각 원소는 인덱스(index, 첨자)를 이용하여 접근할 수 있다. 인덱스 번호는 0부터 시작한다. 30개의 원소를 가지는 배열의 경우, 0번 인덱스에서 29번 인덱스까지 번호가 각각의 원소에 할당된다. 배열의 이름에 이 인덱스 번호를 추가하여 총 30개의 원소를 개별적인 변수와 동일하게 사용할 수 있도록 하며, 인덱스 번호로 다른 변수를 이용하여 사용할 수 있기에 반복문의 반복 제어 변수 등을 이용하면 쉽게 처리할 수 있다. 이러한 배열은 대부분의 프로그래밍 언어에서 제공하고 있는 가장 기초적인 자료 구조로 행렬이나, 벡터 등과 같은 다른 자료 구조를 표현하는데 주로 사용되기도 한다. C 언어에서 배열은 대용량의 데이터를 효과적으로 처리하기 위해서 사용되거나, 문자형 배열의 경우 문자열을 처리하기 위해 사용되기도 한다.

배열은 형태에 따라 1차원 배열과 2차원 배열, 3차원 배열 등으로 나눌 수 있다. 30명의 학생이 수강하는 C 프로그래밍 교과목의 성적을 처리 하기 위해서는 30개의 원소를 가지는 1차원 배열을 선언하여 사용 할 수 있다. 만약 C 프로그래밍 교과목의 분반 수가 5개라고 한다면, 다시 30개의 원소를 가지는 배열을 원소로 가지는 배열 5개를 만들어 처리할 수 있다. 이러한 배열을 우리는 2차원 배열이라고 한다. 다시 이 2차원 배열을 원소로 가지는 배열을 생성한다면 3차원 배열이 된다. 그럼, 각 데이터 타입에 따른 배열의 선언 방법과 사용 방법을 학습하고, 1차원 배열과 2차원 배열, 그 이상의 다차원 배열을 선언하고 사용하는 방법을 학습해 보도록 하자.

6.2 1차원 배열

먼저 가장 기초적인 1차원 배열에 대해 살펴보자. 배열의 원소는 우리가 사용할 수 있는 모든 종류의 변수와 동일하다. 변수를 선언할 수 있는 데이터 타입이라면 배열로도 선언하여 사용할 수 있다. `int`형 원소를 가지는 배열에서부터 `char`형 원소를 가지는 배열, `double`형을 원소로 가지는 배열 등 다양한 데이터 타입을 원소로 사용하여 배열을 생성할 수 있다. 나중에 학습할 포인터와 구조체 등과 같은 데이터 타입 역시 원소로 사용할 수 있다. 이 장에서는 기본적인 데이터 타입을 이용한 배열에 대해 주로 학습한다. 포인터나 구조체 등과 같은 원소를 가지는 배열은 추후 해당 내용을 학습하면서 함께 다루기로 하자. 먼저, 기본적인 데이터 타입을 원소로 가지는 1차원 배열에 대해 알아보도록 하자. 선언 방법은 아래와 같다.

표 6-1 배열 선언 방법

배열 선언	데이터타입 배열이름[배열크기];

배열 선언 예	`int score[30];`
	`double grade[10];`
	`char name[15];`

기본적으로 변수의 선언 방법과 상당히 유사하다. 데이터 타입을 명시하고 사용하고자 하는 배열의 이름을 작성하고, 대괄호([]) 안에 배열의 크기, 즉 원소의 개수를 적는다. 이때 원소의 개수는 반드시 리터럴 상수 또는 매크로 상수로 작성해야 한다. 변수 또는 const 상수는 사용할 수 없다. 그러나 C99 표준이 제정된 이후로 가변 크기 배열(VLA: Variable Length Arrays)을 지원하기 때문에, C99 표준을 준수하는 컴파일러의 경우에는 변수등의 사용이 가능하다. gcc 또는 clang 기반의 컴파일러들은 VLA를 지원하고 있다. 본인이 사용하는 컴파일러의 VLA 옵션에 따라 가능한 경우가 있으니 별도의 확인이 필요하다. 데이터 타입은 변수 선언과 동일하며, 배열 이름 역시 변수 이름과 마찬가지로 식별자 생성 규칙을 준수해야 한다. 배열은 인덱스라는 번호가 부여된 변수라고 생각하자. 위의 배열 선언 예를 살펴보자. int score[30];은 int형 데이터 타입의 원소를 30개 가지는 배열 score를 선언한다. 배열 score의 30개의 원소 중 첫 번째 원소에 접근하고자 한다면 score[0]을 사용한다. []는 2장에서 배운바와 같이 배열 참조 연산자이다. 배열에서 배열의 원소에 접근할 때 사용하는 연산자로 가장 높은 우선순위를 가진다. score[0]은 int형 변수와 동일하게 사용할 수 있다. 두 번째 원소에 접근하는 경우에는 score[1]을 사용하며, 마지막 원소는 score[29]를 사용한다. 즉 n개의 원소를 가지는 배열은 0부터 n-1까지의 인덱스를 이용하여 접근할 수 있다. 첫 번째 원소의 인덱스가 0이기 때문에 처음 프로그래밍을 시작하는 사람들은 이 부분을 많이 어렵게 생각하기도 한다. 첫 번째 원소의 인덱스를 1로 하면 직관적으로 이해가 쉬울텐데 왜 0으로 했을까? 우리나라에서는 숫자를 1부터 세는 경향이 있지만 다른 나라에서는 0부터 숫자를 세기도 한다. 사실 배열의 인덱스는 배열의 시작 위치에서 얼마만큼 떨어져 있는지를 나타내는 숫자이다. 배열의 이름은 배열의 시작 위치를 나타낸다. 따라서 score[0]은 score 배열의 시작 위치에서 0칸 떨어져 있는 곳이라는 뜻으로 해석한다. 즉 첫 번째 원소의 위치는 배열의 시작 위치와 같으므로 인덱스를 0으로 사용한다. score[1]은 score 배열의 시작 위치에서 1칸 다음의 원소라는 뜻으로 두 번째 원소가 된다. 마지막 원소인 score[29]는 score 배열의 시작 위치에서 29칸 다음의 원소라는 뜻으로 30번째 원소라는 뜻이 된다. 이와같이 인덱스는 배열의 시작 위치와의 거리

를 나타낸다는 것을 기억하면, 왜 배열의 인덱스가 0부터 시작하는 지 이해할 수 있다. 이후에는 각 원소를 표현할 때 혼란의 여지를 줄이기 위해 0번 인덱스 원소를 첫 번째 원소가 아닌 0번째 원소로, 1번 인덱스 원소를 두 번째 원소가 아닌 2번째 원소로 부르기로 하자. 두 숫자 사이의 차이로 인하여 혼돈의 여지가 있으므로, 인덱스 번호를 이용하여 각 원소를 부르는 것으로 생각하자.

배열을 선언하면 컴퓨터의 메인 메모리로부터 각 원소를 저장할 수 있는 공간을 연속적으로 원소의 개수만큼 할당받는다. 만약, 원소의 개수가 5인 int형 배열을 선언한다면 int형 값을 저장할 수 있는 4바이트의 공간 5개를 연속적으로 할당받아 총 20바이트의 공간을 사용하게 된다. 이를 그림으로 나타내면 다음과 같다.

주소	0000	0004	0008	0012	0016
원소	arr[0]	arr[1]	arr[2]	arr[3]	arr[4]
크기	4	4	4	4	4

배열에 사용할 연속적인 메모리 공간을 할당받으면, 배열의 이름은 할당받은 배열 공간의 첫 위치를 기억하게 된다. 정확하게는 배열 이름은 배열의 시작 위치 주솟값을 가지는 주소 상수가 된다. 주솟값에 대한 개념은 다음 장 포인터에서 더 자세히 학습하기로 하고, 여기서는 주솟값이라는 개념만 이해 하도록 하자. int arr[5];라고 선언을 한 위 그림과 같은 경우에 배열 arr이 할당받은 공간의 첫 주소가 0000이라고 가정하자. 실제 프로그램에서 0000번지 주솟값이 할당되는 경우는 없지만, 이해를 위해 0000번지라고 하자. 따라서 arr[0]은 arr 배열의 시작 위치에서 0칸 다음의 위치이므로 0000번지가 된다. arr[1]은 arr 배열의 시작 위치에서 1칸 다음의 위치이고, arr 배열의 각 원소의 크기는 int형의 크기인 4이므로 0004가 된다. 일반적으로 주솟값은 16진수를 더 많이 사용하지만, 여기서는 이해를 돕기 위해 10진수를 사용하였다. 즉 배열의 각 원소의 위치는 배열의 시작 주소 + (인덱스 * 원소의 크기) 라고 정의할 수 있다. 배열은 시작 위치에서부터 각 원소가 연속적으로 할당되어 있기때문에, 빠르게 메모리에 접근하여 데이터를 읽고 쓸 수 있다는 장점이 있다. 이제 실제 프로그램에 배열이 어떻게 선언되고 사용되는지를 확인해 보도록 하자. 다음의 소스 6-1은 int형 배열을 선언하고 값을 초기화한 후 출력하는 예제 프로그램이다.

소스 6-1

```
01 #include <stdio.h>
02 int main(void)
03 {
04     int arr[5];
05     int i;
06     arr[0] = 22;
07     arr[1] = 56;
08     arr[2] = -7;
09     arr[3] = 0;
10     arr[4] = 5;
11     for (i=0; i<5; i++) {
12         printf("%d ", arr[i]);
13     }
14     return 0;
15 }
```

출력 예

```
22 56 -7 0 5
```

위의 예제 코드의 라인 4번에서 배열의 크기가 5인 int형 배열 arr을 선언한다. 라인 6번에서 10번까지는 선언한 arr 배열의 0번 인덱스부터 4번 인덱스까지 정숫값을 저장하는 것을 확인할 수 있다. 보는 바와 같이 일반적인 변수에 값을 대입하는 방법과 동일하게 각 배열의 원소에 값을 대입할 수 있다. 라인 11번에서 13번까지는 for문을 사용하여 배열의 0번째 인덱스부터 4번째 인덱스까지 순차적으로 값을 출력하는 반복문이다. for문의 반복 제어 변수 i를 이용하여 배열 arr의 각 원소의 인덱스로 변수 i를 사용하여 0번 인텍수부터 4번 인덱스까지 순차적으로 접근한다. 코드에서 보는 바와 같이 반복문 내부에서 변수를 인덱스로 하는 배열 원소의 접근이 가능하다.

앞의 2장에서 각 데이터 타입 별로 데이터를 저장하는 크기가 다르다는 것을 학습하였다. 1차원 배열의 크기는 배열을 선언할 때 명시한 데이터 타입과 정의한 배열의 크기에 따라 정해진다. 예를 들어 char형 데이터 타입의 원소 4개를 가지는 배열의 크기는 1바이트(문자형) x 4(크기) = 4바이트가 된다. 다른 데이터 타입의 배열도 [데이터 타입 크기 x 배열 크기]와 같은 식으로 크기를 구할 수 있다. 크기가 10인 char형 배열을 char arr[10];과 같이 선언한다. 1차원 배열 이름은 해당 배열의 메모리 시작 주소를 가지는 주소 상수라고 앞에서 설명하였다. 아래 소스 6-2는 크기가 2인 정수형 배열을 선언하고 해당 배열 0번 인덱스의 원소와 1번 인덱스 원소의 주소를 출력하는 예제이다.

소스 6-2

```c
01 #include <stdio.h>
02 int main(void)
03 {
04     int arr[2];
05     arr[0] = 0;
06     arr[1] = 1;
07     printf("%d\n", arr);
08     printf("%d\n", &arr[0]);
09     printf("%d\n", &arr[1]);
10     return 0;
11 }
```

출력 예

```
350267704
350267704
350267708
```

먼저 위 프로그램은 컴파일 단계에서 경고(warning) 메시지를 출력할 것이다. 주솟값을 %d로 출력하려고 하는 경우 발생하는 것으로 지금은 잠시 넘어가도록 하자. 다음 장의 포인터 부분에서 주솟값을 출력하기 위한 부분은 따로 다루기로 하자. 이 프로그램에서는 크기가 2인 int형 배열을 선언하고(라인 4번), 해당 배열의 0번째, 1번째 인덱스의 원소를 각각 0과 1로 초기화한다(라인 5, 6번). 그리고 arr 배열의 주소와 arr 배열의 0번 인덱스 원소의 주소, arr 배열의 1번 인덱스 원소의 주소를 각각 출력한다(라인 7~9). 이 프로그램의 실행 결과는 실행할 때 마다 계속 변경될 것이다. 프로그램이 실행하면서 배열을 저장할 메모리 공간을 할당 받는데, 이는 컴퓨터의 메인 메모리 상황에 따라 다른 공간을 할당 받기 때문에 주솟값이 달라지는 것이다. 따라서 출력 결과가 출력 예와 다르다고 실망할 필요는 없다. 출력 결과를 보면 배열 arr의 주솟값과 arr[0]의 주솟값이 동일하고, arr[1]의 주솟값은 arr의 주솟값 + 4 인 것을 확인할 수 있다. int형의 크기가 4바이트임을 감안하면 정상적으로 주솟값이 출력되었음을 확인할 수 있다.

앞의 소스 6-1에서는 배열을 선언한 후 각 원소의 값을 하나씩 대입하였다. 원소의 개수가 적을때에는 큰 무리가 없겠지만, 원소의 개수가 크다면 하나하나 대입하여 값을 저장하는 것에 꽤 많은 시간이 걸릴 것이다. 프로그램을 작성할 때 배열의 선언과 동시에 배열 각 원소의 값을 초기화하는 방법이 존재한다. 아래의 소스 6-3은 배열 선언과 동시에 초깃값을 넣어 초기화하는 방법을 설명하는 예제 프로그램이다.

소스 6-3

```
01 #include <stdio.h>
02 int main(void)
03 {
04    int arr1[10] = {1, 2, 3, 4, 5, 6, 7, 8, 9, 10};
05    int arr2[10] = { 0 };
06    int arr3[] = { 1, 2, 3, 4, 5};
07    int i;
08    for (i = 0; i < 10; i++) {
09       printf("%d ", arr1[i]);
10    }
11    printf("\n");
12    for (i = 0; i < 10; i++) {
13       printf("%d ", arr2[i]);
14    }
15    printf("\n");
16    for (i = 0; i < 5; i++) {
17       printf("%d ", arr3[i]);
18    }
19    printf("\n");
20    return 0;
21 }
```

출력 예

```
1 2 3 4 5 6 7 8 9 10
0 0 0 0 0 0 0 0 0 0
1 2 3 4 5
```

라인 4번은 원소의 개수가 10인 int형 배열 arr1을 선언하고, 각 원소의 값을 초기화하였다. 배열의 각 원소의 값을 초기화하기 위해서는 배열 선언 이후에 대입 연산자(=)를 쓰고 중괄호({}) 안에 각 원소의 값을 콤마 연산자(,)로 구분하여 작성한다. arr1 배열은 원소의 개수가 10개 이므로 총 10개의 int형 상수로 초기화한다. 이렇게 초기화하는 경우에는 배열 원소의 개수와 초기화하는 상수의 개수를 맞추는 것이 중요하다. 라인 5번은 정수형 배열 arr2를 선언하고 초기화하는 문장이다. arr2의 원소의 개수는 10개이지만 초기화하고자 하는 상수는 1개만 작성되었다. 이렇게 원소의 개수보다 적은 개수로 초기화하는 경우에는 부족한 초기화 값은 해당 데이터 타입에 해당하는 0의 값이 부족한 원소에 초기화된다. 즉, arr2[0]에는 초기화 값을 작성한 바와 같이 0로 설정되고, 그 외의 arr2[1]부터 arr2[9]까지의 남은 원소들은 모두 int형의 0의 값인 0으로 초기화된다. 이와 같이 모든 원소의 값을 0으로 초기화 하려는 경우에는 라인 5번과 같이 초기화 하는 방법을 주로 사용한다. 라인 6번은 int형 배열 arr3을 선언하였다. 그러나, 배열 arr3의 원소의 개수가 정의되어 있지 않다. 배열을 선언과 동시에 초기화하는 경우에는 배열의 크기를 생략할 수 있다. 초기화하려는 값의 개수가 배열 원소의 개수가 되므로, 5개의 값으로 초기화를 진행하기 때문에 arr3 배열의 원소의 개수는 5가 된다. 이와 같이 배열의 원소 개수를 생략하고 초기화 값만으로 배열의 크기를 결정하는 것이 가능하다. 만약, 배열의 크기보다 많은 수의 값으로 초기화하는 경우에는 컴파일 단계에서 에러 메시지를 출력한다. 즉, 초기화하려는 값의 개수는 절대로 배열의 크기를 넘을 수 없다. 라인 8번부터 19번은 선언하고 초기화한 3개 배열의 각 원소의 값을 화면에 출력하는 부분이다.

이번에는 배열을 선언하고, 선언된 배열의 각 원소의 값을 사용자로부터 입력받아 저장하는 방법에 대해 살펴보자. scanf() 함수를 이용하여 사용자로부터 값을 입력받아 배열의 원소에 저장하는 예제 프로그램을 아래 소스 6-4에서 살펴보자.

소스 6-4

```
01 #include <stdio.h>
02 int main(void)
03 {
04     int array[5];
05     int i, sum = 0;
06     for (i = 0; i < 5; i++) {
07         scanf("%d", &array[i]);
08         sum = sum + array[i];
09     }
10     printf("Total: %d", sum);
11     return 0;
12 }
```

입력 예

```
1 2 3 4 5
```

출력 예

```
Total: 15
```

라인 4번은 5개의 원소를 가지는 int형 배열 array를 선언하는 문장이다. 라인 5번은 합계를 저장할 int형 변수 sum을 0으로 초기화 하고, 반복 제어 변수로 사용할 i를 선언한다. 라인 6번에서 9번은 배열 array의 각 원소를 키보드로 입력받아 값을 저장하고, 그 값을 sum 변수에 더하는 반복문이다. 배열 array의 원소는 0번부터 4번까지 존재하므로, for문은 0부터 4까지 반복하도록 작성되었다. 라인 7번을 보면 array 배열의 각 원소에 scanf() 함수를 통해 입력받은 값을 저장하도록 작성되었다. 배열의 각 원소는 변수와 동일하게 사용하므로, 주소 연산자 &를 배열의 원소 앞에 적어야 입력된 값을 저장할 수 있다. 만약 주소 연산자가 없다면 컴파일 단계에서 에러 메시지를 출력할 것이다. 반복 제어 변수 i의 값은 0부터 4까지 1씩 증가하므로 array[i]는 array[0]과 array[1], array[2], array[3], array[4]로 for문의 반복이 1회씩 진행될 때 마다 변하게 되며, 각 원소가 된다. 키보드로부터 입력 받은 값이 입력 예와 같이 각각 1과 2, 3, 4, 5라고 한다면 출력은 이 값들의 합인 15가 출력된다. for문을 이용하여 배열의 각 원소를 사용자가 입력한 값으로 설정하고, 합계를 구하는 프로그램을 살펴보았다. 이번에는 while문을 이용하여 배열의 원소에 접근하는 방법을 살펴보도록 하자. 아래 소스 6-5는 while문을 사용하여 배열의 원소에 접근하는 예제 프로그램이다.

소스 6-5

```
#include <stdio.h>
int main(void)
{
    double arr[10];
    double sum = 0;
    int n = 0;
    while(n != 10) {
        scanf("%lf", &arr[n]);
        if (arr[n] < 0) break;
        sum = sum + arr[n];
        n++;
    }
    printf("Average: %.1f\n", sum / n);
    return 0;
}
```

입력 예 1

```
90.5 90 92 99.5 87.2 78.6 88 100 -5
```

출력 예 1

```
Average: 90.7
```

입력 예 2

```
100 99.5 88.1 77.7 66.6 99.9 95 94 93 92
```

출력 예 2

```
Average: 90.6
```

위 예제에서는 while() 반복문을 사용하여 double형 배열 arr의 각 원소의 값을 사용자로부터 입력받아 저장하고, 평균을 구하는 프로그램이다. 최대 10개의 값을 입력받지만, 음수 값이 입력되면 입력을 종료하고 현재까지의 평균을 출력한다. int형 변수 n을 반복 제어 변수로 사용하여 while문 안에서 배열의 각 원소를 사용자로부터 입력받은 값으로 초기화한다. 만약, 0 미만의 값을 입력하지 않으면 총 10개의 값을 배열 arr의 각 원소에 저장하고, 입력받은 값들의 평균을 출력한다. 0 미만의 값을 입력하지 않는다면 while문은 반복 제어 변수 n이 10이 되면 조건식 (n != 10)이 거짓이 되어 반복을 종료한다. 사용자가 음수를 입력하는 경우 라인 9번의 if문의 조건식이 참이되어 break;가 실행되어 반복문을 빠져나오게 되고, 라인 13번에서 현재까지의 평균을 계산하여 출력한다.

지금까지 배열을 이용한 기초적인 예제 프로그램들을 살펴보았다. 이번에는 배열을 이용한 프로그램 중 조금 난이도 있는 예제 프로그램을 살펴보기로 하자. 이번 예제는 배열에 저장된 값들을 순서대로 정렬하는 프로그램이다. 정렬(sort)은 각 원소의 값을 오름차순 또는 내림차순으로 순서에 맞추어 나열하는 것을 의미한다. 우리가 온라인 쇼핑몰에서 물건을 고를 때 가격 오름차순, 가격 내림차순, 인기 순위 순 등으로 정렬하여 상품 리스트를 확인하는 것과 같은 문제이다. 컴퓨터 프로그램에서의 정렬은 정말 자주 사용되는 문제 중 하나이다. 정렬에 사용되는 알고리즘에는 선택 정렬, 버블 정렬, 퀵 정렬 등의 다양한 종류가 있다. 아래의 소스 6-6은 정렬 알고리즘 중에서 가장 기초적인 선택 정렬(selection sort)를 사용하여 배열의 각 원소의 값을 오름차순으로 배치하는 프로그램 예제이다.

소스 6-6

```
01 #include <stdio.h>
02 int main(void)
03 {
04    int arr[10];
05    int i, j, min, tmp;
06    for (i = 0; i < 10; i++)
07       scanf("%d", &arr[i]);
08    for (i = 0; i < 9; i++) {
09       min = i;
10       for (j = i + 1; j < 10; j++) {
11          if (arr[j] < arr[min])
12          min = j;
13       }
14       tmp = arr[i];
15       arr[i] = arr[min];
16       arr[min] = tmp;
17    }
18    for (i = 0; i < 10; i++) {
19       printf("%d ", arr[i]);
20    }
21 }
```

입력 예

```
5 9 2 8 7 89 23 4 1 19
```

출력 예

```
1 2 4 5 7 8 9 19 23 89
```

라인 4번은 int형 원소 10개를 가지는 배열 arr을 선언한다. 라인 6번과 7번은 배열 arr의 10개의 원소를 사용자로부터 입력받은 값으로 저장한다. 배열의 정렬에는 이중 반복문이 필요하므로 반복 제어 변수로 i와 j를 선언하고, 최솟값의 위치를 저장하기 위한 변수 min과 값을 스왑(swap)할 때 필요한 임시 변수 tmp를 라인 5번에 선언한다. 라인 8번부터 17번까지는 선택 정렬을 위한 이중 반복문이다. 이 예제에서는 오름차순으로 정렬하도록 프로그램이 작성되었다. 선택 정렬 방법을 우선 알아보도록 하자. 다음의 그림은 입력값 10개를 각각 오름차순, 내림차순으로 정렬한 결과이다.

입력	5	9	2	8	7	89	23	4	1	19
오름차순 정렬	1	2	4	5	7	8	9	19	23	89
내림차순 정렬	89	23	19	9	8	7	5	4	2	1

오름차순으로 정렬하는 선택 정렬의 동작 방법은 아래와 같다.

❶ 주어진 배열 내에서 가장 작은 값을 갖는 원소를 찾는다.

5	9	2	8	7	89	23	4	1	19

- 가장 작은 수와 0번 인덱스의 값을 비교 후 비교한 숫자가 작다면 서로 교환한다. 라인 12번에 해당하는 부분으로, arr[j]와 arr[min]을 비교하여 arr[j]가 작은 경우, 변수 min에 j의 값을 저장하여 가장 작은 값의 인덱스 번호를 변수 min에 유지 한다.

❷ 가장 작은 값을 갖는 원소의 값을 배열의 0번 인덱스의 원소의 값과 교환한다.

1	9	2	8	7	89	23	4	5	19

- 라인 15번부터 17번에 해당하는 부분으로 가장 작은 값을 가지는 원소의 인덱스를 이용혀 0번 인덱스의 원소의 값과 최솟값을 가지는 원소의 값을 교환한다.

❸ 0번 인덱스의 원소를 제외한 나머지 위치를 같은 방법으로 교체한다.

1	9	2	8	7	89	23	4	5	19

- 0번 인덱스의 원소를 제외한 나머지 원소들을 대상으로 ❶과 ❷의 과정을 반복한다. 이 경우에서는 1번 인덱스의 원소의 값과 2번 인덱스의 원소의 값을 교환하게 된다.

❹ 배열에 원소 하나가 남을 때까지 1)에서 3)의 과정을 반복한다.

1	2	4	5	7	8	9	19	23	89

- 위 과정을 배열의 원소가 하나 남을 때까지 반복하면 최종적으로 위와 같이 배열의 각 원소에 값이 저장된다. 마지막 인덱스의 원소의 값인 89는 이 배열에서 가장 큰 값이므로 배열의 정렬이 완료되었다.

이 예제는 오름차순 정렬을 수행하기 때문에 라인 12번에서 보다 작은 값을 찾는 형태로 작성되어 있다. 만약 내림차순으로 정렬을 수행하고자 하는 경우에는, 라인 12번의 조건식을 큰 값을 찾는 방향으로 변경하면 된다.

지금까지 1차원 배열의 정의와 활용 예시에 대해 살펴보았다. 지금까지 살펴본 내용을 바탕으로 나래의 아래의 코딩 6-1과 6-2를 수행해 보도록 하자.

코딩 6-1

크기가 20인 문자형 배열을 선언하고, 문자 20개 또는 마침표(.)를 입력받을 때까지 문자를 입력받아 입력받은 모든 문자를 출력하는 프로그램을 완성하시오.

입력 예 1

```
H e l l o w o r l d ! s t u d e n t s !
```

출력 예 1

```
Helloworld!students!
```

입력 예 2

```
T h i s i s t e s t .
```

출력 예 2

```
Thisistest
```

코딩 6-2

크기가 10인 int형 배열을 선언하고 사용자로부터 임의의 정수 10개를 입력받아 저장한 뒤, 배열에 각 원소의 값이 짝수이면 "Even"을 출력하고 홀수인 경우 "Odd"를 출력하는 프로그램을 작성하시오.

입력 예

```
4 9 13 0 -4 2 43 55 -22 -7
```

출력 예

```
Even Odd Odd Even Even Even Odd Odd Even Odd
```

지금까지 1차원 배열의 기초적인 사용 방법을 학습했다. 그럼 1차원 배열을 이용한 조금 더 복잡한 프로그램을 살펴보도록 하자. 지금부터 살펴볼 예제들은 실제 프로그램에 자주 사용되는 패턴이다. 이제 프로그래밍을 시작하는 사람에게는 조금 어려울 수 있지만, 앞으로 정말 많이 만나게 될 프로그램이니 한번 학습해 보도록 하자. 다음의 소스 6-7는 주어진 배열 안에서 원하는 값을 찾아보는 탐색(search) 프로그램 예제이다.

소스 6-7

```
01 #include <stdio.h>
02 int main(void)
03 {
04     int score[10] = {98, 80, 75, 77, 88, 99, 100, 65, 92, 84};
05     int i, index=-1, findScore;
06     printf("Input score for searching: ");
07     scanf("%d", &findScore);
08     for (i=0; i<10; i++) {
09         if(score[i]==findScore) {
10             index = i;
11             break;
12         }
13     }
14     if(index ==-1) printf("There is no %d\n", findScore);
15     else printf("%d is in score[%d].\n", findScore, index);
16 }
```

입력 예 1

```
50
```

출력 예 1

```
Input score for searching: 50
There is no 50.
```

입력 예 2

```
99
```

출력 예 2

```
Input score for searching: 99
99 is in score[5].
```

라인 4번에는 10개의 원소를 가지는 `int`형 배열 `score`가 초기화되어 있다. 주어진 배열에서 사용자로부터 입력 받은 값이 존재하는지 검사하고, 그 위치를 알려주는 프로그램이다. 만약 해당 값이 없는 경우에는 없다고 출력하고, 있는 경우에는 그 위치를 화면에 출력한다. 라인 8번부터 13번까지의 코드가 바로 탐색 부분이다. 이와 같이 배열의 처음부터 끝까지 순회하면서 값을 탐색하는 방법을 선형 탐색(linear search)라고 한다. 탐색을 구현하는 가장 기초적인 방법으로 꼭 기억해 두자. 이번에는 주어진 배열에서 보다 빠르게 값을 찾는 프로그램을 작성해 보자. 이번에는 이진 탐색(binary search)라고 하는 방법으로 탐색을 구현해 보자. 이진 탐색은 먼저 배열이 정렬되어 있어야 한다. 정렬되어 있는 배열에서 가운데 위치한 값을 찾아 주어진 값과 비교하여 같으면 위치를 출력하고, 그렇지 않으면, 가운데 값이 큰지 작은지를 비교하여 주어진 배열의 절반을 같은 방법으로 탐색한다. 배열이 오름차순으로 정렬되어 있고, 가운데 값보다 주어진 값이 큰 경우에는 가운에 이후의 배열에서 다시 검색을 수행한다. 이와 같은 방법은 우리가 흔히 하는 업 앤 다운(Up & Down) 게임과 같은 방식이다. 주어진 범위에서 숫자 하나를 생각하면, 다른 사람들이 숫자를 불러 그 숫자를 맞추는 게임이다. 이때 많은 사람들은 숫자를 반으로 잘라 숫자를 부르고, 그 숫자보다 작은지 큰지에 따라 또 다시 반으로 확률을 줄여 나가는 방식으로 숫자를 맞춰 나간다. 예를 들어 1에서 100사이의 숫자 중 하나라면, 50부터 시작해서 25, 12, 6, 3, 2, 1과 같은 순서로 탐색하는 방식이다. 1부터 100까지 탐색하면 최악의 경우에는 100번 탐색해야 하지만, 이와 같은 이진 탐색 방법은 최악의 경우에도 7번 만에 찾을 수 있다. 그럼 이진 탐색 예제를 아래의 소스 6-8을 통해 살펴보자.

소스 6-8

```c
#include <stdio.h>
int main(void)
{
    int score[10] = {98, 80, 75, 77, 88, 99, 100, 65, 92, 84};
    int i, j, max, tmp, top=0, btm=9, mid, findScore;
    for (i=0; i<9; i++) {
        max = i;
        for (j=i+1; j<10; j++) {
            if (score[j] > score[max])
            max = j;
        }
        tmp = score[i];
        score[i] = score[max];
        score[max] = tmp;
    }
    for(i=0; i<10; i++)
        printf("%d ", score[i]);
    printf("\nInput score for searching: ");
    scanf("%d", &findScore);
    while(1){
        if(top<=btm){
            mid=(top+btm)/2;
            if(findScore==score[mid]){
                printf("%d is %d%s place.\n", findScore, mid+1, mid+1>2?"th":
                    (mid+1==1?"st":"nd"));
                break;
            }
            if(findScore<=score[mid]) top=mid+1;
            else btm=mid-1;
        }else{
            printf("There is no %d.\n", findScore);
            break;
        }
    }
}
```

입력 예 1

```
99
```

출력 예 1

```
100 99 98 92 88 84 80 77 75 65
Input score for searching: 99
99 is 2nd place.
```

입력 예 2

```
50
```

출력 예 2

```
100 99 98 92 88 84 80 77 75 65
Input score for searching: 50
There is no 50.
```

주어진 배열은 학생 10명의 성적으로 초기화되어 있다. 점수를 입력하면 몇등에 해당하는 점수인지를 확인할 수 있다. 라인 5번에는 반복 제어를 위한 변수 i와 j가 선언되었다. 성적을 내림차순으로 정렬하기 위해 사용하는 max와 tmp 변수도 선언되어 있다. top과 btm, mid 변수는 이진 탐색을 위해 사용하는 변수이다. top은 배열의 시작 원소의 인덱스를, btm은 마지막 원소의 인덱스를 저장하며, mid는 검색할 가운데 원소의 인덱스를 저장한다. 라인 5번부터 15번까지는 앞에서 살펴보았던 선택 정렬하는 부분이다. 여기서는 내림차순으로 정렬하도록 구현되어 있다. 라인 16번과 17번은 정렬된 배열의 모든 원소를 화면에 출력하는 부분이며, 라인 20번부터 33번까지는 이진 탐색을 위한 부분이다. 선형 탐색에 비해 프로그램이 복잡하게 구현되었지만, 실제 성능은 선형 탐색에 비하여 빠르게 동작한다. 알고리즘의 동작 원리는 앞에서 설명하였으므로, 프로그램의 코드를 읽고 이해해 보도록 하자.

이번에는 사용자로부터 0부터 9사이의 숫자를 연속적으로 입력받아 각각의 숫자가 입력된 횟수를 출력하는 프로그램을 작성해 보도록 하자. 만약 0보다 작은수의 값이 입력되면 입력을 중지하고 지금까지 입력한 숫자의 각각의 횟수를 출력하는 프로그램이다. 입력 횟수는 0부터 9사이의 숫자만 세고, 10이상의 숫자는 무시한다. 아래의 소스 6-9는 숫자 입력 횟수를 세어 출력하는 예제 프로그램이다.

소스 6-9

```
01 #include <stdio.h>
02 int main(void)
03 {
04     int histo[10] = {0};
05     int n=0, i, j;
06     while(1) {
07         scanf("%d", &n);
08         if(n<0) break;
09         else if(n<=9) histo[n]++;
10     }
11     for (i =0; i <10; i++) {
12         if(histo[i]==0) continue;
13         printf("%d (%d):", i, histo[i]);
14         for(j =0; j < histo[i]; j++)
15             printf("#");
16         printf("\n");
17     }
18 }
```

입력 예

```
5 9 8 7 89 23 4 1 19 0 0 0 7 7 -5
```

출력 예

```
0 (3):###
1 (1):#
4 (1):#
5 (1):#
7 (3):###
8 (1):#
9 (1):#
```

이와 같이 특정한 값의 횟수를 세어 그래프로 화면에 보이는 것을 히스토그램이라고 한다. 이 프로그램은 횟수가 0인 경우 출력하지 않고, 1 이상인 경우 #을 이용하여 그래프로 출력하는 프로그램이다. 라인 4번은 횟수를 저장하기 위한 배열을 선언하고 0으로 모든 원소를 초기화 하였다. 숫자의 입력이 0부터 9사이의 값이므로, 이 값을 인덱스로 활용하면 해당 값들의 입력 횟수를 셀 수 있다. 라인 6번부터 10번까지가 입력 횟수를 세어주는 코드이다. 라인 11번부터 17번은 횟수값을 비교하여 0인 경우 출력하지 않고, 1이상인 경우에만 그래프를 출력하도록 하는 부분이다.

지금까지 학습한 내용을 바탕으로 아래의 코딩 6-3과 6-4를 수행해 보도록 하자.

코딩 6-3

사용자로부터 a부터 z 사이의 문자를 임의대로 입력받아 배열에 저장하고, 오름차순으로 정렬하여 출력하는 프로그램을 작성하시오. 입력받는 문자의 최대 수는 100개이며, 알파벳 소문자가 아닌 문자가 입력되면 입력을 중단하고, 입력받은 문자들만 정렬하여 출력한다.

입력 예

```
g h e d a c b b a i A
```

출력 예

```
a a b b c d e g h i
```

6.3 2차원 배열

2차원 배열은 배열의 원소로 다른 1차원 배열을 가지는 배열이다. 일상생활에서 만날 수 있는 2차원 배열을 예를 들어 살펴보자. 1개 층에 9개의 집이 있는 아파트가 있다고 하자. 이 아파트의 첫 번째 집은 1호, 두 번째 집은 2호, 마지막 집은 9호라고 부른다고 하자. 이는 앞서 배운 1차원 배열과 유사한 형태이다. 이 아파트는 총 5층으로 되어 있다. 즉, 9개의 원소를 가지는 1차원 배열이 5개 있는 것과 같은 형태이다. 우리는 일반적으로 1층의 첫 번째 아파트를 101호라고 한다. 2층의 세 번째 아파트는 203호, 5층의 마지막 아파트는 509호라고 부른다. 첫 번째 자리는 보통 층의 번호를 나타내고, 뒤에 두 자리는 같은 층 내에서의 아파트 순서를 의미한다. 이와 같이 건물 내에서 방의 호실이나 아파트 건물에서 각 아파트의 번호를 이와 같은 형태로 지정하여 사용한다. 2차원 배열은 몇 층에 몇 호와 같은 형태로 각각의 아파트를 부르는 것과 같이, 배열의 각 원소의 인덱스로 숫자 2개를 사용한다. 1차원 배열을 선이라고 한다면, 2차원 배열은 면, 즉 테이블과 같은 구조라고 생각하면 조금은 쉽게 이해할 수 있을 것이다. 행과 열을 이용하여 테이블 내에 각 항목을 지칭할 수 있듯이 2차원 배열도 행과 열의 개념을 도입하여 각 원소를 지칭할 수 있다. 다만 각 원소를 지칭하는 번호인 인덱스가 `0`부터 시작한다는 것만 기억하면 쉽게 2차원 배열을 이해할 수 있을 것이다. 아래의 표는 2차원 배열을 선언하는 방법과 선언 예를 보여준다.

표 6-2 2차원 배열 선언 방법

배열 선언	데이터타입 배열이름[배열크기(행)][배열크기(열)];
배열 선언 예	int score[5][30]; double grade[2][10]; char name[30][15];

1차원 배열과 달리 2차원 배열은 배열의 크기 값이 2개 사용된다. 첫 번째 배열 크기는 행의 크기를 의미하고, 두 번째 배열 크기는 열의 크기를 의미한다. int score[5][30];으로 2차원 배열 score를 선언한 경우, 30명의 학생에 대한 성적을 저장하기 위한 int형 배열을 원소를 5개 가지는 배열 score가 된다. 즉 30명 정원의 5개 분반의 학생 성적을 저장하는 배열이 된다. 따라서 총 원소의 개수는 5 곱하기 30으로 150개의 원소를 가진다. 우리는 이 score 배열에 대해 설명할 때, "5 바이(by) 30 또는 5행 30열의 크기를 가지는 int형 배열 score"라고 할 수 있다.

아래의 표는 int arr[2][3];으로 선언한 int형 2차원 배열의 각 원소와 각각의 주소, 크기 등을 설명한 표이다. 선형 구조를 가지는 1차원 배열과는 달리 2차원 배열은 평면적인 구조를 가진다. 2차원 배열인 실제 프로그램에서 상당히 자주 사용되며, 행렬과 같은 데이터를 컴퓨터 프로그램에서 처리하기 위해서 많이 사용된다.

주소	0000	0000	0004	0008
원소	arr[0]	arr[0][0]	arr[0][1]	arr[0][2]
크기	12	4	4	4
주소	0012	0012	0016	0020
원소	arr[1]	arr[1][0]	arr[1][1]	arr[1][2]
크기	12	4	4	4

2차원 배열의 원소는 기본적으로 1차원 배열이다. 따라서 2차원 배열 arr의 원소는 arr[0]과 arr[1]이다. arr[0]은 1차원 배열로 arr[0][0]과 arr[0][1], arr[0][2] 3개의 원소를 가진다. 마찬가지로 arr[1] 역시 1차원 배열이며, arr[1][0]과 arr[1][1], arr[1][2] 3개의 원소를 가진다. 1차원 배열 arr[0]과 arr[1]의 각 원소는 int형이므로 4바이트의 크기를 가지고, 주솟값은 각각 4의 차이를 가진다. 따라서 arr과 arr[0], arr[0][0]의 주소는 모두 동일한 0000이다. arr[1]의 주소는 arr[0]의 주소에 arr[0]의 크기인 12바이트를 더한 0012가 된다. 2차원 배열의 모든 원소는 arr[0][0]에서부터 arr[0][1], arr[0][2], arr[1][0], arr[1][1], arr[1][2]의 순서로 메모리에 저장된다. 개념적으로는 2행 3열의 평면이지만 실제 메모리에 저장되는 순서는 선형 구조로 저장된다는 사실을

기억하자. 이제 프로그램에서 2차원 배열을 선언하고 초기화하는 방법에 대해 살펴보도록 하자. 아래의 소스 6-10은 2차원 배열 2개를 선언과 동시에 초기화하는 예제 프로그램이다.

소스 6-10

```
01 #include <stdio.h>
02 int main(void)
03 {
04    int arr1[3][3] = {{1, 2, 3},{4, 5, 6},{7, 8, 9}};
05    int arr2[3][3] = { 0 };
06    int i, j;
07    for (i = 0; i < 3; i++) {
08       for (j = 0; j < 3; j++)
09          printf("%d ", arr1[i][j]);
10       printf("\n");
11    }
12    for (i = 0; i < 3; i++) {
13       for (j = 0; j < 3; j++)
14          printf("%d ", arr2[i][j]);
15       printf("\n");
16    }
17 }
```

출력 예

```
1 2 3
4 5 6
7 8 9
0 0 0
0 0 0
0 0 0
```

라인 4번은 int형 2차원 배열 arr1을 선언과 동시에 초기화한다. 2차원 배열의 초기화는 각 원소의 값을 중괄호({}) 안에 작성하는 것은 1차원 배열과 유사하다. 다만, 각 행별로 또 다시 중괄호로 묶어 주는 방식을 사용한다. 따라서 3행 3열의 2차원 배열의 경우 라인 4번과 같이 3개의 행을 각각 작성하고 전체를 중괄호로 묶어 사용한다. 각각의 값은 2차원 배열의 순서대로 할당되므로 arr1[0][0], arr1[0][1], arr1[0][2], arr1[1][0], arr1[1][1], arr1[1][2]의 순서로 저장된다. 초기화된 배열 arr1의 각 원소의 값을 표로 나타내면 다음과 같다.

arr1[0][0]	arr1[0][1]	arr1[0][2]
1	2	3
arr1[1][0]	arr1[1][1]	arr1[1][2]
4	5	6
arr1[2][0]	arr1[2][1]	arr1[2][2]
7	8	9

2차원 배열도 1차원 배열과 마찬가지로 배열의 크기보다 적은 값으로 초기화하는 경우 부족한 값은 해당 데이터 타입의 0의 값으로 초기화 된다. 라인 5번의 배열 arr2는 하나의 0의 값을 할당하였으므로 부족한 8개의 원소는 모두 0으로 초기화된다. 라인 7번에서 11번과 12번에서 16번은 for문으로 이중 반복문을 구성하여 arr1 배열과 arr2의 전체 원소를 각각 순회한다. 2차원 배열을 순회하기 위해서는 이중 반복문 구조를 주로 사용한다. 하나의 반복문으로 순회하는 것도 가능하지만 자주 사용되지는 않는다. 하나의 반복문으로 순회하는 방법은 다음 장에서 살펴보도록 하다. 그럼 2차원 배열을 활용하는 대표적인 사례인 행렬을 표현하는 방법을 살펴보도록 하자. 아래의 소스 6-11은 2차원 배열 2개를 사용하여 행렬 곱셈을 수행하는 예제이다.

소스 6-11

```
#include <stdio.h>
int main(void)
{
    int mat1[2][2] = {{1, 2},{3, 4}};
    int mat2[][2] = {{5, 6},{7, 8}};
    int resultMat[2][2] = {0};
    int i, j, k;
    for (i = 0; i < 2; i++)
        for (j = 0; j < 2; j++)
            for (k = 0; k < 2; k++)
                resultMat[i][j] += mat1[i][k] * mat2[k][j];
    for (i = 0; i < 2; i++) {
        for (j = 0; j < 2; j++) {
            printf("%d ", resultMat[i][j]);
        }
        printf("\n");
    }
}
```

출력 예

```
19 22
43 50
```

라인 4번과 5번은 행렬 곱셈을 수행하기 위한 정수형 2차원 배열 `mat1`과 `mat2`를 선언과 동시에 초기화하였다. 두 행렬 모두 2행 2열의 행렬을 2차원 배열로 저장한 것이다. 라인 5번의 `mat2` 배열의 선언에는 첫 번째 배열 크기 즉 행의 크기 값이 없는 것을 볼 수 있다. 2차원 배열을 선언과 동시에 초기화하는 경우에는 초기화 값의 개수로 배열의 크기를 가늠할 수 있으므로 행의 크기를 생략하는 것이 가능하다. 그러나 열의 크기인 두 번째 배열 크기 값은 생략하는 것이 불가능하다. 라인 6번은 2행 2열의 행렬 간의 곱셈의 결과는 2행 2열이므로 결과를 저장하기 위한 배열 `resultMat` 역시 2행 2열로 선언하고 `0`의 값으로 초기화하였다. 행렬의 곱셈에는 주로 3중 반복문을 사용한다. 행렬 곱셈을 수행 방법은 아래의 수식을 참고하도록 하자. 이 수식은 라인 8번에서 11번까지 코드로 구현되어 있다.

$$\begin{pmatrix} 1 & 2 \\ 3 & 4 \end{pmatrix} \times \begin{pmatrix} 5 & 6 \\ 7 & 8 \end{pmatrix} = \begin{pmatrix} 1 \times 5 + 2 \times 7, 1 \times 6 + 2 \times 8 \\ 3 \times 5 + 4 \times 7, 3 \times 6 + 4 \times 8 \end{pmatrix} = \begin{pmatrix} 19, 22 \\ 43, 50 \end{pmatrix}$$

이번에는 2차원 배열을 이용하여 4명의 학생에 대한 3과목 성석을 입력받아 총점을 구하는 프로그램을 살펴보자. 다음의 소스 6-12는 2차원 배열을 이용한 성적 처리 프로그램 예제이다.

소스 6-12

```
#include <stdio.h>
int main(void)
{
   int score[4][4] = {0};
   int i, j;
   for (i = 0; i < 4; i++) {
      printf("Input 3 scores for student %d >> ", i+1);
      for (j = 0; j < 3; j++) {
         scanf("%d", &score[i][j]);
         score[i][3] += score[i][j];
      }
   }
   for (i = 0; i < 4; i++) {
      printf("Total score of student %d is %d.\n", i+1, score[i][3]);
   }
}
```

입력 예

```
85 88 94
95 100 92
97 95 96
77 82 86
```

출력 예

```
Input 3 scores for student 1 >> 85 88 94
Input 3 scores for student 2 >> 95 100 92
Input 3 scores for student 3 >> 97 95 96
Input 3 scores for student 4 >> 77 82 86
Total score of student 1 is 267.
Total score of student 2 is 287
Total score of student 3 is 288
Total score of student 4 is 245
```

4명의 학생에 대한 3과목의 성적을 처리하기 위해서는 4행 3열의 2차원 배열이 필요하다. 이 예제에서는 총점을 계산하기 위한 별도의 배열을 사용하지 않고, 4행 4열의 2차원 배열을 만들어 사용한다. 1개의 열을 추가하고, 해당 열에 합계를 계산하여 저장하는 형태로 배열을 사용한다.

지금까지 2차원 배열에 대하여 학습한 내용을 바탕으로 코딩 6-4와 6-5를 수행해 보도록 하자.

코딩 6-4

학생 3명에 대한 3 과목의 점수를 입력받아 각 학생별 입력받은 점수의 합계와 평균을 계산하여 출력하되 총점이 240점 미만이면 "Fail"을 240점 이상이면 "Pass"를 출력하는 프로그램을 작성하시오(단, 평균은 소수점 첫째 자리까지 출력한다).

입력 예

```
95 100 92
97 95 96
77 82 80
```

출력 예

```
Input 3 scores for student 1 >> 95 100 92
Input 3 scores for student 2 >> 97 95 96
Input 3 scores for student 3 >> 77 82 80
Student 1: total 287, avg 95.7, Pass
Student 2: total 288, avg 96.0, Pass
Student 3: total 239, avg 79.7, Fail
```

코딩 6-5

아래의 3행 3열의 행렬 3개의 합을 구하는 프로그램을 작성하시오.

$$\text{mat 1} = \begin{vmatrix} 1 & 2 & 3 \\ 4 & 5 & 6 \\ 7 & 8 & 9 \end{vmatrix}, \text{mat 2} = \begin{vmatrix} 1 & 0 & 0 \\ 0 & 1 & 0 \\ 0 & 0 & 1 \end{vmatrix}, \text{mat 3} = \begin{vmatrix} 1 & 4 & 7 \\ 2 & 5 & 8 \\ 3 & 6 & 9 \end{vmatrix}$$

입력 예

없음

출력 예

```
 3  6 10
 6 11 14
10 14 19
```

6.4 다차원 배열

지금까지 C 언어에서 1차원 배열과 2차원 배열의 사용 방법을 학습하였다. C 언어에서는 1차원 배열과 2차원 배열 외에도 그 이상의 차원의 배열을 사용하는 것이 가능하다. 개념적으로는 가능하지만 프로그래머가 쉽게 이해하고 사용할 수 있는 수준은 일반적으로 3차원 배열까지이다. 1차원 배열은 선형 구조라면, 2차원 배열은 평면 구조라고 설명한 바 있다. 3차원 배열은 정육면체와 같은 입체 구조와 유사하다. 2차원 배열은 행과 열로 구성되어 있다면, 3차원 배열은 면과 행, 열로 구성되어 있다. 3차원 배열의 선언 방법과 구조는 아래의 표와 그림과 같다.

데이터타입 배열이름[배열크기(면)][배열크기(행)][배열크기(열)];

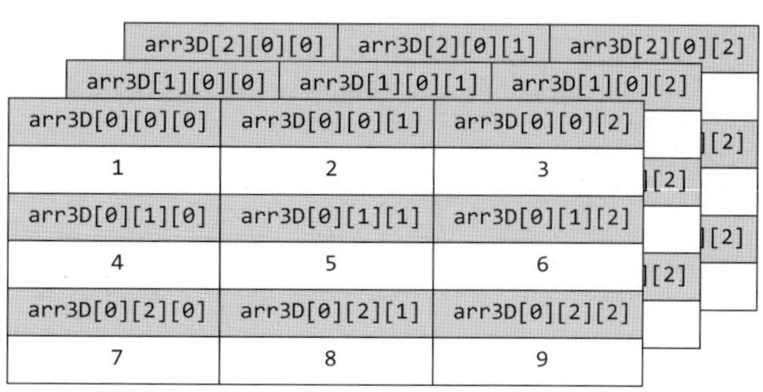

3차원 배열도 2차원 배열과 마찬가지로 메모리에 선형으로 연속적인 공간을 할당받는다. 위 그림은 int arr3D[3][3][3];으로 선언한 3차원 배열을 그림으로 나타낸 것이다. 3차원 배열의 원소는 2차원 배열이 되며, 3차원 배열 arr3D의 원소는 arr3D[0]과 arr3D[1], arr3D[2]이다. 이 세 원소는 모두 2차원 배열이며, 다시 1차원 배열을 원소로 갖는 구조이다. 3차원 배열의 모든 원소를 순회하면 arr3D[0][0][0]부터 arr3D[0][0][1], arr3D[0][0][2], arr3D[0][1][0], arr3D[0][1][1], arr3D[0][1][2], arr3D[0][2][0], arr3D[0][2][1], arr3D[0][2][2], arr3D[1][0][0], arr3D[1][0][1] 등의 순서가 된다. 3면 3행 3열의 구조를 가지는 int형 arr3D 배열의 모든 원소의 개수는 3 × 3 × 3 으로 총 27개이며, 108바이트의 크기를 가진다. int형 arr3D 배열의 각 원소와 크기, 주소는 아래의 표와 같다.

주소	0000	0000	0000	0004	0008
원소	arr3D[0]	arr3D[0][0]	arr3D[0][0][0]	arr3D[0][0][1]	arr3D[0][0][2]
크기	36	12	4	4	4
주소		0012	0012	0016	0020
원소		arr3D[0][1]	arr3D[0][1][0]	arr3D[0][1][1]	arr3D[0][1][2]
크기		12	4	4	4
주소		0024	0024	0028	0032
원소		arr3D[0][2]	arr3D[0][2][0]	arr3D[0][2][1]	arr3D[0][2][2]
크기		12	4	4	4
주소	0036	0036	0036	0040	0044
원소	arr3D[1]	arr3D[1][1]	arr3D[1][1][0]	arr3D[1][1][1]	arr3D[1][1][2]
크기	36	12	4	4	4
주소		0048	0048	0052	0056
원소		arr3D[1][1]	arr3D[1][1][0]	arr3D[1][1][1]	arr3D[1][1][2]
크기		12	4	4	4
주소		0060	0060	0064	0068
원소		arr3D[1][2]	arr3D[1][2][0]	arr3D[1][2][1]	arr3D[1][2][2]
크기		12	4	4	4
주소	0072	0072	0072	0076	0080
원소	arr3D[2]	arr3D[2][1]	arr3D[2][1][0]	arr3D[2][1][1]	arr3D[2][1][2]
크기	36	12	4	4	4
주소		0084	0084	0088	0092
원소		arr3D[2][1]	arr3D[2][1][0]	arr3D[2][1][1]	arr3D[2][1][2]
크기		12	4	4	4
주소		0096	0096	0100	0104
원소		arr3D[2][2]	arr3D[2][2][0]	arr3D[2][2][1]	arr3D[2][2][2]
크기		12	4	4	4

아래의 소스 6-13은 3차원 배열을 이용하여 3개 학년별로 3개의 반에 3명의 학생이 있는 학교에서 반별 성적을 관리하는 예제 프로그램이다.

소스 6-13

```
#include <stdio.h>
int main(void)
{
   int score[3][3][3], total[3][3]={0};
   int i, j, k;
   for (i = 0; i < 3; i++)
      for (j = 0; j < 3; j++) {
      printf("%d학년 %d반 세 학생의 성적을 입력하시오: ", i+1, j+1);
         for (k = 0; k < 3; k++) {
            scanf("%d", &score[i][j][k]);
            total[i][j] += score[i][j][k];
         }
      }
   for (i = 0; i < 3; i++)
      for (j = 0; j < 3; j++)
         printf("%d학년 %d반의 총점은 %d점 입니다.\n", i+1, j+1, total[i][j]);
}
```

입력 예

```
70 80 80
90 60 60
40 40 40
70 20 90
40 40 70
30 30 60
10 90 90
20 70 80
70 70 70
```

출력 예

```
1학년 1반 세 학생의 성적을 입력하시오: 70 80 80
1학년 2반 세 학생의 성적을 입력하시오: 90 60 60
1학년 3반 세 학생의 성적을 입력하시오: 40 40 40
2학년 1반 세 학생의 성적을 입력하시오: 70 20 90
2학년 2반 세 학생의 성적을 입력하시오: 40 40 70
2학년 3반 세 학생의 성적을 입력하시오: 30 30 60
3학년 1반 세 학생의 성적을 입력하시오: 10 90 90
3학년 2반 세 학생의 성적을 입력하시오: 20 70 80
3학년 3반 세 학생의 성적을 입력하시오: 70 70 70
1학년 1반의 총점은 230점 입니다.
1학년 2반의 총점은 210점 입니다.
1학년 3반의 총점은 120점 입니다.
2학년 1반의 총점은 180점 입니다.
2학년 2반의 총점은 150점 입니다.
2학년 3반의 총점은 120점 입니다.
3학년 1반의 총점은 190점 입니다.
3학년 2반의 총점은 170점 입니다.
3학년 3반의 총점은 210점 입니다.
```

Q&A

- C Programming FAQs 참조(http://cinsk.github.io/ko/cfaqs/index.html)

프로그래밍 Q&A 20

Q 이 코드는 왜 동작하지 않는가?

```
a[i] = i++;
```

A 부분식인 'i++'은 부작용을 일으킬 수 있다, 배열의 인덱스를 가리키는 i의 값 또한 변경되기 때문에 이 값이 변경되기 이전의 값일지, 변경된 다음의 값일지 알 수가 없다(K&R에서는 해당 수식이 어떠한 행동을 취할 지 명세되지 않았다고(unspecified) 하지만, C 표준에서는 이런 수식의 결과에 대해 정의되지 않았다고(undefined) 강력하게 말하고 있다.

Q 3.1 참고

프로그래밍 Q&A 21

Q 다음 코드는 맞는 표현인가?

```
char a[3] ="abc";
```

A ANSI C는 올바른 표현이라고 말하지만 실제로 사용되지는 않는다. 해당 코드는 3개의 요소를 갖는 배열을 선언하고 각각을 'a', 'b', 'c'로 초기화한다. 뒷부분에서 문자열에 관해 배우겠지만 여기에서는 C에서 문자열을 나타낼 때 사용되는 '\0' 문자가 없으므로 문자열이라고 말하기에는 곤란하다. 따라서 strcpy() 함수 또는 printf() 함수의 인자로 전달될 수 없다.

Q 1.33, 11.22 참고

프로그래밍 Q&A 22

Q 배열의 크기를 지정할 때, 다음과 같이 상수 값을 쓰면 안 되는 이유가 무엇인가?

```
const int n =5;
int a[n];
```

Q const 지정자는 "읽기 전용"을 의미한다. 즉 지정한 오브젝트는 실행할 때 변경할 수 없는 run-time 오브젝트이다. 따라서 이러한 'const' 오브젝트는 상수 수식(constant expression)이 아니기 때문에, 배열의 크기 지정, case label 등에 쓰일 수 없다. 정말로 compile-time 상수가 필요하다면, #define으로 (또는 enum으로) 상수를 정의하여라.

Q 11.8 참고

연습문제

01 다음의 C 언어의 배열에 대한 설명 중 맞으면 ○, 틀리면 ×로 표시하시오.

- 배열에는 서로 다른 데이터 타입의 값을 저장할 수 있다.
- 변수와 const 상수로는 배열의 크기를 지정할 수 없다.
- 배열 선언 시에 배열의 초기화 값을 지정하면 배열 크기를 생략할 수 있다.
- 배열 선언 시에 배열의 크기가 초깃값의 개수보다 크면 문법 오류가 발생한다.
- 2차원 배열은 행과 열의 구조로 표현할 수 있다.
- 배열에서 유효한 인덱스의 범위는 1부터 배열 크기까지이다.
- 1차원을 비롯한 모든 배열에서 sizeof(배열이름)은 배열 전체 공간 크기의 바이트 수이다.
- 2차원 배열 선언 시 두 번째 대괄호 내부의 열의 크기는 반드시 명시해야 한다.
- 배열의 원소는 첨자라는 숫자를 이용해 쉽게 접근할 수 있다.
- 배열 첨자는 실수도 사용할 수 있다.

02 배열의 초기화 방법 중 올바르지 않은 것은?

❶ `char ch[3] = {'a','b','c','d'};`
❷ `int point[3] = {1, 2, 3};`
❸ `double rates[3] = {3.57};`
❹ `short data[] = {32, 43, 78};`

03 2차원 배열의 초기화 방법 중 올바르지 않은 것은?

❶ `int a[2][2] = {1, 2, 3, 4};`
❷ `int a[][2] = {1, 2, 3, 4};`
❸ `int a[][3] = {1, 2, 3, 4};`
❹ `int a[2][] = {1, 2, 3, 4};`

04 다음과 같이 배열을 초기화했을 경우 배열 요소 a[3]의 값을 보기에서 고르시오.

```
int korea[4] = {1,2,3,4};
```

❶ 1 ❷ 2 ❸ 3 ❹ 4

05 다음 배열의 선언 중 구문 오류가 있는 것은?

❶ `auto int num[8];`

❷ `static int num[8];`

❸ `double 10num[10];`

❹ `extern int num[8];`

06 다음 프로그램의 실행결과를 적으시오.

```
#include <stdio.h>
#include <string.h>
int main(void)
{
    int a[3][3]={1,2,3,4,5,6,7,8,9};
    int i, j;
    for(i=0;i<=2;i+=1) {
        for(j=2;j>=0;j--)
            printf("%d", a[i][j]);
        printf("\n");
    }
    return 0;
}
```

프로그래밍 연습

01 윤성이는 시험 성적을 입력받아 평균을 구해주는 프로그램을 만들기로 하였다. 배열을 사용하여 각 시험 점수를 입력받고, 해당 점수들의 총합, 평균, 최고점수, 최저점수, 합격 유무를 출력하는 프로그램을 작성하시오.

- 정수형 값 5개를 입력받아 배열에 저장한다.
- 입력받은 정수들의 합, 평균, 최고점수, 최저점수를 출력한다(단, 평균은 소수점 둘째 자리까지 출력한다).
- 입력받은 수 중 0 미만의 값이 존재하면, "잘못된 입력입니다."라는 문구를 출력하고 다시 입력 받는다.
- 점수들의 총합이 350점 미만이면 "불합격", 350점 이상이면 "합격"을 출력한다.

02 임의의 정수 10개와 문자 'A', 'D' 중 하나를 입력받아 'A'를 입력받은 경우 입력받은 정수들을 오름차순으로, 'D'를 입력받은 경우 내림차순으로 정렬하는 프로그램을 작성하시오.

- 정수형 값 10개, 문자형 값 1개를 입력받아 저장한다.
- 입력받은 값 10개를 임의의 정렬 알고리즘을 사용하여 오름차순 또는 내림차순으로 정렬 후 출력한다.

03 아래 행렬 2개를 사용하여 행렬 곱셈을 수행하시오.

$$\begin{pmatrix} 9 & 2 & 7 \\ 4 & 5 & 6 \end{pmatrix} \begin{pmatrix} 2 & 13 \\ 5 & 10 \\ 2 & 11 \end{pmatrix}$$

04 0이상 99 이하의 정수를 -1을 입력하기 전 까지 입력받고, -1을 입력받은 경우 각 숫자별로 입력받은 횟수를 출력하는 프로그램을 작성하시오.

- -1을 입력받기 전 까지, 정수형 값들을 계속해서 입력받는다.
- 숫자는 0부터 9까지를 기준으로 한다.
- 숫자 99가 입력되면 숫자 9의 개수는 2 증가한다.
- 숫자 57이 입력되면 숫자 5와 7의 개수가 1씩 증가한다.
- -1을 입력받는 경우, 이전까지 입력받은 값을 아래 예시와 같이 출력한다.

```
0: 2
1: 0
2: 4
3: 0
4: 1
5: 2
6: 1
7: 1
8: 1
9: 1
```

05 사용자로부터 알파벳을 제외한 문자를 입력받을 때까지 문자를 입력받고, 알파벳 외의 값이 입력되면 지금까지 입력한 알파벳들의 입력 횟수를 대 · 소문자 구분 없이 출력하는 프로그램을 작성하시오. (한번도 입력되지 않은 알파벳은 출력하지 않는다.)

- 알파벳 외의 값이 입력되기 전 까지, 임의의 알파벳 문자형 값을 계속 입력받는다.
- 알파벳 외의 값을 입력받은 경우, 아래와 같이 입력받았던 알파벳들을 출력한다.

```
: 1
G: 2
I: 1
M: 2
N: 1
O: 1
P: 1
R: 2
```

07 포인터

7.1 메모리와 주소

- 위키피디아 메모리 주소 참조(https://ko.wikipedia.org/wiki/메모리_주소)

컴퓨터에서 프로그램이 동작하기 위해서는 먼저 프로그램이 컴퓨터의 메인 메모리에 저장되어야 한다. 프로그램의 코드(기계어 코드)가 메모리에 저장되면서 프로그램에서 사용하는 변수들도 함께 저장된다. 여러분들이 컴퓨터나 스마트폰 등에서 실행하는 모든 소프트웨어들은 모두 메인 메모리에 저장된 후에 실행하고 있는 것이라고 생각하면 된다. 메모리에 저장되지 않은 것은 어떠한 경우에도 실행할 수 없다. 실행중인 프로그램에서 사용하는 변수가 메모리 내에서 어디에 위치해 있는지를 식별하기 위해 메모리에는 1바이트마다 주솟값이 부여되어 있다. 메모리의 시작 위치를 0번지를 부여하고, 1바이트 증가할 때마다 1씩 증가하는 주소를 가진다. 프로그램 내에서 변수의 이름을 이용하여 사용하지만, 실제 프로그램의 동작 단계에서는 변수의 이름이 아닌 변수의 주소를 이용하여 변수에 접근한다. 예를 들어, 국회의사당이라고 하면 우리가 어떤 곳을 이야기 하는지 알 수 있지만, 이곳으로 택배를 보내려고 할 때에는 정확한 주솟값인 "서울특별시 영등포구 의사당대로 1"이라는 값을 알아야 한다. 변수의 이름과 변수의 주소도 이와 같은 개념이라고 생각하면 조금은 이해가 쉬울 것이다. 메모리와 주소 개념은 현실에서 주소를 사용하는 것과 같다. 우리집이라고 하는 변수는 누가 사용하는지에 따라 그 주소가 달라질 수 있다. 홍길동이 우리집이라고 하는 것과 유관순이 우리집이라고 하는 것은 서로 다른 집을 의미한다. 따라서 정확한 주소를 표기해야 해당 위치를 찾을 수 있다. 프로그램에서도 각 프로그램마다 동일한 이름의 변수가 존재할 가능성이 높기 때문에 단순하게 변수의 이름만으로 해당 메모리에 값을 저장하거나 읽는 것은 불가능하다. 정확한 메모리상의 주소를 이용하여 값을 저장하거나 읽을 수 있다. C 언어는 이러한 변수의 메모리상의 주소를 이용하여 프로그램을 작성할 수 있는 다양한 기능을 제공한다. 이 기능은 때로는 C 언어를 이용한 프로그래밍 과정을 어렵게 하기도 하지만, 이 기능을 이용하여 하드웨어에 직접 접근하거나 하는 등의 작업이 가능하기 컴퓨터의 자원이 최소화 된 환경이나 운영체제를 만드는 경우에는 C 언어가 많이 활용된다. C 언어와 C++ 언어를 제외하고 메모리의 주솟값을 프로그램 상에서 직접 제어할 수 있는 언어는 많지 않다. 이로 인하여 C 언어는 거의 유일하게 운영체제를 개발할 수 있는 언어라고 하기도 한다. 메모리의 주소를 제어하는 방법은 프로그래밍의 난이도를 높이는 결과를 초래하여 처음 프로그래밍을 학습하는 사람들에게 큰 난관으로 작용하기도 한다. 그러나 소프트웨어를 전공하는 전공자라면 메모리와 주소에 대한 내용은 다른 교과목에서도 상당히 자주 다루는 내용이므로 학습할 필요가 있다. 지금 당장 모든 것이 이해되지 않더라고, 자주 사용하면서 이해해 보도록 노력해 보자. 대부분 운영체제나 컴퓨터구조, 자료구조 등의 교과목을 학습하면서 제대로 이해가 되는 부분이기도 하다.

우리집으로 온라인 쇼핑몰에서 상품을 주문할 수 없고, 집의 주소를 명확히 작성해야 가능한 것처럼, 프로그램에서도 고유한 메모리 주소를 이용하여 변수의 값이 저장된 위치를 파악할 수 있다. 메모리 주소는 저장 장소를 가리키는 변수명과 마찬가지로 기억 장소를 참조하는 방법이다. 예를 들어 '민정이네 집'과 같이 부르는 이름이 변수명일 경우 'ㅇㅇ시 ㅇㅇ동 ㅇㅇ아파트 ㅇㅇㅇ동 ㅇㅇㅇ호'와 같은 주소는 메모리 주소라고 할 수 있다.

주소 연산자 &

우리는 C 언어를 이용하여 프로그램을 작성할 때 수많은 변수를 선언하고 사용한다. 프로그램의 소스 코드에서는 변수를 이용하여 값을 읽고, 저장하기도 한다. 지금까지 학습한 변수의 사용법은 대부분 변수 이름을 이용하여 데이터에 접근하고 처리하였다. 단 한가지의 경우는 예외이다. 바로 `scanf()` 함수를 이용하여 사용자가 입력한 값을 변수에 저장할 때이다. 우리는 `scanf()` 함수에서 변수 앞에 주소 연산자 &를 사용했다. 주소 연산자 &는 전위 단항 연산자로 두 번째로 높은 우선순위를 가지는 연산자이다. 주소 연산자의 피연산자는 오로지 변수만 사용이 가능하다. 상수에는 주소가 존재하지 않기 때문이다. 주소 연산자 &는 변수의 데이터를 저장하기 위한 메모리상의 주소를 알아내기 위해 주로 사용한다. 키보드로부터 입력받은 값을 변수에 저장하기 위해서 해당 변수의 주솟값을 `scanf()` 함수에 제공하여, 그 값을 해당 번지의 메모리 공간에 저장할 수 있도록 하였다. 메모리상의 주솟값도 하나의 값이므로 화면에 출력하거나 입력받을 수 있다. 그러나 주소값을 입력받아 처리하는 경우는 극히 드물다. 잘못된 메모리 접근을 유발하여 컴퓨터 또는 소프트웨어의 동작 오류의 원인이 되기 때문이다. 변수의 메모리 주솟값을 화면에 출력하기 위해서는 printf() 함수를 이용한다. 주솟값은 정수 형태의 값을 가지기 때문에 정수 형태의 형식 지정자를 사용할 수 있다. 주솟값을 출력하기 위해서 주로 사용하는 형식 지정자에는 %lu와 %p, %x 등이 있다. 다음 그림은 int형 변수 value를 선언하고, 키보드로부터 입력받은 값을 저장할 때의 메모리를 보여준다. 키보드로부터 정숫값이 입력되면 변수 value의 주소를 얻어, 해당 위치에 값을 저장한다. 소스 7-1는 이러한 과정을 확인하기 위한 예제 프로그램의 소스 코드이다.

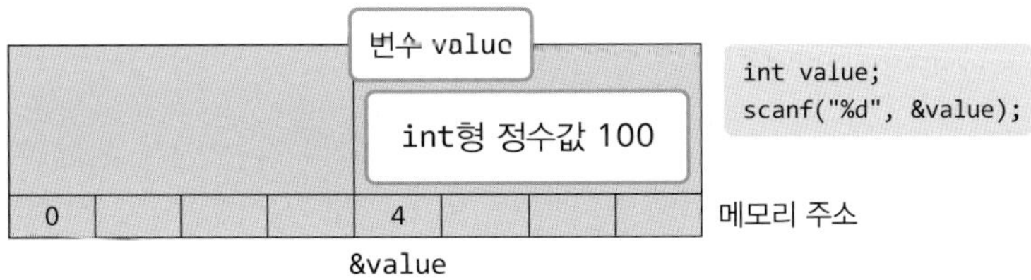

소스 7-1

```c
#include <stdio.h>
int main(void)
{
    int n;
    printf("Input an integer: ");
    scanf("%d", &n);
    printf("Value: %d\n", n);
    printf("Address: %u, %p, %#x, %#X\n", &n, &n, &n, &n);
    printf("Size of address: %d\n", sizeof(&n));
    printf("Size of value: %d\n", sizeof(n));
    return 0;
}
```

입력 예 1

```
50
```

출력 예 1

```
Input Integer: 50
Value: 50
Address: 2142799196, 0x7ffd7fb8855c, 0x7fb8855c, 0X7FB8855C
Size of Address: 8
Size of value: 4
```

입력 예 2

```
150
```

출력 예 2

```
Input Integer: 150
Value: 150
Address : 2102140492, 0x7ffc7d4c1e4c, 0x7d4c1e4c, 0X7D4C1E4C
Size of address: 8
Size of value: 4
```

라인 7번까지는 지금까지 살펴본 다양한 예제와 크게 다르지 않다. 라인 8번과 9번은 int형 변수 n의 주소를 화면에 출력하는 코드이다. 사실, 이 코드는 대부분의 컴파일러에서 경고(warning) 메시지를 출력한다. 그 이유는 잠시 후에 설명하기로 한다. 프로그램 실행은 가능하다. 이 코드를 통하여 %u와 %p, %#x, %#X로 변수 n의 주솟값을 출력한 값을 확인할 수 있다. 라인 9번과 10번은 각각 변수 n의 주소의 크기와 값의 크기를 바이트 단위로 출력하는 코드이다. 이를 통해 int형 변수 n의 값은 4바이트의 크기를 가지며, int형 변수 n의 주소는 8바이트의 크기를 가지는 것을 확인할 수 있다. 여러분들이 이 코드를 실행하면, 출력결과가 전혀 다르다는 것을 확인 할 수 있다. 프로그램이 실행 할때마다 해당 프로그램이 메모리상에 저장되는 위치가 달라지기 때문에 변수의 주솟값도 매번 달라진다. 따라서 주솟값을 출력하면 매번 다른 값이 출력된다. 또한 변수 n의 주솟값을 각기 다른 형식 지정자로 출력하였을 때 값이 달라지는 것 또한 확인할 수 있다. 대부분 %u로 출력한 값과 %x 또는 X로 출력한 세 번째와 네 번째 값이 같지만, %p로 출력한 두 번째 값은 다르다. 첫 번째 값은 주솟값을 10진 정수로 출력한 값이고 세 번째와 네 번째는 16진수로 출력한 값이다. 진법 변환을 해보면 두 값이 같다는 것을 확인 할 수 있다. 그렇다면 %p로 출력한 두 번째 값은 왜 다른 것일까? 그 답은 바로 주소의 크기에 있다. int형을 출력하는 %u는 4바이트 크기의 0 또는 양수를 출력하는 형식 지정자이고, %x(또는 X)는 4바이트 크기의 16진 정수를 출력하는 형식 지정자이다. 그러나 변수 n의 주소는 8바이트의 크기를 가진다. 따라서, 주솟값이 4바이트로 표현하기에 부족하여, 값이 손실되어 값이 다르게 출력되는 것이다. 그러나, 우연히 주소값이 4바이트로 표현하기에 충분한 값이라면 동일하게 출력될 수도 있다. 따라서, 주솟값을 화면에 출력하고자 하는 경우에는 %lu과 같이 형식 지정자 앞에 길이 수정자 l을 넣어주어야 한다. 형식 지정자 %p는 주솟값을 출력하기 위한 형식 지정자로 길이 수정자를 추가할 필요가 없다. 위 소스 코드에 길이 수정자 l을 추가하여 출력하면, 모든 주소의 값이 동일하게 출력되는 것을 확인할 수 있을 것이다. 그러나 여전히 컴파일 시에 경고를 발생한다. 주솟값 출력을 위한 형식 지정자인 %p를 사용한 코드 이외의 부분에서 모두 발생한다. 주솟값을 출력하고자 할 때 %d 또는 %x 등의 정수형을 위한 형식 지정자를 사용하는 것은 바람직하지 않다. 주소를 출력하는 부분 외에도 변수의 값과 주소의 크기를 출력하는 부분 역시 경고가 발생하는데 이는 `sizeof` 연산자의 값이 `unsigned long` 타입이기 때문이다. 라인 9번과 10번의 형식 지정자를 `%lu`로 변경하면 경고가 사라질 것이다. 만약, 본인이 이 코드를 실행한 결과에서 주소의 크기 값이 4가 나왔다면 앞에서 설명한 내용이 부합하지 않는다. 주솟값의 크기가 4바이트라면 현재 사용하고 있는 컴퓨터 또는 컴파일러가 32bit 체계라는 뜻이며, 따라서 경고 없이 실행이 되었을 것이다. 그러나 최근 대부분의 컴퓨터는 64bit 체계를 사용하므로 주소의 크기가 8바이트이다. 이제 지금까지 학습한 내용을 바탕으로 아래의 코딩 7-1과 7-2를 수행해 보도록 하자.

코딩 7-1

아래의 코드는 정수를 입력을 받아 해당 변수의 값과 주솟값을 정수값, 포인터주소, 16진수(소문자)주소, 16진수(대문자)주소 형태로 출력하는 소스 코드이다. 아래의 코드에서 빈 칸을 완성하여 프로그램을 완성하시오.

```
#include <stdio.h>
int main(void)
{
    int i;
    scanf("%d",    i);
    printf("%d %p            ", i,    , &i, &i);
    return 0;
}
```

입력 예 1

```
150
```

출력 예 1

```
150 0x7ffd78f8ebdc 78f8ebdc 78F8EBDC
```

입력 예 2

```
1500
```

출력 예 2

```
1500 0x7fff4b6f94cc 4b6f94cc 4B6F94CC
```

코딩 7-2

정수와 실수 2개, 문자 하나를 입력받아 각 데이터 자료형(정수형(int), 실수형(float, double), 문자형(char)) 변수에 저장하고, 각 변수의 값과 주소를 출력하는 프로그램을 작성하시오.

입력 예 1

```
150, 30.5 25.1 C
```

출력 예 1

```
150, 30.5 25.1 C
0x7fff4b6f94cc 0x7fff3a93940c 0x7ffebae278cc 0x7ffcc727572c
```

입력 예 2

```
50 25.5 1.131 q
```

출력 예 2

```
50 25.5 1.131 q
0x7ffef1924cbc 0x7ffc13576a2c 0x7ffebbf1435c 0x7ffcfd0bb9fc
```

7.2 포인터

- 위키피디아 포인터 참조(https://ko.wikipedia.org/wiki/포인터_(프로그래밍))

포인터 변수와 메모리 주소 저장

모든 변수는 메모리상에 공간을 할당 받기 때문에 주솟값을 가진다. 주솟값도 값이므로 메모리에 저장할 수 있다. 주솟값을 메모리에 저장하기 위해서는 메모리를 할당받아야 한다. 메모리를 할당받기 위해서는 변수를 선언해야 한다. 그러나 우리는 지금까지 주솟값을 저장하는 데이터 타입을 학습하지 않았다. 이제 우리는 주솟값을 저장하기 위한 변수인 포인터 변수에 대해 살펴보자. 포인터(pointer)란 point라는 영어 단어에서 파생된 단어이다. 여기에서의 point는 동사로 "겨누다, 가리키다"라는 뜻이다. er는 "~~하는 것" 또는 "사람"을 의미한다. 다시 해석하면 "가리키는 것"이라는 뜻이 된다. 즉, 메모리 주소를 이용하여 메모리상에 위치한 특정 공간을 가리키는 것을 의미한다. 즉, 포인터 변수(pointer variable)는 메모리의 주소를 저장하여 다른 메모리의 공간을 가리킬 수 있는 변수를 의미한다.

포인터 변수는 다른 변수의 주솟값을 저장하는 독특한 변수로 일반 변수와 다르다. 변수 선언과 사용 방법이 모두 다르다. 다른 변수의 앞에 주소 연산자 &를 붙여 얻어낸 주솟값을 저장할 수 있는 변수이다. 일반 변수는 값을 저장하지만, 포인터 변수는 주솟값을 저장한다. 만약 포인터 변수 a가 변수 b의 주소를 저장하고 있다면, 우리는 "포인터 변수 a는 변수 b를 가리킨다."라고 한다. 아래의 그림은 특정 메모리의 주솟값을 저장하는 포인터 변수를 설명하고 있다.

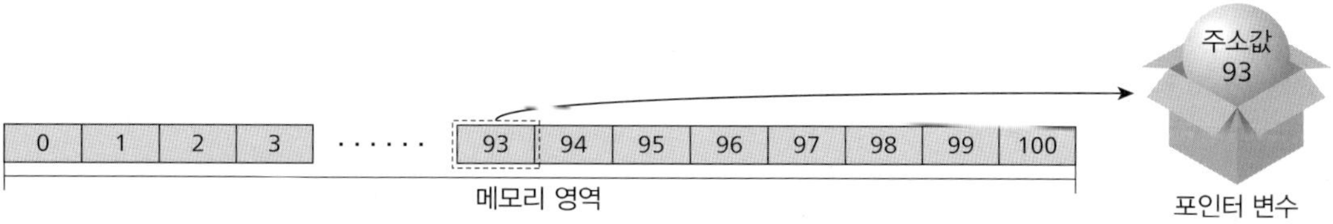

포인터 변수 선언

특정 변수의 주솟값을 저장하기 위한 포인터 변수를 선언하는 방법에 대해 알아보자. 포인터 변수 선언에는 간접(indirection) 연산자 *를 포인터 변수 앞에 사용한다. 간접 연산자는 전위 단항 연산자로 두 번째 우선순위를 가진다. 산술 곱셈 연산자와 동일한 기호를 사용하지만, 간접 연산자는 단항 연산자이고, 곱셈 연산자는 이항 연산자이므로 피연산자의 개수로 구분할 수 있다. 간접 연산자는 간혹 다른 책에니 지료에서 참조 연산자로 표현하기도 한다. 그러나 간접 연산자를 영어로 표기할 때에는 indirection operator 또는 dereference operator라고 한다. 참조를 뜻하는 reference와는 다른 단어로 가끔 역참조로 해석하여 역참조 연산자라고 부르기도 한다. 참조 연산자라는 표현을 사용하기 보다는 원래 의미에 가까운 간접 연산자라고 하는 것이 바람직하다고 생각한다. 아래의 표는 각각의 데이터 형에 따른 포인터 변수를 선언하는 예시이다.

```
데이터타입 *변수명;
```

```
int *ptrint;
char *ptrchar;
double *ptrdouble;
float *ptrfloat;
```

```
int*ptrint;
char * ptrchar;
double*ptrdouble;
float * ptrfloat;
```

첫 번째 열의 예와 같이 데이터타입과 변수명 사이에 간접 연산자를 사용하여 포인터 변수를 사용한다. 포인터 변수는 다른 변수의 주솟값을 저장하기 위한 변수임에도 데이터 타입을 명시하여야 한다. 쉽게 생각하면 주소는 데이터타입과 상관없을 것 같지만, 포인터 변수에 저장된 주솟값을 이용하여 해당 메모리 위치에 저장된 값을 읽는 경우 그 데이터의 타입을 알고 있어야 값을 정확하게 읽을 수 있다. char형인 경우에는 1바이트를, int형인 경우에는 4바이트를 읽어야 값을 정확하게 읽을 수 있다. 따라서 포인터 변수에도 데이터 타입은 반드시 명시되어야 한다. 포인터 변수선언 시 간접 연산자는 데이터 자료형과 변수명 사이 어느 곳에나 사용 가능하지만, 일반적으로 변수명 앞에 공백 없이 주소 연산자를 붙이는 방식을 사용한다. 소스 7-2는 int형 포인터 변수를 활용한 예제 프로그램이다.

소스 7-2

```
01 #include <stdio.h>
02 int main(void)
03 {
04     int n = 10;
05     int *pInt = &n;
06     printf("Address of i: %lu %p\n", &n, &n);
07     printf("Value of pInt: %lu %p\n", pInt, pInt);
08     printf("Address of pInt: %lu %p\n", &pInt, &pInt);
09     return 0;
10 }
```

출력 예

```
Address of i: 140736100918856 0x7fffad4d6648
Value of pInt: 140736100918856 0x7fffad4d6648
Address of pInt: 140736100918848 0x7fffad4d6640
```

라인 5번은 int형 포인터 변수 pInt를 선언하고 주소 연산자 &를 사용한 연산식 &n를 이용하여 int형 변수 n의 주소값으로 초기화한다. int *pInt는 정수형 데이터 자료형을 다루는 포인터 변수를 선언한다. 마지막으로 ptrint = &n;은 변수 n의 메모리 주솟값을 포인터 변수 pInt에 저장한다. 아래 그림에서 &n에서 포인터 변수 pInt로 향하는 화살표는 변수 n의 메모리 주솟값을 포인터 변수 pInt에 저장한다는 뜻이며, 이를 pInt가 변수 n을 '가리킨다' 혹은 '참조한다(reference)'라고 부른다. 포인터 변수의 특징은 가리키는 변수의 데이터 자료형 상관없이 크기가 모두 8바이트(64비트) 또는 4바이트(32비트)로 구성된다.

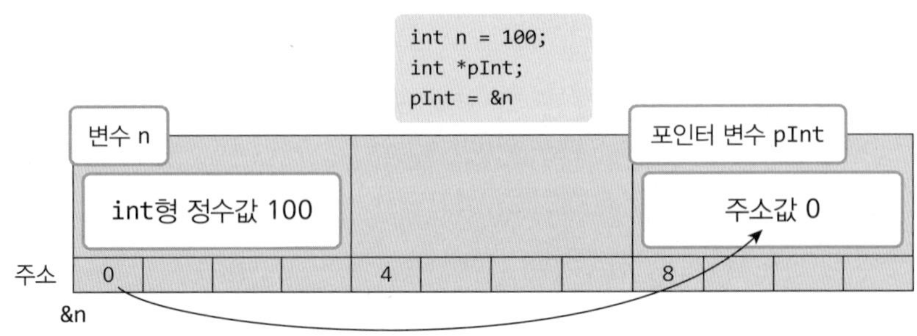

라인 6번은 정수형 변수 n의 주솟값을 %lu와 %p의 형식 지정자를 이용하여 출력한다. %lu의 경우 경고를 발생하지만 프로그램 실행에 영향을 주지는 않는다. 라인 7번은 포인터 변수 pInt의 값을 %lu, %p 형식으로 출력하고, 라인 8번은 포인터 변수 pInt가 메모리 공간에 저장되어있는 주소를 %lu, %p 형식으로 출력한다. %p 형식 지정자를 이용하여 주솟값을 출력하면 16진수 형태로 출력하는데, 일반적으로 메모리 주솟값을 표현할 때에는 16진수를 주로 이용한다. 이는 데이터 타입 대부분이 2의 n승의 크기를 가지고 있는 특징을 반영하여 주소값을 직관적으로 표현하기 위한 것이다. 2진수의 4자리는 16진수의 1자리에 대응하기 때문에 컴퓨터가 사용하는 2진수를 직관적으로 표현하는데 16진수가 적합하기에 사용한다. 출력 예를 보면, 변수 n의 주소와 포인터 변수 pInt의 값이 같다는 것을 확인할 수 있다. 반면 포인터 변수 pInt의 주소는 다르다는 것을 확인 할 수 있다. 다음의 소스 7-3은 포인터 변수의 값을 변경하는 예제 프로그램이다.

소스 7-3

```
01 #include <stdio.h>
02 int main(void){
03     int n1 = 100, n2 = 50, *ptr;
04     ptr = &n1;
05     printf("Address of n1: %p\n", &n1);
06     printf("Value of ptr: %p\n", ptr);
07     printf("Address of ptr: %p\n", &ptr);
08     ptr = &n2;
09     printf("Address of n2: %p\n", &n2);
10     printf("Value of ptr: %p\n", ptr);
11     printf("Address of ptr: %p\n", &ptr);
12     return 0;
13 }
```

출력 예

```
Address of n1: 0x7ffe8446452c
Value of ptr: 0x7ffe8446452c
Address of ptr: 0x7ffe84464520
Address of n2: 0x7ffe84464528
Value of ptr: 0x7ffe84464528
Address of ptr: 0x7ffe84464520
```

라인 3번에서는 int형 변수와 int형 포인터 변수를 함께 선언하는 문장이다. 이와 같이 일반 변수와 포인터 변수는 하나의 문장에서 선언할 수 있다. 라인 4번과 8번은 각각 포인터 변수 ptr에 n1의 주소와 n2의 주소를 대입하는 문장이다. 이처럼 포인터 변수의 값은 변경이 가능하다. 출력 예를 보면 처음에는 n1의 주소와 ptr의 값이 같지만, n2의 주소를 ptr에 대입한 이후에는 n2의 주소와 ptr의 값이 같은 것을 확인할 수 있다. ptr의 값이 변경 되었음에도 ptr의 주소는 변하지 않음을 확인할 수 있다.

간접 연산자 *

포인터 변수는 포인터가 가리키는 변수의 주솟값을 저장한다. 저장된 주소를 이용하면 포인터 변수도 가리키는 주소에 저장된 값에 접근이 가능하다. 포인터 변수는 변수의 주솟값을 저장할 뿐만 아니라 저장된 주솟값에 저장되어 있는 값을 접근할 수 있다. 포인터 변수가 가리키는 변수를 참조하려면 간접 연산자 *를 이용한다. 다음 예시는 간접 연산자를 사용하여 가리키는 곳에 저장된 값을 참조하는 코드이다.

```
int value = 100;
int *ptr; //포인터 변수 선언
ptr = &value;
printf("Dereference: %d \n", *ptr); //간접연산자 사용
```

int *ptr;에서 사용된 *은 포인터 변수를 선언하기 위해 사용되었다. ptr = &value;에서 포인터 변수 ptr이 변수 value를 가리킨다. 마지막 출력문에서의 *ptr는 포인터 변수선언이 아닌 간접연산자가 사용된 포인터 변수로 포인터 변수 ptr이 참조한 변수 value에 저장된 값을 읽어 출력에 사용한다. *ptr은 포인터 변수 ptr이 가리키고 있는 변수 value 자체를 의미한다. 참조 연산자는 "가리키고 있는 곳에 저장되어 있는 값"을 의미한다고 생각하자. 즉, *ptr은 "포인터 변수 ptr이 가리키고 있는 곳의 값"이란 뜻이다. 소스 7-4는 참조 연산자를 이용하여 포인터 변수에 저장된 주소에 저장된 값을 읽어 출력하는 프로그램 예제이다.

소스 7-4

```c
01 #include <stdio.h>
02 int main(void)
03 {
04     int value = 100;
05     int *ptr = &value;
06     printf("value: %d\n", value);
07     printf("*ptr: %d\n", *ptr);
08     *ptr = 200;
09     printf("value: %d\n", value);
10     return 0;
11 }
```

출력 예

```
value: 100
*ptr: 100
value: 200
```

라인 5번에서 포인터 변수 ptr이 int형 변수 value를 가리키도록 초기화한다. 라인 7번에서는 ptr 포인터 변수에 간접 연산자를 사용하여 ptr이 가리키는 곳의 값을 출력한다. 출력 결과를 보면 value의 값과 *ptr의 값이 동일함을 확인할 수 있다. 라인 8번에서는 포인터 변수 ptr이 가리키는 곳의 값을 200으로 변경하였다. 라인 9번에서 다시 변수 value의 값을 출력하면 200이 출력되는 것을 확인할 수 있다. 간접 연산자를 이용한 *ptr은 포인터 ptr이 가리키는 변수 value 자체를 의미하므로 *ptr의 값을 수정하는 것은 변수 value의 값을 수정하는 것과 동일하다.

포인터 변수의 주소 연산

포인터 변수는 간단한 덧셈과 뺄셈 연산을 통해 이웃한 메모리 주소에 접근하는 것이 가능하다. 별도의 포인터 변수를 생성하지 않고, 하나의 포인터 변수를 이용하여 인접한 여러 변수의 메모리 주소에 접근할 수 있다. 만약 int형 포인터 변수 ptr가 있다면, *(ptr+1)과 *(ptr-1)을 통해 이전과 이후의 주소 공간에 접근할 수 있다. 주의할 점은 포인터 주소 연산은 연산을 수행하는 포인터가 가리키는 변수의 데이터 타입 크기에 비례한다는 점이다. 이미 앞 장의 배열의 원소에 접근하는 인덱스를 통하여 이 내용을 설명한 바 있기에 쉽게 이해할 수 있을 것이다. 만약, ptr이 가리키는 주소의 값이 0x0100이라면, (ptr+1)은 0x0101이 아니라 0x0104이며, (ptr-1)은 0x00ff가 아니라 0x00fc가 된다. 아래의 그림은 이와 같은 주소 연산의 특징을 설명하고 있다.

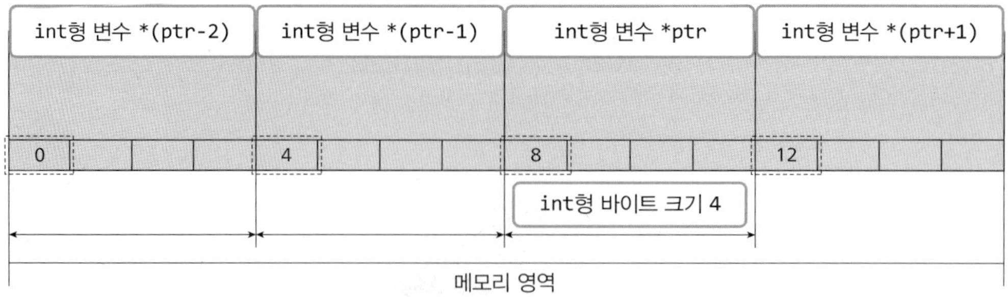

다음의 소스 7-5는 int형과 double형, char형 포인터 변수의 연산을 통해 데이터 타입에 따른 주소 연산의 결과를 확인하는 프로그램 예제이다.

소스 7-5

```
01 #include <stdio.h>
02 int main(void)
03 {
04     int *pInt = 0x0000;
05     double *pDbl = 0x0000;
06     char *pChar = 0x0000;
07     printf("%p %p %p\n", pInt, pDbl, pChar);
08     printf("%p %p\n", pInt+1, pInt+2);
09     printf("%p %p\n", pDbl+1, pDbl+2);
10     printf("%p %p\n", pChar+1, pChar+2);
11     return 0;
12 }
```

입력 예

```
해당없음
```

출력 예

```
(nil) (nil) (nil)
0x4 0x8
0x8 0x10
0x1 0x2
```

라인 4번과 5번, 6번에는 각각 int형 포인터 변수 pInt와 double형 포인터 변수 pDbl, char형 포인터 변수 pChar를 선언하고, 각각 0번지의 주솟값으로 초기화하였다. 사실 포인터 변수에 임의의 주솟값을 대입하는 것은 권장하지 않는 방법이지만, 여기에서는 여러분들의 학습을 위해 대입하였다. 다른 주솟값을 대입하는 것도 가능하지만, 이 경우에는 컴파일 단계에서 경고 메시지를 출력하게 되므로, 0번지를 대입하였다. 0번지는 nil 또는 null 포인터라고 한다. stdio.h에서 매크로 상수 NULL로 정의되어 있는 값이기도 하다. 포인터 변수를 초기화 할 때 이 값을 주로 사용하지만 주소를 이용하여 접근하는 것은 불가능하다. 접근하는 경우 런타임 에러를 만나게 될 것이다. 라인 7번에서는 세 포인터 변수의 값을 출력한다. 모두 0번지로 초기화하였기 때문에 (nil)이라 출력된다. 컴파일러에 따라 null로 출력되는 경우도 있다. 라인 8번과, 9번, 10번은 각 포인터 변수에 1과 2를 더한 값을 출력하는 문장이다. 출력 예에서 알 수 있듯이 int형 포인터 변수는 4씩 증가하고, double형 포인터 변수는 8씩 증가, char형 포인터 변수는 1씩 증가하는 것을 확인할 수 있다. int형의 크기는 4바이트이고, double형의 크기는 8, char형의 크기는 1임을 감안할 때 주소 연산을 통해 각 데이터 타입의 크기에 따라 결과가 달라짐을 확인 할 수 있다. 지금까지 학습한 내용을 바탕으로 아래의 코딩 7-3을 수행해 보도록 하자.

코딩 7-3

포인터를 사용해 입력 정수값을 교환하는 프로그램을 만들어라. 정수형 int형의 두 변수 a, b를 선언하여 이용한다. 두 변수의 값을 교환하기 위해서 임시변수 tmp를 신인하여 사용한디. 또한 값을 교환할 때 정수형 변수가 아닌 별도로 선언한 포인터 변수를 사용한다.

입력 예 1

```
5 7
```

출력 예 1

```
7 5
```

입력 예 2

```
10 250
```

출력 예 2

```
250 10
```

포인터 형변환과 엔디안(endian)

컴퓨터의 메모리는 1바이트 단위로 주소가 부여되어 있다. 따라서 메모리에 데이터를 읽고 쓰는 작업은 바이트 단위로 이루어진다. 4바이트의 크기를 가지는 int형 데이터는 메모리에 어떻게 저장될까? 직접 한번 확인해 보도록 하자.

앞에서 포인터 변수는 데이터 타입을 가지고 있으며, 데이터 타입을 이용하여 데이터에 접근이 가능하다고 설명하였다. 따라서 int형 포인터 변수가 가리키고 있는 공간은 char형이나 double 형으로 값을 읽을 수 없다. 그러나 동일한 주소를 다른 데이터 타입의 포인터 변수가 가리키는 경우 상황이 달라진다. 이 경우에는 다른 데이터 타입의 포인터 변수의 데이터 타입으로 해당 주소의 값을 읽을 수 있다. 값을 정상적으로 읽을 수 있는지 여부와 상관없이 데이터를 읽는 것에 문제가 없다는 뜻이다. 그럼 int형 데이터가 저장되어 있는 메모리의 주소를 char형 포인터 변수가 가리키도록 하기 위해서는 어떻게 해야 할까? C 언어에는 변수나 상수의 데이터 타입을 변경하기 위한 형변환(cast) 연산자가 존재한다. 이 형변환 연산자는 일반적인 변수와 상수뿐만 아니라 포인터 값과 포인터 변수에도 사용이 가능하다. 아래의 소스 7-6은 정수형 변수의 주소를 char형 포인터 변수가 가리키도록 하는 코드와 그 코드를 실행 했을 때 발생하는 경고 메시지이다.

소스 7-6

```
01 #include <stdio.h>
02 int main(void){
03     int value = 0x12345678;
04     int *pi = &value;
05     char *pc = &value;
06     return 0;
07 }
```

컴파일 메시지

```
main.c:5:8: warning: incompatible pointer types
      initializing 'char *' with an expression of type
      'int *' [-Wincompatible-pointer-types]
        char *pc = &value;
              ^    ~~~~~~
1 warning generated.
```

라인 5번의 char *pc = &value;에서 포인터 변수와 변수의 데이터 타입이 다르기 때문에 컴파일 단계에서 경고를 발생한다. 이 문제는 형변환을 통해 쉽게 해결이 가능하다. 다음의 소스 7-7을 살펴보자.

소스 7-7

```
08 #include <stdio.h>
09 int main(void){
10    int hex = 0x12345678, i;
11    char* ptr = (char*)&hex;
12    for(i = 0; i < sizeof(int); i++){
13       printf("%0#6x\n", *(ptr+i));
14    }
15    return 0;
16 }
```

출력 예

```
0x0078
0x0056
0x0034
0x0012
```

라인 3번은 int형 변수 hex를 선언하고, 그 값을 0x12345678로 초기화하였다. 16진수 값으로 초기화한 이유는 각 바이트 단위로 값이 어떻게 저장하는지를 확인하기 위해서이다. int형은 4바이트이므로 각각의 바이트는 0x12와 0x34, 0x56, 0x78로 구성되어 있다. 메모리상에서 이들은 어떠한 순서로 저장되는지 확인해 보자. int형 포인터 변수가 가리키고 있는 공간을 1바이트 씩 읽어 보기 위해 1바이트의 크기를 가지는 char형 포인터 변수가 변수 hex를 가리키도록 할 필요가 있다. 라인 4번은 char형 포인터 변수 ptr이 변수 hex의 주소값을 가지도록 하는 문장이다. 이때 hex는 int형 타입이므로 &hex 앞에 (char*)의 형변환 연산자를 사용하여 int형 주소가 아닌 char형 주소로 변환한다. 변환된 주소는 char형 포인터 변수 ptr에 저장할 수 있다. 라인 5번에서 7번은 반복문을 이용하여, int형 변수 hex의 값을 1바이트씩 읽어 출력하는 코드이다. hex의 주소를 char형 포인터 변수 ptr이 가리키고 있으므로 char형으로 1바이트씩 읽어 출력할 수 있다. 출력 예를 보면 0x78이 먼저 저장되고 이후 0x56, 0x34, 0x12의 순으로 저장되어 있음을 확인할 수 있다. 즉, 메모리 번짓수가 가장 낮은 곳에 가장 작은 값이 저장되고, 메모리 번짓수가 높은 곳에 가장 큰 값이 출력된다. hex 변수의 값이 0x12345678이므로 자릿수에 따라 78이 가작 작은 값이고, 12가 가장 큰 값이다. 10진수 123이 있으면 1의 자리 3이 가장 작은 값이고 100의 자리 1이 가장 큰 값이 되는 것과 동일하다. 자릿수를 고려하면 쉽게 이해가 될 것이다. 따라서 메모리 주소의 번짓수가 높으면 큰 자릿수의 값이 저장되고, 번짓수가 작으면 낮은 자릿수의 값이 저장된다는 것을 출력 예를 통해 확인할 수 있다. 이 출력 결과는 사실 사용하는 컴퓨터마다 다르게 출력될 수 있지만 대부분 동일할 것이다.

위 소스는 데이터를 메모리에 저장하는 방식인 엔디안을 확인하기 위한 것이다. 엔디안은 빅 엔디안(big endian)과 리틀 엔디안(little endian) 두 가지 방식이 있다. 연속적으로 구성된 바이트를 컴퓨터 메모리에 어떻게 저장하는지를 나타내는 것으로 아래의 그림을 살펴보도록 하자.

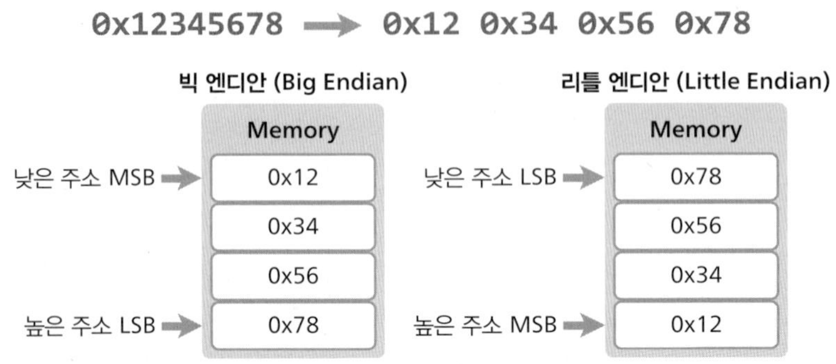

빅 엔디안 방식은 낮은 주소 위치에 최상위 바이트(MSB, Most Significant Bit)부터 저장하는 방식이다. 예시로 4바이트 16진수 `0x12345678`을 메모리 공간에 저장한다고 한다면 1바이트씩 `0x12`와 `0x34`, `0x56`, `0x78`로 나누어 저장한다. 빅 엔디안 방식은 낮은 주소에 `0x12`를 먼저 저장한다. 리틀 엔디안 방식은 반대로 낮은 주소 위치에 최하위 바이트(LSB, Least Significant Bit)부터 저장하는 방식이다. 그림 예시와 같이 가장 낮은 주소에 `0x78`이 저장되는 것을 볼 수 있다. 따라서, 소스 7-7의 실행 예는 리틀 엔디안을 사용하는 컴퓨터에서 동작한 것임을 알 수 있다.

7.3 다중 포인터

포인터 변수는 다른 변수의 주소를 값으로 가지는 변수이다. 포인터 변수도 변수의 일종이므로 포인터 변수가 다른 포인터 변수의 주소를 가리키는 것도 가능하다. 즉, 포인터에 대한 포인터 혹은 포인터의 포인터가 가능하다. 포인터에 대해 포인터를 가지는 것을 다중 포인터라고 한다. 일반 변수의 주소를 가지는 포인터 변수의 주소를 가리키는 것을 이중 포인터라고 하며, 이중 포인터의 주소를 가리키는 것을 삼중 포인터라고 한다. 다중 포인터는 기본 데이터 타입이 아닌 포인터 변수를 가리키는 것을 말하며, 그러한 변수는 다중 포인터 변수라고 한다. 다중 포인터는 이중, 삼중, 사중, 또는 그 이상을 가리키는 것이 가능하다. 포인터 변수는 데이터 타입과 변수명 사이에 간접 연산자를 추가하여 선언할 수 있다. 이중 포인터 변수는 이 간접 연산자 *를 2개 사용해 선언한 변수이다. 따라서, 3중 포인터 변수는 간접 연산자 3개로 선언된 변수이다. 아래의 코드와 그림은 이중 포인터를 설명하고 있다.

```
int n = 100;
int *ptr = &n;
int **dptr = &ptr;
```

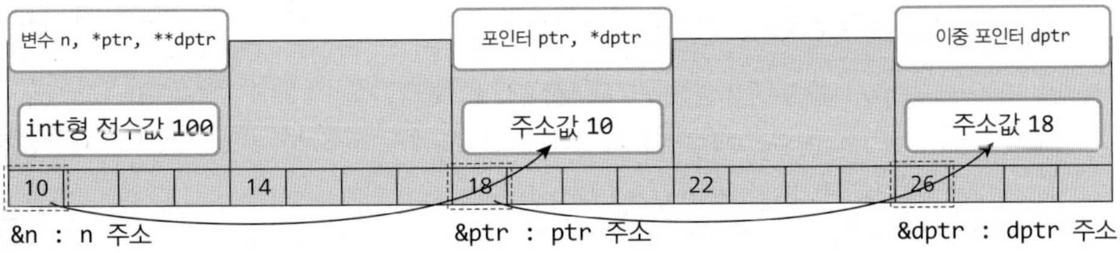

int형 변수 n은 100의 값을 가지고 있고, 주소 10에 저장되어 있다. int형 포인터 변수 ptr은 변수 n을 가리킨다. int형 이중 포인터 변수 dptr은 포인터 변수 ptr을 가리키고 있다. 따라서 변수 n은 *ptr과 같다. 포인터 변수 ptr이 가리키는 곳의 값이 n이기 때문에다. 또한 ptr은 *dptr과 같다. dptr이 가리키는 곳의 값이 ptr이기 때문이다. 결국 n은 *ptr과 같고, ptr은 *dptr과 같으므로, n은 **dptr과 같게 된다. 즉, dptr이 가리키는 곳이 가리키는 곳의 값이 변수 n의 값이 된다. 이중 포인디는 이와 같은 형식으로 사용할 수 있다. 아래의 소스 7-8은 다중 포인터 예제 프로그램이다.

소스 7-8

```
#include <stdio.h>
int main(void){
    int number = 3;
    int *ptr = &number;
    int **dptr = &ptr;
    int ***tptr = &dptr;
    printf("number : %d\n", number);
    printf("*ptr : %d\n", *ptr);
    printf("**dptr : %d\n", **dptr);
    printf("***tptr : %d\n\n", ***tptr);
    printf("&number : %p\n", &number);
    printf("ptr : %p\n", ptr);
    printf("*dptr : %p\n", *dptr);
    printf("**tptr : %p\n\n", **tptr);
    printf("&ptr : %p\n", &ptr);
    printf("dptr : %p\n", dptr);
    printf("*tptr : %p\n", *tptr);
    printf("&dptr : %p\n", &dptr);
    printf("tptr : %p\n", tptr);
    return 0;
}
```

출력 예

```
number : 3
*ptr : 3
**dptr : 3
***tptr : 3
&number : 0x7ffc80793b54
ptr : 0x7ffc80793b54
*dptr : 0x7ffc80793b54
**tptr : 0x7ffc80793b54
&ptr : 0x7ffc80793b48
dptr : 0x7ffc80793b48
*tptr : 0x7ffc80793b48
&dptr : 0x7ffc80793b40
tptr : 0x7ffc80793b40
```

int형 변수 number와 포인터 변수 ptr, 이중 포인터 변수 dptr, 삼중 포인터 변수 tptr을 이용하여 모두 변수 number의 값에 접근할 수 있음을 확인하였다. 이 예제의 모든 변수의 관계를 그림으로 표현하면 아래와 같다.

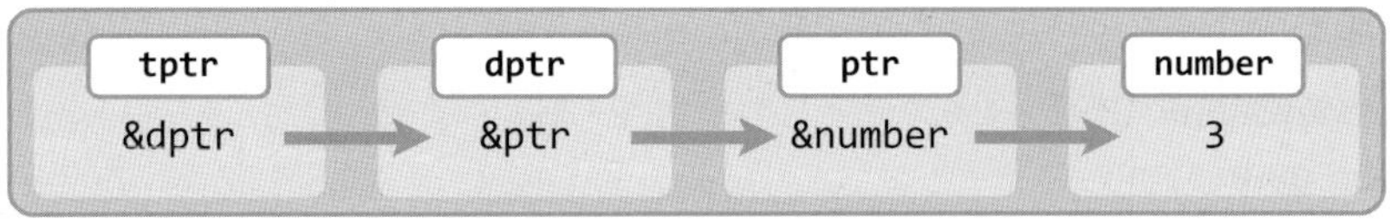

3중 포인터 tptr은 dptr을 가리키고, 2중 포인터 dptr은 ptr을, ptr은 int형 변수 number를 가리킨다. 라인 8번에서 10번은 간접 연산자를 이용하여 각 포인터 변수들로 변수 number의 값을 출력한다. 출력 예를 보면 동일한 값을 출력하는 것을 확인할 수 있다. ***tptr은 tptr이 가리키는 곳이 가리키는 곳이 가리키는 곳의 값을 의미하며 이는 곧 변수 number의 값이다. **dptr과 *ptr도 역시 동일하게 변수 number의 값을 의미한다. 라인 11번부터 14번은 &number와 ptr, *dptr, **tptr을 출력하고 있다. 마찬가지로 이는 모두 동일하게 변수 number의 주소를 출력한다. 라인 15번부터 17번은 &ptr과 *dptr, **tptr을 출력하는데, 역시 모두 동일한 값인 ptr의 주소를 출력한다. 라인 18번과 19번은 &dptr과 *tptr을 출력한다. 두 문장 모두 dptr의 주소를 동일하게 출력하는 것을 확인 할 수 있다.

포인터 변수에 간접 연산자를 사용하면 포인터 변수가 가리키고 있는 값에 접근하는 것이 가능하다. 따라서 이중 포인터 변수가 가리키고 있는 포인터 변수가 특정 메모리를 가리키고 있다면, 이중 포인터 변수 앞에 간접 연산자를 적어주면 포인터 변수에, 두 번 적어주면 포인터 변수가 가리키는 값에 접근할 수 있다. 그럼 포인터 변수와 다중 포인터 변수를 이용하여 가리키고 있는 곳의 값을 변경하는 방법을 소스 7-9를 통해 알아보자.

소스 7-9

```
#include <stdio.h>
int main(void) {
    float f =30.0;
    float *pf =&f;
    float **dpf =&pf;
    printf("%.1f %.1f %.1f \n", f, *pf, **dpf);
    *pf = f *10; //fvalue = fvalue * 2;
    printf("%.1f %.1f %.1f \n", f, *pf, **dpf);
    **dpf =*pf *10; //fvalue = fvalue * 2;
    printf("%.1f %.1f %.1f \n", f, *pf, **dpf);
    return 0;
}
```

출력 예

```
30.0 30.0 30.0
300.0 300.0 300.0
3000.0 3000.0 3000.0
```

라인 3번부터 5번은 `float`형 변수 `f`를 선언하고 `30.0`으로 초기화한 후 그 주소를 포인터 변수 `pf`가 가리키도록 선언하고, 다시 `pf`의 주소를 이중 포인터 변수 `dpf`가 가리키도록 한다. 라인 6번에서 `f`와 `*pf`, `**dpf`를 출력하면 모두 동일하게 `f`의 값인 `30.0`을 출력한다. 라인 7번에서는 `*pf`의 값을 `f`와 `10`을 곱한 값을 저장하였다. 이후 라인 7번에서 다시 `f`와 `*pf`, `**dpf`를 출력하면 모두 동일하게 `300.0`을 출력한다. `*pf`에 새로운 값을 대입하면 변수 `f`의 값이 변경되는 것을 확인할 수 있다. 다시 라인 9번에서는 `**dpf`의 값을 `*pf`와 `10`을 곱한 값을 저장하였다. 라인 `10`번에서 다시 `f`와 `*pf`, `**dpf`를 출력하면 모두 동일하게 3000.0을 출력한다. `**dpf`에 새로운 값을 대입하면 변수 `f`의 값이 변경되는 것을 확인할 수 있다.

7.4 포인터와 배열

배열 이름과 포인터

앞의 장에서 우리는 배열의 이름은 배열이 저장되어 있는 주솟값을 가지는 상수라고 학습했다. 배열 이름과 포인터 변수 모두 주소를 가리킨다. 다음의 소스 7-10은 배열의 이름이 주소를 가리킨다는 것을 확인하기 위한 예제 프로그램이다.

소스 7-10

```c
#include <stdio.h>
int main(void) {
    int age[3] = {15, 26, 37};
    printf("%d\n", age);
    printf("%p\n", age);
    printf("%p\n", &age[0]);
}
```

출력 예

```
-1904233964
0x7fff8e7fb214
0x7fff8e7fb214
```

int형 배열 age는 세 개의 원소를 가진다. 배열 이름 age를 %d로 출력하면 음수의 값이 나온다. 즉, 배열 이름 age는 배열 age의 원소 값을 출력하지 않는다. age 배열의 원소는 각각 15와 26, 37로 초기화 되어 있으므로 출력된 값과 어떠한 상관관계도 찾을 수 없다. 다시 배열 이름 age를 %p로 출력해 보면 주솟값이 출력된다. 다음의 age[0]의 주솟값을 출력한 값과 정확하게 일치한다. age 배열의 0번 인덱스의 원소의 주소와 배열 이름 age의 값이 같다. 배열 이름 age는 배열 age의 첫 번째 주솟값을 가지고 있으므로 포인터 변수와 같은 것으로 생각할 수 있다. 그러나 포인터 변수는 가리키는 주소를 변경하는 것이 가능한 반면에, 배열의 이름이 가리키는 주소는 변경이 불가능하다. 그렇기에 우리는 배열 이름은 배열의 첫 번째 주소를 가리키는 포인터 상수라고 한다. 아래의 표는 각 배열의 원소의 값과 주소를 배열 이름을 이용하여 접근하는 방법을 보인다.

표 7-1 각 배열의 원소의 값과 주소 접근 방법

배열 원소값		15	26	37
원소의 값 접근	age[i]	age[0]	age[1]	age[2]
	*(age + i)	*age	*(age+1)	*(age+2)
원소의 주소 접근	&age[i]	&age[0]	&(age[1])	&(age[2])
	age+i	age	&(age+1)	&(age+2)

배열명 age를 포인터 변수라고 생각하고 본다면 쉽게 이해할 수 있을 것이다. 배열은 연속적인 공간을 할당받기 때문에, 주소의 증가 감소로 다음 또는 이전 원소에 접근하는 것이 가능하나. 배열 이름 age는 배열 첫 번째 원소의 주소를 참조하기 때문에 &age[0]과 같고, *age는 age[0]과 같다. C 언어에서 배열명은 포인터 상수이므로 '(포인터 + 숫자)' 형태로 표현할 수 있다(age+1)은 첫 번째 원소 주소에서 1 증가한 주소이므로 1번 인덱스의 원소의 주소인 &age[1]과 같다. 즉 배열의 크기가 n일 때, 인덱스 i는 1부터 n-1 사이의 값을 가지므로, (age+i)는 &age[i]와 같은 값을 가진다. 간접 연산자를 이용한 각 원소의 값에 대한 접근도 *(age+i)가 age[i]와 같다. 다음의 소스 7-11은 배열 이름을 이용하여 배열 각 원소의 값과 주소를 출력하는 프로그램 예제이다.

소스 7-11

```c
#include <stdio.h>
#define SIZE 3
int main(void)
{
   int age[SIZE] = {15, 26, 37}, i ;
   printf("age: %u, &age[0]: %u \n", age, &age[0]);
   printf("age: %p, &age[0]: %p \n", age, &age[0]);
   printf("index\taddress(%%u)\t    address(%%p)\tvalue\n");
   for(i=0; i<SIZE; i++)
      printf("%5d\t%101\t%12p\t%5d\n", i, (age+i), (age+i), *(age+i));
   return 0;
}
```

입력 예

해당없음

출력 예

```
age: 1003440048, &age[0]: 1003440048
age: 0x7fff3bcf47b0, &age[0]: 0x7fff3bcf47b0
index   address(%u)         address(%p)       value
    0     1003440048       0x7fff3bcf47b0        15
    1     1003440052       0x7fff3bcf47b4        26
    2     1003440056       0x7fff3bcf47b8        37
```

위 예제는 3개의 원소를 가지는 int형 배열 age를 선언하고, 배열 이름 age가 가지는 포인터 상수 값을 이용하여 모든 원소의 주소와 값을 출력한다. 포인터 상수인 배열 이름을 이용하여 배열의 모든 원소에 접근할 수 있다는 것을 확인하였다. 그럼, 포인터 변수에 배열의 주소를 대입하면 포인터 변수를 이용하여 배열의 모든 원소에 접근하는 것이 가능할까? 상수를 변수에 대입할 수 있듯이, 포인터 상수를 포인터 변수에 대입할 수 있으며, 또한 이 포인터 변수를 이용하여 배열의 모든 원소에 접근하는 것이 가능하다. 다음의 소스 7-12는 포인터 변수에 배열 이름 즉 포인터 상수를 대입하여, 포인터 변수를 이용해 배열의 원소에 접근이 가능함을 보이는 예제 프로그램이다.

소스 7-12

```
01 #include <stdio.h>
02 int main(void)
03 {
04     double arr[5] = {1.1, 2.2, 3.3, 4.4, 5.5};
05     int i;
06     double *ptr = arr;
07     for(i=0; i<5; i++)
08         printf("[%d] %.2f %.2f %.2f %.2f\n", i, *(ptr+i), ptr[i], *(arr+i), arr[i]);
09     return 0;
10 }
```

출력 예

```
[0] 1.10 1.10 1.10 1.10
[1] 2.20 2.20 2.20 2.20
[2] 3.30 3.30 3.30 3.30
[3] 4.40 4.40 4.40 4.40
[4] 5.50 5.50 5.50 5.50
```

라인 6번은 double형 포인터 변수 ptr에 double형 배열 arr을 대입하여 배열 arr의 주소를 저장한다. 이를 이용하여 배열 arr의 각 원소를 참조 연산자와 포인터 변수, 포인터 변수에 배열 접근 연산자 이용, 배열 이름에 참조 연산자 사용, 배열 원소 접근 네 가지 방법으로 출력한다. 네 가지 방법 *(ptr+i)와 ptr[i], *(arr+i), arr[i]은 모두 동일한 값을 출력하는 것을 확인할 수 있다.

포인터 변수와 증감 연산자

포인터 변수가 가리키는 곳이 배열이면 포인터 변수의 연산과 간접 연산자를 이용하면 배열의 모든 원소에 접근 가능함을 앞에서 살펴보았다. 배열을 가리키는 포인터 변수를 이용하여 배열의 원소에 접근하는 경우, 앞에서와 같이 덧셈을 이용하여 처리하기도 하지만, 증감 연산자를 이용하는 경우도 많다. 포인터 변수의 값을 하나씩 증가하면서 모든 배열의 원소를 순회하는 프로그램을 작성하는 경우가 상당히 많이 있다. 배열의 이름은 포인터 상수이므로 값을 변경할 수 없기에 증감 연산자를 사용할 수 없지만, 포인터 변수는 변수 이므로 얼마든지 값을 변경할 수 있기에 증감 연산자를 이용하여 배열의 원소에 접근하는 것이 가능하다. 포인터 변수에 참조 연산자와 증감 연산자를 함께 사용하는 경우에 주의할 점이 있다. 증감 연산자와 참조 연산자 모두 단항 연산자이기에 연산자의 우선순위와 결합법칙에 유의해야 한다는 사실이다. 후위 증감 연산자의 우선순위가 가장 높고 그 다음이 전위 단항 연산자이므로 증감 연산자가 전위인지 후위인지에 따라 연산식의 평가값이 달라질 수 있기 때문이다. 또한 후위 연산자의 결합법칙은 좌측에서 우측으로 일반적이지만, 전위 단항 연산자는 우측에서 좌측으로 결합하는 특징을 가지고 있어 연산식을 평가하기 쉽지 않다. 이번에는 포인터 변수에 증감 연산자와 간접 연산자를 사용하는 경우 명확하게 연산식을 사용하기 위한 방법을 알아보자. 아래의 소스 7-13은 포인터 변수에 증감 연산자와 간접 연산자를 이용하여 배열의 원소에 접근하는 예제 프로그램이다.

소스 7-13

```
01 #include <stdio.h>
02 int main(void) {
03     int num[3] = {10, 20, 30};
04     int *ptr = num;
05     printf("*ptr++: %d \n", *ptr++);
06     printf("*ptr: %d \n", *ptr);
07     printf(" ++(*ptr): %d \n", ++(*ptr));
08     printf("(*ptr)++: %d \n", (*ptr)++);
09     printf("*ptr: %d \n", *ptr);
10     printf("*ptr+1: %d \n", *ptr+1);
11     printf("*(ptr+1): %d \n", *(ptr+1));
12     return 0;
13 }
```

출력 예

```
*ptr++: 10
*ptr: 20
 ++(*ptr): 21
(*ptr)++: 21
*ptr: 22
*ptr+1: 23
*(ptr+1): 30
```

라인 3번에서 세 개의 원소를 가지는 int형 배열 num을 선언한다. 라인 4번은 num 배열의 주소를 int형 포인터 변수 ptr에 저장한다. 라인 5번에서 *ptr++을 이용해 원소의 값을 출력한다. 이때, 후위 연산인 ++가 가장 먼저 수행되지만, 후위 연산이므로 ptr이 가리키는 주솟값이 연산의 대푯값으로 먼저 사용되고, 이후 주솟값이 1 증가한다. 따라서 간접 연산자를 이용해 가리키는 곳의 값을 읽으면 num 배열의 0번 인덱스 원소에 해당하는 10의 값이 출력된다. 그리고 ptr의 값은 1 증가 되었으므로 num 배열의 1번 인덱스에 해당하는 원소를 가리키게 된다. 이후 라인 6번에서 *ptr을 이용하여 값을 출력하면 1번 인덱스 원소에 해당하는 20의 값이 출력된다. 라인 7번은 ++(*ptr)의 값을 출력한다. 따라서 현재 ptr이 가리키는 곳의 값인 20에 전위 증가 연산자를 통해 1 증가되고 값이 21로 변경되면서 21의 값이 출력된다. 라인 8번에서는 (*ptr)++의 값을 출력하므로 현재 ptr이 가리키는 곳의 값인 21이 출력된 후 1 증가한 22가 *ptr 즉 배열의 1번 인덱스 원소에 저장된다. 라인 9번에서 다시 *ptr의 값을 출력하므로 현재 저장되어 있는 22 값이 출력된다. 라인 10번은 *ptr+1을 출력하고 있다. 따라서 *ptr의 값인 22에 1을 더한 값인 23이 화면에 출력된다. 전위 단항 연산자인 간접 연산자가 산술 덧셈 연산자 보다 우선순위가 높기 때문이다. 라인 11번은 *(ptr+1)의 값을 출력한다. 현재 ptr은 1번 인덱스 원소를 가리키고 있으므로, ptr+1은 2번 인덱스 원소를 가리키게 되고, 따라서 2번 인덱스 원소의 값인 30이 화면에 출력된다.

포인터 변수에 간접 연산자와 증감 연산자를 사용하는 경우에는 연산자 우선순위를 숙지하고 정확하게 표현해야 한다. 가능하다면 괄호를 이용하여 명확하게 표현하는 것이 좋다. 예를 들어, ++*ptr과 *++ptr은 보다 명확하게 ++(*ptr)과 *(++ptr)으로 표현하는 것이 좋다. 전위 연산자의 결합법칙은 우측에서 좌측이기 때문이다. ++*ptr++의 경우에도 ++(*(ptr++))과 같이 표현하는 것이 바람직하다. 후위가 전위보다 우선순위가 높기 때문이다.

다차원 배열과 포인터

배열의 이름은 배열의 첫 번째 원소의 주소를 값으로 가지는 포인터 상수이고, 포인터 변수는 배열의 주소를 이용하여 각 원소에 접근하는 것이 가능함을 살펴보았다. 이제 2차원 배열이나 3차원 배열을 포인터 변수를 이용하여 접근하는 방법을 알아보도록 하자. 2차원 배열은 1차원 배열을 원소로 가지는 배열이며, 3차원 배열은 2차원 배열을 원소로 가지는 배열이다. 따라서 2차원 배열은 2중 포인터와, 3차원 배열은 3중 포인터와 특성이 비슷하다. 따라서 2중 포인터 변수와 3중 포인터 변수를 이용해 배열을 가리킬 수 있다. 그러나 실제 메모리 공간에서는 2차원 또는 3차원 형태로 공간이 할당되는 것이 아닌 선형적인 형태로 할당 된다는 것을 앞 장에서 살펴보았다. 따라서 포인터 변수를 이용하여 2차원 배열과 3차원 배열이 어떻게 선형적으로 할당되는지를 계산할 수 있다면, 포인터 변수만으로도 2차원 배열과 3차원 배열의 원소에 모두 접근하는 것이 가능하다. 다음의 소스 7-14는 포인터 변수를 이용하여 2차원 배열의 모든 원소에 접근하는 예제 프로그램이다.

소스 7-14

```c
01 #include <stdio.h>
02 #define ROW 3
03 #define COL 3
04 int main(void) {
05     int arr[ROW][COL] = {{1,2,3},{4,5,6},{7, 8, 9}};
06     int *ptr = arr;
07     printf("ARRAY   : %14s\t%1004s\t%14s\n", "arr", "arr[0]", "arr[0][0]");
08     printf("Size    : %14lu\t%14lu\t%14lu\n", sizeof(arr), sizeof(arr[0]),
                         sizeof(arr[0][0]));
09     printf("Address: %p\t%p\t%p\n", arr, arr[0], &arr[0][0]);
10     printf("POINTER: %14s\t%14s\n", "dptr", "ptr");
11     printf("ADDRESS: %14s\t%14s\t%14s\n", "arr[0]", "arr[1]", "arr[2]");
12     printf("Array   : %p\t%p\t%p\n", arr[0], arr[1], arr[2]);
13     printf("Pointer: %p\t%p\t%p\n", ptr+0*COL, ptr+1*COL, ptr+2*COL);
14     printf("VALUE   : %14s\t%14s\t%14s\n", "arr[0][0]", "arr[1][1]", "arr[2]
                         [2]");
15     printf("Array   : %14d\t%14d\t%14d\n", arr[0][0], arr[1][1], arr[2][2]);
16     printf("Pointer: %14d\t%14d\t%14d\n", *(ptr+0*COL+0), *(ptr+1*COL+1),
                         *(ptr+2*COL+2));
17     return 0;
18 }
```

출력 예

```
main.c:6:13: warning: initialization from incompatible pointer type [-Wincompatible-pointer-types]
ARRAY   :            arr                 arr[0]        arr[0][0]
Size    :             36                     12                4
Address : 0x7ffefac30990         0x7ffefac30990   0x7ffefac30990
POINTER :           dptr                    ptr
ADDRESS :         arr[0]                 arr[1]           arr[2]
Array   : 0x7ffefac30990         0x7ffefac3099c   0x7ffefac309a8
Pointer : 0x7ffefac30990         0x7ffefac3099c   0x7ffefac309a8
VALUE   :      arr[0][0]              arr[1][1]        arr[2][2]
Array   :              1                      5                9
Pointer :              1                      5                9
```

라인 5번은 3행 3열의 int형 배열 arr을 선언하고 초기화한다. 배열의 주소를 int형 포인터 변수 ptr에 저장한다. 라인 7번부터 16번은 배열 arr과 포인터 변수 ptr을 이용하여 값과 주소를 출력해 비교한다. 각 행의 시작 원소와 각 원소를 접근하면서 동일한 값이 출력되는 것을 확인 할 수 있다. 배열의 열의 개수를 이용하여 포인터 변수 ptr 연산을 수행하여 각 원소에 접근하는데, 행을 이동하는 경우에는 행 인덱스 번호 × 열의 개수를 이용하고, 열을 이동할 때에는 열의 인덱스를 이용하면 쉽게 모든 원소에 접근할 수 있다. 이는 실제 2차원 배열이 메모리에 저장되는 경우 선형적으로 저장이 되기 때문이며, 그 예시를 아래의 그림으로 나타내었다.

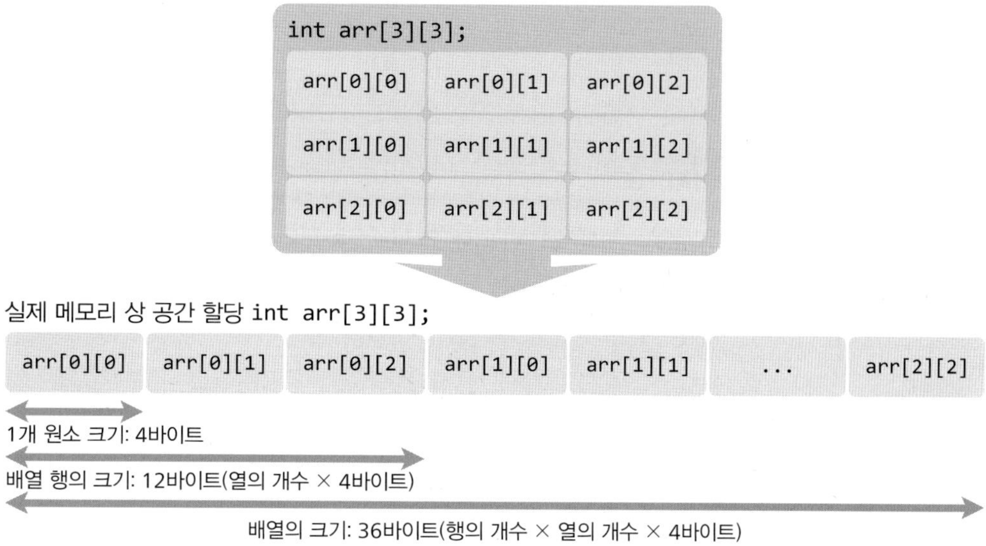

배열 크기 계산

포인터 변수를 이용하여 2차원 배열의 원소에 접근하는 경우에는 배열의 크기를 명확히 계산하는 것이 중요하다. 이번에는 배열의 열의 크기와 행의크기, 전체 크기를 계산하는 방법에 대해 알아보자. sizeof 연산자를 이용하여 배열에서 원소 수에 따라 배열 크기를 계산할 수 있다. 저장공간의 크기를 바이트 단위로 반환하는 sizeof 연산자를 통해 배열크기를 알 수 있다. 1차원 배열 경우 sizeof(배열이름)/sizeof(배열원소)를 통해 배열 원소의 개수를 계산한다. sizeof(배열이름) 경우 배열 전체 공간의 바이트 크기를 반환하며, sizeof(배열원소) 경우 배열의 각 원소의 바이트 크기를 알 수 있다.

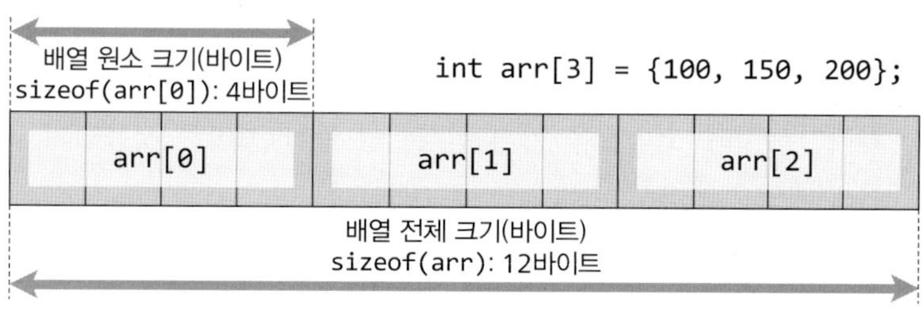

2차원 배열을 비롯하여 모든 다차원 배열의 전체 크기를 sizeof(배열이름)으로 알 수 있다. 2차원 배열 arr[3][3]에서 2차원 배열의 행의 개수는 sizeof(arr)/sizeof(arr[0])이 된다. sizeof(arr[0])는 행 하나의 크기를 나타내므로 전체 크기에서 행의 크기를 나누면 행의 개수를 얻을 수 있다. 마찬가지로 열의 개수는 sizeof(arr[0])/sizeof(arr[0][0])으로 계산한다. 행은 열의 모임으로 구성되어 있으므로 열 한 개의 크기를 원소의 크기로 나누면 열의 개수를 얻을 수 있다.

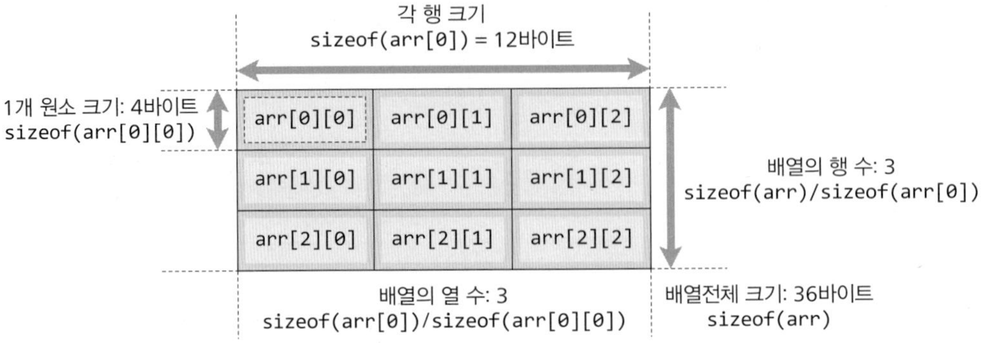

포인터 배열과 배열 포인터

이제 조금은 독특한 배열을 살펴보도록 하자. 배열은 여러 개의 동일한 데이터 타입을 저장하기 위한 자료구조이다. 따라서 기본 데이터 타입뿐만 아니라 여러 개의 포인터를 저장할 수 있다. 포인터를 원소로 가지는 배열을 포인터 배열(array of pointer)라고 한다. 포인터 배열은 데이터 타입과 배열 이름 사이에 간접 연산자 *를 추가하여 선언한다. 아래는 포인터 배열 선언 형식과 예시를 보여준다.

```
자료형 *배열이름[배열크기];
```

```
int a, b, c;
int *parr1[3] = {&a, &b, &c};
char *parr2[2];
double *parr3[6] = {NULL};
```

포인터 배열은 원소로 포인터를 가지기 때문에, 각 원소의 포인터가 가리키는 값을 읽기 위해서는 간접 연산자를 이용하면 된다. 위 예시에서 parr1의 0번 인덱스의 원소가 가리키는 변수 a의 값을 읽기 위해서는 *parr1[0]을 사용한다. 다음의 소스 7-15는 포인터 배열을 활용하는 예제 프로그램이다.

소스 7-15

```
01 #include <stdio.h>
02 int main(void) {
03     float *arr[4];
04     float f1 =114.1, f2 =200.5, f3 =31.0, f4 =5.123;
05     arr[0] =&f1;
06     arr[1] =&f2;
07     arr[2] =&f3;
08     arr[3] =&f4;
09     printf("f1: %.3f, *arr[0]: %.3f \n", f1, *arr[0]);
10     printf("f2: %.3f, *arr[1]: %.3f \n", f2, *arr[1]);
11     printf("f3: %.3f, *arr[2]: %.3f \n", f3, *arr[2]);
12     printf("f4: %.3f, *arr[3]: %.3f \n", f4, *arr[3]);
13     printf("&f1: %p, arr[0]: %p \n", &f1, arr[0]);
14     printf("&f2: %p, arr[1]: %p \n", &f2, arr[1]);
15     printf("&f3: %p, arr[2]: %p \n", &f3, arr[2]);
16     printf("&f4: %p, arr[3]: %p \n", &f4, arr[3]);
17     return 0;
18 }
```

출력 예

```
f1: 114.100, *arr[0]: 114.100
f2: 200.500, *arr[1]: 200.500
f3: 31.000, *arr[2]: 31.000
f4: 5.123, *arr[3]: 5.123
&f1: 0x7fff5480af5c, arr[0]: 0x7fff5480af5c
&f2: 0x7fff5480af58, arr[1]: 0x7fff5480af58
&f3: 0x7fff5480af54, arr[2]: 0x7fff5480af54
&f4: 0x7fff5480af50, arr[3]: 0x7fff5480af50
```

라인 3번부터 8번은 네 개의 `float` 변수 `f1`과 `f2`, `f3`, `f4`에 대해 각 변수의 주소를 포인터 배열 `arr`에 저장한다. 라인 9번부터 16번은 각 변수와 포인터 배열을 이용하여 값과 주소가 동일함을 확인하는 출력문이다. 출력 예를 보면 변수에 대한 주소와 값이 포인터 배열의 값과 가리키는 곳의 값이 동일하다는 것을 확인할 수 있다.

포인터 배열은 포인터 변수를 저장하는 배열이라면 배열 포인터(pointer to array)는 배열을 가리키는 포인터이다. `int`형 1차원 배열 `int arr[]`의 주소는 정수형 포인터 변수에 저장할 수 있다. 열(column)이 3인 int형 2차원 배열 `arr[][3]`의 주소는 `int (*포인터변수명)[열 크기];` 형태로 구성한 포인터에 저장해야 한다. 예를 들어 `int (*ptr)[3];`

과 같이 선언한다. 배열 첨자 연산자인 []는 후위 연산자이므로 가장 높은 우선순위를 가지고 있기 때문에 괄호를 생략하면 다른 의미가 된다. 포인터 변수 ptr은 네 개의 원소를 가지는 배열에 대한 포인터라는 뜻으로 해석해야 한다. 2차원 배열의 주소를 저장하기 위한 포인터 변수는 2차원 배열의 열 크기에 따라 선언이 달라진다. 만약 괄호를 생략하면 포인터 배열이 된다는 점을 주의하자. 아래의 표는 포인터 배열과 배열 포인터를 설명한 것이다.

표 7-2 포인터 배열과 배열 포인터 설명

데이터 자료형 *포인터변수명; 포인터변수명 = 배열명;	데이터자료형 (*포인터변수명)[배열의 열크기]; 포인터변수명 = 배열명;
데이터 자료형 *포인터변수명 = 배열명;	데이터자료형 (*포인터변수명)[배열의 열크기] = 배열명;
int arr[] = {1,2,3,4,5}; int *ptr = arr;	int arr[2][3] = {{1,2,3},{4,5,6}} int (*ptr)[3] = arr;

소스 7-16

```
#include <stdio.h>
int main(void) {
   int arr1[3][4] = {{1, 2, 3, 4}, {5, 6, 7, 8}, {9, 10, 11, 12}};
   int arr2[7][4], arr3[1][10] = {0};
   int(*parr)[4];
   int i, j;
   parr = arr1;  // works
   parr = arr2;  // works
   parr = arr3;  // warning
   for(i=0; i<10; i++)
      printf("%d\t", (*parr)[i]);
   printf("\n");
   parr = arr1;
   for(i=0; i<3; i++) {
      for(j=0; j<4; j++)
      printf("%d\t", parr[i][j]);
      printf("\n");
   }
   return 0;
}
```

출력 예

```
main.c:9:7: warning: assignment from incompatible pointer type [-Wincompatible-pointer-types]
0       0       0       0       0       0       0       0       0       0
1       2       3       4
5       6       7       8
9       10      11      12
```

소스 7-16은 배열 포인터의 사용 방법에 대한 예제이다. 이 프로그램은 컴파일 단계에서 경고 메시지를 출력한다. 프로그램의 실행은 가능하다. 다른 부분은 문제없이 동작하지만, 라인 9번은 경고가 발생한다. 그 이유는 배열 포인터 parr은 4개의 원소를 가지도록 선언되었으나, 배열 arr3은 한 행에 10개의 원소를 가지기 때문에 발생한다. 그렇지만 출력은 가능하다. 라인 13번에서 배열 포인터 parr에 arr1 배열을 대입하였다. 라인 14번부터 18번은 이후 2차원 배열 arr1의 각 원소의 값을 배열 포인터 parr을 이용하여 출력한다. 지금까지 살펴본 내용을 바탕으로 다음의 코딩 7-4를 수행해 보자.

코딩 7-4

아래의 코드는 배열 포인터를 이용해 배열의 특정 원소에 접근하는 예시 소스 코드이다. 아래의 코드에서 빈 칸을 완성하여 333와 444가 각 줄에 출력되도록 프로그램을 완성하시오.

```c
#include <stdio.h>
int main(void)
{
    int arr[5] = { 111, 222, 333, 444, 555 };
    int *aptr;
    aptr = &arr[2];
    printf("%d\n",          );
    printf("%d\n",          );
    return 0;
}
```

출력 예

```
333
444
```

7.5 const와 포인터

상수는 변수와는 달리 변하지 않는 고정된 수를 의미한다. 변수는 선언 이후 값을 변경하는 것이 가능하지만, 상수는 값을 변경하는 것이 불가능하다. 심볼릭 상수 중 const 상수는 const 키워드를 이용하여 변수를 선언하듯이 상수를 선언하는 방법이다. 포인터 변수를 선언할 때 const 키워드를 사용할 수 있다. 이때 const의 위치에 따라 다르게 동작한다. 데이터 타입 앞에 const 키워드를 사용하는 경우, 포인터 변수가 가리키는 값을 변경할 수 없는 상수로 지정하는 상수 포인터가 된다. 데이터 타입과 포인터 변수 사이에 const 키워드를 사용하는 경우에는 포인터 변수가 저장하고 있는 주솟값을 변경할 수 없는 포인터 상수가 된다. 이 경우에는 이 포인터 변수에 다른 주솟값을 대입하는 것은 불가능하다.

```
int n1 = 10, n2 = 20;
const int *ptr1 = &n1;
int* const ptr2 = &n1;
int const *ptr3 = &n2;
```

위와 같은 코드가 있다면, ptr1은 상수 포인터이고, ptr2와 ptr3은 포인터 상수이다.

Q&A

- C Programming FAQs 참조(http://cinsk.github.io/ko/cfaqs/index.html)

프로그래밍 Q&A 23

Q `char *p1, p2;`처럼 선언을 하고 p2를 포인터로 사용하려는데 에러가 발생한다. 이유는 무엇인가?

Q 다음 선언에서 잘못된 것은 없다. 대신 `p1, p2` 모두 포인터로 사용하려고 한다면 문제가 생긴다. `Pointer` 선언에서 *는 선언할 이름으로 구성된 declarator(선언자)의 일부분이다. 첫 번째 `declarator`는 "*p1"이며, *를 포함하고 있기 때문에, p1은 'a pointer to char', 즉 `char`를 가리키는 `pointer`가 된다. 하지만 p2의 `declarator`는 p2 이외에 다른 것을 가지고 있지 않으므로, 일반 `char type`의 변수 p2가 된다. 한 선언에서 두 개의 `pointer`를 선언하려면, `char *p1, *p2;`처럼 해야 한다.

Q 1.5 참고

프로그래밍 Q&A 24

Q 소스 파일에 `char a[6]`이라고 정의하고 `extern char *a`라고 선언해 두었는데 왜 동작하지 않을까?

A 소스 파일에 정의한 것은 문자(char)로 이루어진 배열이다. 그리고 선언한 것은 문자를 가리키는 포인터이다. 따라서 선언과 정의가 일치하지 않는 경우가 된다. 일반적으로, T 타입을 가리키는 포인터(pointer to type T)의 타입은 T 타입의 배열(array of type T)과 다르다. 대신 `extern char a[]`을 사용하는 것을 추천한다.

Q 6.1 참고

프로그래밍 Q&A 25

Q "포인터와 배열은 같다(equivalent)"라는 말은 어디에서 나온 것일까?

A C 언어에서 가장 혼동을 가져오는 부분은 바로 이 문장을 잘못 이해한 것에서 비롯한다. 배열과 포인터가 같다(equivalent)는 의미는 서로 같다는(identical) 말도 아니며, 서로 마음대로 바꿔 쓸 수 있다(interchangeable)는 뜻도 아니다. 이 말이 의미하는 바는 다음과 같은 정의를 의미한다: T 타입의 배열의 'l-value'가 수식에서 나타날 때, 배열의 첫 번째 요소를 가리키는 포인터로 변경(원문에는 decay, "퇴화하다"라고 표현되었음)된다. 변경된 포인터의 타입은 T타입을 가리키는 포인터가 된다. 여기에는 세 가지의 예외가 있다.

1. 배열이 sizeof의 피연산자로 쓰일 때

2. 배열이 & 연산자의 피연산자로 쓰일 때

3. 문자 배열에서, 초기 값인 문자열로 쓰일 때

이 정의에 따라서, 내부적으로 배열이 포인터와는 매우 다르지만, 배열 혹은 포인터에 상관없이 [] 연산자를 쓸 수 있다. 배열 a와 포인터 p가 있다고 가정하고, a[i]는 위 정의에 따라서, 배열이 포인터로 변경되고, 이는 포인터 변수를 쓴 p[i]와 의미가 같아진다. 배열의 주소를 다음과 같이 포인터에 대입하면

```
p = a;
```

p[3]은 a[3]과 같은 곳을 가리키게 된다. 그렇기 때문에, 포인터를 사용하여 배열에 접근 이 가능하며, 함수 파라미터로 쓰일 수 있다.

Q 6.3 참고

프로그래밍 Q&A 26

Q 배열 안에 몇 개의 요소가 있는지 알고 싶으면 어떻게 해야 할까? sizeof 연산자는 배열의 크기를 byte 단위로 반환한다.

A 전체 배열의 크기를, 한 요소의 크기로 나누면 된다.

```
int array[] = { 1, 2, 3 };
int narray = sizeof(array) / sizeof(array[0]);
```

Q 6.23 참고

연습문제

01 다음의 C 언어의 포인터에 대한 설명 중 맞으면 ○, 틀리면 ×로 표시하시오.

- 포인터가 가리키는 대상은 메모리 주소이다.
- 초기 값을 대입하지 않으면 자동으로 NULL값으로 초기화 된다.
- 메모리는 1byte 단위로 구분되어 있고 byte마다 구별되는 주소가 있다.
- 포인터 변수의 주소 값을 갖는 변수를 이중 포인터라고 한다.
- 데이터가 저장된 변수의 주소를 출력하려면 변수이름 앞에 * 연산자를 사용한다.
- 포인터 변수는 주소 값을 저장하는 변수로 일반 변수 선언과 같다.
- 변수의 메모리 주소를 반환하는 주소 연산자는 %으로 나타낼 수 있다.
- 포인터 변수 선언에서 자료 형과 포인터 변수 이름 사이에 연산자 &를 사용한다.
- 주소는 변수 이름과 같이 저장장소를 참조하는 하나의 방법이다.
- 메모리 공간은 8비트인 1바이트마다 고유한 주소가 있다.

02 다음 부분 소스에서 출력 결과가 바른 것은 무엇인가?

```
char c1 = 'A', c2 = 'a';
char *p1 = &c1, *p2 = &c2;
printf("%c %c\n", ++*p1, (*p2)++);
```

❶ A a ❷ B a ❸ B b ❹ A b

03 다음 중 포인터 변수의 선언이 잘못된 것은?

❶ `int **p=π` ❷ `char *p="ABCD";`

❸ `int &p;` ❹ `double *p;`

04 다음 프로그램을 실행하였을 경우에 대한 설명으로 올바르지 않은 것은?

```
int data=50, sum=70;
int *p;
p=&sum;
data=*p;
```

❶ 프로그램의 실행 결과 변수 data에는 50이 저장된다.

❷ 포인터 변수 p에는 변수 sum의 주소가 저장된다.

❸ *p는 변수 sum의 주소에 저장된 값을 의미한다.

❹ 변수 sum의 값을 그대로 70이 유지된다.

05 다음 문장 이후에 바른 문장이 아닌 것은 무엇인가?

```
int a = 30;
int *p = &a;
```

❶ `*p = 20;`

❷ `int q = p;`

❸ `int **pp = &p;`

❹ `a = 10;`

06 다음 프로그램의 오류가 나는 행을 찾아보고 원인을 적으시오.

```
#include <stdio.h>
int main(void) {
   float f= 3.14f;
   float const *p;
   p = &f;
   *p = 5.62;
}
```

07 주소 연산자는 무엇이며, 연산자 우선순위에서 주소 연산자의 순위는 몇 번째인가?

08 상수포인터는 3가지 표현방식이 있다. 각 방식에 대해 특징을 기술하라.

- `const int *pi = &i;`
- `int const *pi = &i;`
- `int* const pi = &i;`

09 배열 포인터와 포인터 배열의 각 특징을 설명하고 차이점을 기술하라.

10 sizeof 연산자를 이용하여 배열의 전체크기, 배열의 행의 크기, 배열의 열의 크기를 계산할 수있다. 해당 요소들을 계산하는 식을 작성하라.

11 다음은 두 변수 m,n의 값을 서로 교환하는 프로그램이다. 제한 사항은 임시변수인 dummy를 사용하고, 포인터 변수 p를 사용하나 변수 m, n 자체는 사용하지 않으며, 주소값 &m, &n만을 사용하도록 한다. 프로그램이 실행될 수 있도록 밑줄 친 부분을 완성하시오.

```
#include <stdio.h>
int main(void)
{
    int m =100, n =200, dummy;
    print("%d %d\n", m , n);
    int *p = &m;
    ______________________;
    *p = n;
    p = &n;
    ______________________;
    printf("%d %d\n", m ,n);
    return 0;
}
```

실행 결과

```
100 200
200 100
```

12 다음과 같은 실행결과가 나올 수 있도록 다음 프로그램의 밑줄 친 부분을 완성하시오.

```
#include <stdio.h>
int main(void)
{
    int x[][3] = { { 6, 5 }, { 1 }, { 7, 4, 2 } };
    int (*p)[3] = x;
    int rowsize = sizeof(x) / sizeof(x[0]);
    int colsize = sizeof(x[0]) / sizeof(x[0][0]);
    ___________ = 10;
    ___________ = 20;
    for (int i = 0; i < rowsize; i++) {
        for (int j = 0; j < colsize; j++)
            printf("%3d", _______________);
        printf("\n");
    }
    return 0;
}
```

실행 결과

```
 6  5  0
 1 20 10
 7  4  2
```

13 다음 프로그램의 실행결과를 적으시오.

```
#include <stdio.h>
int main(void) {
   int x[] = { 1, 2, 3 }, data = 10;
   int *p[3] = {x, &data, x + 2};
   *p[0] = 4;
   *(*(p+1)) = 5;
   *--p[2] = 6;
   printf("%3d", *x);
   printf("%3d", *(x + 1));
   printf("%3d", *(x + 2));
   printf("%3d", *(p[1]));
   puts("");
   return 0;
}
```

프로그래밍 연습

01 정수형 배열의 원솟값을 모두 더하는 프로그램을 작성하라.

- 정수형 배열을 선언하고 표준입력을 통해 정숫값을 저장한다.
- 배열의 크기는 상수로 미리 정의한다.
- 반복문을 이용하여 각 원소를 순회하여 원소의 합을 저장하는 정수형 변수 sum에 모두 더한다.
- 단, 원소에 접근하기 위한 포인터 변수를 선언하여 배열 원소에 접근한다.

02 4개의 정수형 값을 받아 사칙연산을 하는 프로그램을 작성하라

- 정수형 변수를 4번 입력받는다.
- 첫 번째 정수가 입력되면 아무 동작도 하지 않는다.
- 두 번째 정수가 입력되면 첫 번째 값과 두 번째 값을 더한 결과를 출력한다.
- 세 번째 정수가 입력되면 위 덧셈 연산 결과에서 세 번째 입력값을 뺀 결과를 출력한다.
- 네 번째 정수가 입력되면 위 뺄셈 연산 결과와 네 번째 값을 곱한 결과를 출력한다.
- 각 연산을 수행하기 위해서 포인터 변수와 간접 연산자를 이용하여 입력받은 정수에 접근한다.

08 함수

8.1 함수의 개요

- 위키피디아 함수(프로그래밍) 참조(https://ko.wikipedia.org/wiki/함수_(프로그래밍))

프로그램을 작성하다 보면 동일하거나 유사한 코드를 여러 곳에서 사용해야 하는 경우가 있다. 두 변수의 값을 서로 바꾸는 스왑(swap)과 같은 코드나 게임에서 실시간으로 사용자의 랭킹을 출력하는 코드 등을 예로 들 수 있다. 이렇게 중복되는 코드를 매번 프로그램으로 작성하는 것은 상당히 번거로운 일이다. 이렇게 반복해서 사용할 가능성이 높은 프로그램 코드를 묶어 이름을 부여하고, 그 이름으로 해당 코드를 호출하여 사용할 수 있도록 만든 프로그램을 함수(function)이라고 한다. 함수는 소프트웨어 프로그램에서 특정 동작을 수행하는 코드를 묶은 것이다. 대부분의 프로그래밍 언어에서 지원하는데 언어에 따라 메소드(method)라고 부르기도 한다. 함수를 이용하면 프로그램을 기능별로 나누어 작성하고 관리 할 수 있기 때문에 프로그램 생산성 향상에 큰 도움을 준다. 프로그램의 일부 기능을 수정하는 경우에 전체 프로그램 코드를 수정할 필요 없이 해당 함수만 수정하기 때문에 효율적으로 프로그래밍을 할 수 있다.

C 언어에서의 함수는 수학에서 사용하는 함수의 개념과 상당히 유사하다. 수학에서의 함수의 개념은 아래 그림과 같이 주어진 입력값을 주면 결과값을 출력하는 구조이다.

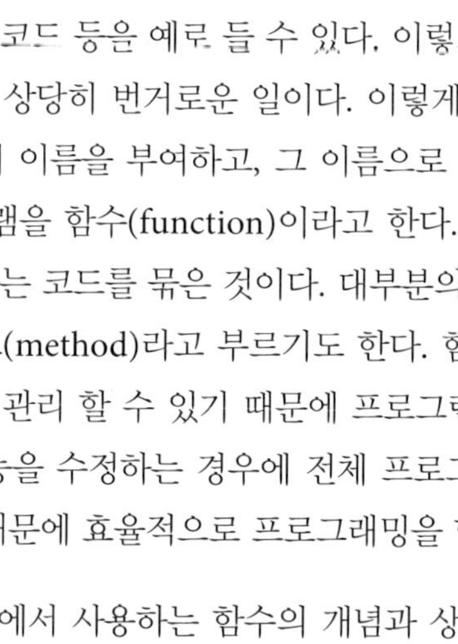

C 언어에서의 함수도 이와 상당히 유사하다. 차이점은 C 언어에 문법에 따라 입력값을 넣고, 결과값을 받는다는 것이다. 지금까지 우리가 사용한 printf()와 scanf()는 대표적인 함수이다. 이 두 함수에 대해서는 앞에서 설명하였다. printf() 함수는 표준 출력을 통해 출력을 하는 경우 반복적으로 사용한다. 출력하고자 하는 형식 문자열이나 변수, 상수 등을 입력값으로 넣으면, printf() 함수는 화면에 그 내용을 출력하고, 출력한 문자의 개수를 반환한다. 우리는 이 printf() 함수가 내부에서 어떻게 동작하는지 신경 쓸 필요가 없다. 그저 출력하고자 하는 입력값만 주고 사용하면 되기 때문이다. 그리고 언제든 프로그램 내에서 필요한 경우 이 printf() 함수를 호출하여 사용할 수 있다. 함수의 이름을 적어 실행하는 과정을 호출(call)한다고 표현한다. 이제 이러한 함수에 대해 자세히 알아보도록 하자. 함수를 사용함으로써 얻을 수 있는 장점은 아래와 같다.

- 코드 간결화: 코드를 중복해서 작성하지 않아 코드가 간결하고 분석이 쉬워진다.
- 코드 재사용: 함수화한 코드를 재사용하기 쉽고, 다른 프로그램에서도 같은 코드를 사용할 수 있다.
- 코드 모듈화: 함수의 기능에 따라 함수를 작성하기에 프로그램의 모듈화가 증대된다.
- 코드 유지 보수: 코드 수정 시, 함수 호출 코드는 수정하지 않고, 함수 내부만 수정하여 코드 수정 사항을 적용할 수 있어 프로그램 유지 보수가 쉽다.

함수의 종류

- 위키피디아 함수 엔트리 포인트 참조(https://ko.wikipedia.org/wiki/엔트리_포인트)
- 위키피디아 함수 C 표준 라이브러리 참조(https://ko.wikipedia.org/wiki/C_표준_라이브러리)

이제 본격적으로 C 언어의 함수에 대하여 살펴보도록 하자. C 언어의 함수는 크게 main() 함수와 라이브러리 함수, 사용자 정의 함수 세 가지로 나누어 볼 수 있다. main() 함수는 진입점(entry point) 함수로 부르는데 프로그램을 시작할 때 가장 처음 실행되는 위치를 말한다. C 언어에는 이 진입점 함수로 main() 함수를 사용한다. 이 함수는 사용자가 작성하고 사용하는 함수이지만 사용자가 호출할 수는 없다. 여러분들이 윈도우 환경에서 아이콘을 더블 클릭하거나, 스마트 폰에서 앱을 터치하면 운영체제는 해당 프로그램의 진입점 함수를 호출하여 프로그램을 시작한다. 따라서 사용자가 호출하는 함수가 아니라 운영체제가 프로그램의 실행을 위해 호출하는 함수이다.

라이브러리(Library) 함수는 컴파일러에서 기본적으로 제공하는 함수를 의미한다. 영어 라이브러리는 우리말로 도서관이라고 할 수 있다. 즉, 프로그램을 작성하는 도중 필요할 때마다 불러와 사용할 수 있는 함수이다. 보통 C 언어 컴파일러라면 모두 지원하는 함수라는 의미로 표준 라이브러리 함수라고 부르기도 한다. 필수적으로 필요한 입출력 관련 기능에서부터 네트워크, 파일 처리 등 다양한 기능들을 사전에 구현하여 라이브러리로 제공하고 있다. 앞에서 살펴본 `printf()` 함수와 `scanf()` 함수는 대표적인 표준 라이브러리 함수이다. C에서 제공하는 표준 라이브러리는 매크로를 비롯하여 데이터 타입의 정의, 문자열 처리, 수학적 연산, 입출력 프로세스, 메모리 할당 등 프로그래밍에 필요한 다양한 기능들을 제공하고 있다. 이러한 라이브러리 함수들은 각각의 기능에 따라 헤더 파일(header file)이라는 형태로 저장되어 있다. 프로그램을 작성하는데 라이브러리 함수가 필요하다면 해당 함수를 포함한 헤더파일을 소스 코드에 포함시켜야만 한다. 지금까지 우리가 프로그램을 작성하면서 제일 먼저 작성했던 `#include <stdio.h>` 라는 문장은 `stdio.h` 라는 헤더파일을 이 코드에 포함하라는 의미이다. `stdio.h`는 표준 입출력(standard input/output) 헤더 파일을 의미하며, 여기에는 지금까지 우리가 사용해 온 `printf()`와 `scanf()` 함수가 정의되어 있다. 다음의 표는 대표적인 C 표준 라이브러리의 일부를 소개한 것이다.

표 8-1 C 표준 라이브러리의 종류

라이브러리 헤더	표준	상세 설명
<complex.h>	C99	복소수 조작 및 제어 함수 정의
<fenv.h>	C99	부동소수점 제어 함수 정의
<stdio.h>	-	C 언어 프로그램 핵심 입력, 출력 함수 정의
<time.h>	-	시간 처리 관련 함수를 정의
<uchar.h>	C11	유니코드 문자 및 제어 함수 정의
<string.h>	-	문자열 처리 함수들을 정의
<math.h>	-	일반적인 수학 함수 정의

한 번에 해결하기 어려운 복잡한 문제가 있다고 가정하자. 주어진 문제를 해결하기 위해 분해하여 작은 문제로 나눈 뒤 해결하듯, 하나의 프로그램을 작은 단위의 함수로 나누어 문제를 해결하는 방법을 의미한다. 동일한 함수들을 사용하는 프로그램이라고 할지라도 어떠한 순서로 실행하는지에 따라 전혀 다른 문제를 해결하는 프로그램이 될 수도 있다. 절차적 프로그래밍의 주요 장점으로는 각 기능에 따라 함수 단위로 구현 및 관리하면 각 프로그램의 모듈화가 잘 이루어져 동일한 코드를 반복 호출, 수정 등 개발의 복잡도가 낮아진다. 이를 통해, 소스 코드를 간결하고 유지보수가 용이하게 만들 수 있다. 이는 모두 함수를 사용할 수 있기 때문이다.

8.2 사용자 정의 함수

사용자 정의(user defined) 함수는 프로그래머가 직접 함수를 정의하고 호출하는 함수이다. 먼저 함수에 대해 알아보기 위해 간단한 사용자 정의 함수의 예를 소스 8-1을 통해 알아보자.

소스 8-1

```
01 #include <stdio.h>
02 int add(int a, int b);        // 사용자 정의 함수 선언
03 int main(void) {
04    int sum = add(3, 4);    // 사용자 정의 함수 호출
05    printf("Sum of two integers: %d", sum);
06    return 0;
07 }
08 int add(int a, int b) {   // 사용자 정의 함수 add 정의
09    return a+b;
10 }
```

출력 예

```
Sum of two integers: 7
```

함수를 사용하기 위해서는 함수의 선언과 함수의 정의, 함수의 호출이 필요하다. 함수의 선언은 컴파일러에게 프로그램 내에서 이 함수가 사용된다는 것을 알리기 위해 프로그램의 앞부분에 필요하다. 함수의 정의는 선언된 함수를 구현하는 부분으로 함수의 동작 순서를 프로그램으로 구현한 것이다. 함수의 정의는 다시 함수 머리와 함수 몸통으로 나누어 볼 수 있다. 함수의 호출은 함수를 사용하기 위해서 다른 함수에서 함수의 이름과 파라미터를 이용하여 실행하기 위한 것이다. 표 8-2는 함수의 선언과 정의, 호출에 대한 내용을 정리한 것이다.

라인 2번이 바로 함수 선언에 해당한다. 앞에서도 언급하였지만, 함수의 선언은 컴파일러에 함수의 사용을 알려주는 역할을 한다. 따라서 함수 반환값의 데이터 타입과 함수의 이름, 그리고 인자의 데이터 타입과 수를 작성하고 세미콜론(;)을 작성한다. 이 함수 선언을 보면 `add()`라는 이름의 함수를 선언하는데 반환값의 데이터 타입은 `int`형이고, 호출을 위해서는 `int`형 값 2개가 필요하다고 작성한 것이다.

표 8-2 함수의 선언 및 정의, 호출의 내용 및 예시

구분	내용	예시
함수 선언	정의된 함수의 정보를 제공하는 것	`// 사용자 정의 함수 선언` `int add(int a, int b);`

함수 정의	작성할 함수가 실제 동작 내용을
	작성 및 정의하는 것
		`// 사용자 정의 함수 add (덧셈)`
		`int add(int a, int b)`
		`{`
		`return a+b;`
		`}`

함수 호출	앞에서 선언되거나 정의된 함수를 이용하는 것	`// 사용자 정의 함수 호출` `int sum = add(3, 5);`

함수의 선언은 일반적으로 프로그램의 앞부분에 위치하며, `#include`나 `#define`과 같은 전처리기 지시자 다음에 오는 것이 일반적이다. 만약 함수 정의와 함께 선언하는 경우도 있는데, 이 경우에는 함수의 선언 부분에 함수 정의를 해주면 된다.

라인 9번에서 12번은 함수 정의 부분이다. 함수 정의는 함수 머리(header)와 함수 몸체(body)로 나누어져 있다. 다음의 그림은 함수 정의의 형식을 설명한다.

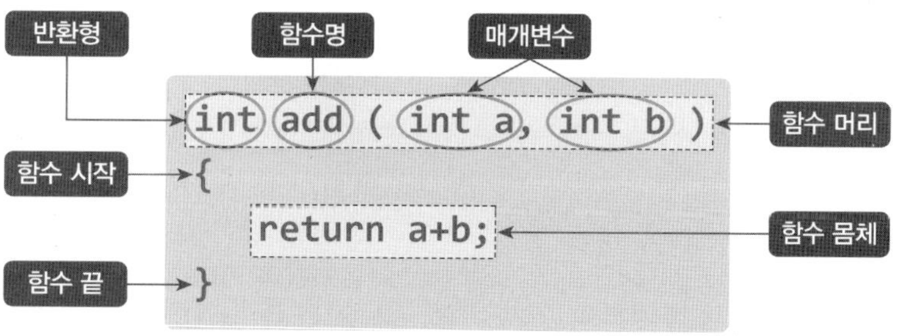

위 그림과 같이 함수는 함수 머리(function header)와 함수 몸체(function body)로 구분된다. 함수의 머리는 함수 선언과 유사한 형태로 함수의 반환값의 데이터 타입과 함수의 이름, 매개변수를 가지고 있다. 함수 몸체는 함수 시작부터 끝까지 중괄호로 둘러싸인 부분으로 함수의 기능을 수행하기 위한 코드가 위치한다. 소스 8-1의 라인 9번은 함수의 머리에 해당하며, 라인 10번에서 12번은 함수의 몸체에 해당한다. 함수 머리는 함수 선언과 상당히 유사하다. 함수 선언에는 제일 끝에 세미콜론이 있지만, 함수 머리에는 세미콜론이 존재하지 않는다. 또 한 가지 차이점은 함수 선언에서는 함수의 매개변수에 사용될 변수의 이름을 생략하는 것이 가능하다는 것이다. 즉, `int add(int, int);`와 같이 작성하는 것이 가능하다. 소스 8-1에서는 함수 정의가 프로그램 소스 코드 뒷부분에 위치해 있다. 만약, 함수 정의를 프로그램의 앞부분에 하는 경우, 즉 `main()` 함수 위에 정의하는 경우에는 함수 선언을 생략하는 것이 가능하다. 이 경우에

는 정의와 함께 선언된 것으로 컴파일러가 간주한다. 즉, 함수를 호출하는 코드 이전에 정의되어 있으면, 별도로 선언하지 않아도 된다.

그럼 이제 함수의 호출에 대해 알아보자. 소스 8-1의 라인 5번을 보면 int형 변수 sum을 선언하면서 add(3,4)와 같이 함수를 호출하였다. add() 함수는 int형 값 2개를 인자로 가지므로, 3과 4를 인자값으로 전달하여 add() 함수를 호출하였다. add() 함수 반환 값의 데이터 타입은 int형이므로 함수 실행 결과는 int형의 값으로 전달되어 돌아오고, 그 값이 sum에 저장되는 것이다.

소스 8-1의 실행 흐름을 살펴보도록 하자. 프로그램을 실행하면 진입점 함수 main()부터 실행을 시작한다. 시작과 동시에 int형 sum 변수를 선언하고 사용자 정의 함수인 add()를 호출 한다. 이때, 매개변수로 정수 3, 4를 add() 함수에 전달하여 3과 4를 더한 값을 main() 함수에 반환하고 해당 값을 정수형 변수 sum에 저장한다. 그 이후, 라이브러리 함수 printf()를 사용하여 프로그램의 연산 결과를 출력하고 함수를 종료한다. 이 흐름을 그림으로 나타내면 아래와 같다.

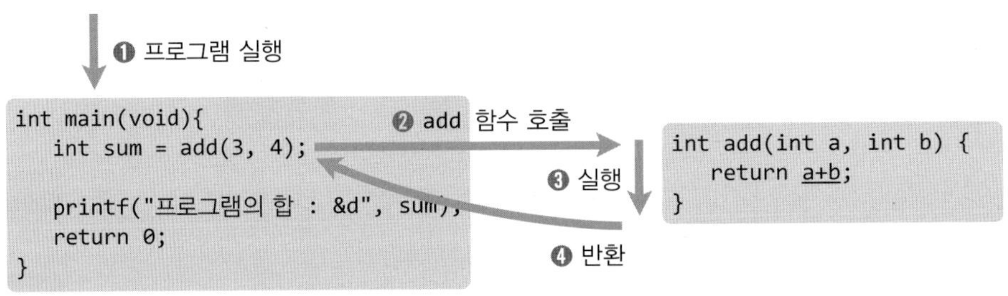

이제 함수 호출에서의 인자값 전달과 반환값 전달에 대해 알아보자. main() 함수에서 덧셈을 수행하는 사용자 정의 함수 add()에 인자값 3, 4를 전달하여 호출한다. 사용자 정의 함수 add()에서 인자값으로 정수 3과 4를 순서대로 각각의 매개변수 a와 b에 저장한다. 이제 함수 실행을 위해 함수 몸체에서 a+b 연산을 수행하여, 반환 명령어인 return을 통해 main() 함수에 값을 전달한다. 이 과정을 그림으로 나타내면 아래와 같다.

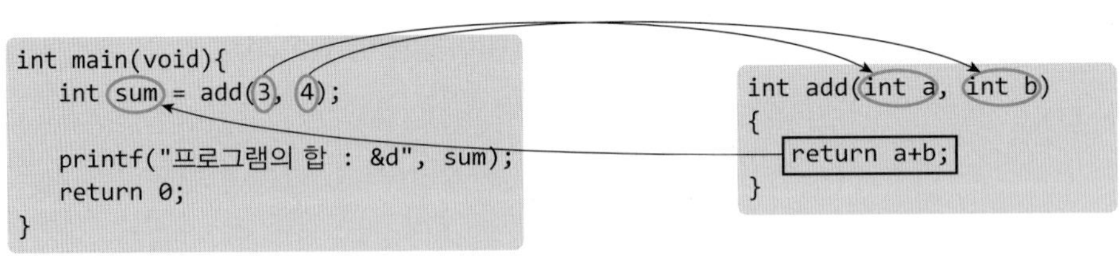

우리는 지금까지 사용자 정의 함수 add()의 선언과 정의, 호출 과정을 통해 사용자 정의 함수에 대하여 살펴보았다. 사용자 정의 함수 add()는 int형 인자값 두 개의 합을

반환하는 함수이다. 그럼, 이제 두 개의 int형 값을 전달받아 큰 값을 반환하는 함수를 이용한 프로그램 예제인 소스 8-2를 살펴보자.

소스 8-2

```c
01 #include <stdio.h>
02 int max(int a, int b) {
03     return (a > b) ? a: b;
04 }
05 int main(void) {
06     int n1, n2;
07     printf("Enter two integers: ");
08     scanf("%d %d", &n1, &n2);
09     printf("Bigger value: %d\n", max(n1, n2));
10     return 0;
11 }
```

입력 예

```
1 5
```

출력 예

```
Enter two integers: 1 5
Bigger value: 5
```

입력 예

```
5 2
```

출력 예

```
Enter two integers: 5 2
Bigger value: 5
```

max() 함수는 두 정수를 인자로 받아 최댓값을 찾는 사용자 정의 함수이다. 라인 2번에서 4번은 사용자 정의 함수 max()를 정의와 동시에 선언하였다. 그리고, 라인 9번에서 printf() 함수 내부에서 max() 함수를 호출하였다. 여기에서의 함수 호출은 앞에 연산식 내에서의 호출과 달리 함수의 인자값으로 사용한다. 함수 호출은 연산식 뿐만 아니라 다른 함수 호출을 위한 인자로도 사용이 가능하다. 함수 호출의 반환값이 함수 호출의 대푯값으로 사용된다. max() 함수 인자로 n1과 n2 변수의 값이 사용되었다. 함수 호출에 필요한 인자값은 상수 뿐만이 아니라 변수 및 다른 함수의 호출 등이 사용될 수 있다. 사용자의 키보드 입력값이 저장된 두 변수의 값이 인자값으로 전달되면, 해당 값